JN115634

徳川家康三十二人の姫君の結婚

もう一つの大名統制

柴 桂子

みらいま

はじめに

昭和四十九年（一九七四）に続群書類従完成会から発行された『徳川諸家系譜　第二』に「幕府祚胤《そいん》伝」が収録されている。そこには家康より第十二代家慶《いえよし》までの詳しい系図が記されている。文政十一年（一八二八）に覚斎竹尾次春（一七八二〜一八三九）によって編まれたものである。家康の娘たちに目を通すと、実娘《じつじょう》たちのほかに「御養女」と書かれた十九人の姫たちの名が出てくる。これらの「御養女」たちは皆いずこかの大名家へ嫁いでいる。編者の竹尾次春は増上寺の僧侶で、幕府の表坊主でもあり、江戸の増上寺の寺誌「三縁山志」十二巻や「旧考余録」五巻、「徳川家御紋考」などを著した考証学者、故実家でもある。編者の学識から考慮しても、「幕府祚胤伝」の十九人もの「御養女」の記述が信憑性に乏しいものとは思えない。

では、なぜ家康は多くの「御養女」を持ち、大名家へ嫁がせたのであろうか。

徳川家康は多くの側室を持ち、子どもも多かったといわれているが、側室の数も子どもの数もはっきりわかってはいない。ましてや側室の名も子どもの名も判明しない者も少なくない。

そうした中で、成長して大名家へ嫁いだ家康の実の娘は三人で、その人生は比較的判明しており、十九人もいる「御養女」の両親や婚家も明らかである。「御養女」は果たして十九人だけだったのだろうか。さらには「御養女」たちの人生はいかなるものであったのだろうか。「幕府祚胤伝」の記述を入り口にして、その人生をたどり、当時の事情から考慮して政略結婚と考えられるが、彼女たちが政略結婚の悲劇のヒロインとして踊らされただけの人生であったのか、彼女たちの存在意義と、「御養女」の数の多さが何を意味するのかを探ってみたい。

徳川家康三十二人の姫君の結婚

もう一つの大名統制

目次

第三章✿養女・家康の姪たちの結婚㈠
——松平康元の六人の娘たち

第四章✿養女・家康の姪たちの結婚㈡
——保科正直と多劫姫の四人の娘たち

第五章 ✿ 養女・家康の姪たちの結婚㈢
――他の異父弟、異父妹の娘たち

第六章 ✿ 養女・家康の孫娘たちの結婚

第七章✿養女・家康の曽孫娘たちの結婚

第八章✿養女・家康の重臣や松平支族の娘たちの結婚

徳川家康三十二人の姫君の結婚

もう一つの大名統制

第一章　家康の実娘の結婚

家康の正室とは誰であろう。藤井讓治氏は吉川弘文館発行の人物叢書『徳川家康』の中に「家康の妻妾と子女」の項目を設け、そこで「家康には正室・後室と十六人の側室・妾が確認されている」と述べ、正室は今川氏の関口氏純の娘築山殿とし、長男の信康、長女の亀姫を産み、後室として豊臣秀吉の異父妹の朝日姫の名を挙げている。他は全て側室としている。

中村孝也氏の大著『家康の族葉』の「妻妾」の項では正室二人とし、今川義元の姪関口氏築山殿と築山殿が殺害された七年後に輿入れした豊臣秀吉の異父妹の朝日姫の二人を正室として挙げ、他は側室としている。二人の正室の間に子を産んだ側妾が四人存在したが、朝日姫は子を産まないまま結婚後五年目に寂しく逝ったことを付記している。

「幕府祚胤伝」には「御裏方」の項目があり、築山殿を御内室とし、朝日姫を御簾中としている。その他の女性たちは院号で記されている。

家康の祖母より九代将軍家重までの生母を綴る著者不明の『玉輿《ぎょくよ》記』では「岡崎三郎信康公の御母堂源君の御奥方築山殿」と築山殿を「御奥方」と記し、他の家康の子女たちの生母たちは単に「○○の御母堂」とある。『玉輿記』というタイトルからして朝日姫の名はどこにも見出せない。

家康から十代将軍家治までの徳川歴代将軍の生母・側室の略伝を記した伝記（作者不明、一説に竹尾善筑（次春）ともある）「以貴小伝」（内閣文庫所蔵）には築山殿を「御嫡妻」、朝日姫を「後継室」とし、二代将軍秀忠の生母を「御母西郷氏」と記す以外はすべて「女房○○氏」としている。本文には「北の方関口氏」および「のちの御台所、旭（朝）日の御方」とあり、他は「○○の局」と局名を記し、正室と側室たちを区別している。

古い資料は正室と側室を明確に分け、正室には「配す」や「輿入れ」の言葉が使われているが、側室や女房の場合は○○の母的表現が使われ、伊勢国亀山城主松平忠明著ともいわれる「当代記」には築山殿のことを妻女と記し、若君誕生の文言はあってもその生母の名すら出て来ない。しかし、生まれた子どもたちには嫡男以外、差別されず家康と正妻の子として育てられる。

家康の女子は「幕府祚胤伝」には五人の名が見えるが、二人が早世しているので、結婚するまで成長した実の娘は三人のみである。

一　家康の長女亀姫・盛徳院：奥平信昌の室

「幕府祚胤伝」には次のように記されてある。

森姫君　加納殿　雲子　奥平大膳大夫信昌室　永禄三年庚申三月十八日、於駿府誕生（母公築山殿）
天正元年癸酉九月、許嫁
同四年丙子七月、入奥三州新城城（今菅沼氏居之）
慶長六年辛丑九月、信昌転賜濃州加納城、仍移居之、（化粧田三千石）、称加納御前
寛永二年乙丑五月二十五日、逝去、年六十六、
葬同所雑翠寺（後改号盛徳寺）号盛徳院殿香林慈雲大姉
　西京妙心寺中、建徳盛院、建碑

これらの記述だけでは亀姫の人間像が浮かばない。他の資料と合わせて亀姫の人生をたどってみよう。

生母築山殿

亀姫の母は家康の正室築山殿《つきやまどの》である。今川義元の重臣関口親永（氏純）の娘で、母は義元の妹と言われることから義元の姪になる。瀬名姫とも呼ばれ、家康が駿府（静岡市）の

今川家に人質として留められ、まだ元信（二年後の永禄元年、初陣後に元康と改名）と名乗っていた弘治三年（一五五七）、家康十五歳のとき結婚した。義元の命による結婚であったと考えられる。瀬名は家康の六歳年上の姉さん女房であったともいわれるが、瀬名の生年が不詳であるため真偽のほどはわからない。

今川氏は人質代わりに武将の妻子を駿府に置かせていたので、瀬名は駿府で生まれ駿府で生活していたため、駿府御前といわれた。結婚三年目に駿府御前は長男信康を産み、翌年の永禄三年（一五六〇）に亀姫を出産した。その年、今川義元は、桶狭間の戦いで織田信長に敗れ戦死した。元康は義元の死により今川家の人質から解放され、領地の三河国岡崎（愛知県岡崎市）に帰った。

駿府御前は二年後、今川氏との間で鵜殿長照の二子と人質交換で、信康と亀姫とともに駿府より岡崎に迎えられ、城外に住み築山殿と呼ばれるようになった。なぜ築山殿と呼ばれたかは諸説あるが、足利尊氏に仕えた高師冬《こうのもろふゆ》の妻明阿《みょうあ》が、滅亡した一族の菩提を弔うため菅生郷築山領を寄進して建立した、明治八年（一八七五）まで尼寺であった総持尼寺に築山殿は住んだためとの説もある。

三河平定を目指していた永禄六年（一五六三）、元信は家康と改名した。そして永禄九年に三河国を統一し、松平姓を徳川姓に改名した。翌年、九歳になった長男信康に、同年齢の信長の娘徳姫を迎え、信長との関係を強固にした。後、家康は本拠地を遠江国に移し、浜松城を築城して移住し、岡崎を嫡子信康に譲った。築山殿は信康の後見として岡崎城に留まった。

元亀三年（一五七二）、武田信玄は遠江国、三河国へ侵略を開始した。ところが、翌年、信玄は信濃国駒場で病死した。各地で苦戦を重ねた家康は、徳川方から武田方に転じていた奥三河の国衆で設楽郡作手《つくで》の奥平貞能《さだよし》を説得して再属させようとはかった。貞能は「未だその期に非ず」と断った。家康は信長の命にしたがって、長女亀姫と貞能の嫡子信昌との婚儀と領地の加増を条件に、貞能を説得した。奥平家の離反に信玄の跡を継いだ武田勝頼は激怒し、奥平家の人質である信昌の十二歳の弟仙丸と分家日近奥平貞直の娘で信昌の婚約者とも妻ともいわれる十六歳のおふう三人の人質を磔にした。

天正三年（一五七五）、奥平氏の働きも加わり、長く続いた長篠の戦いは、織田信長・徳川家康連合軍が勝利した。戦後、家康は信昌に命じ、狭い長篠に代わり新城《しんしろ》（愛知県新城市）への城の建て替えを命じた。翌年七月、武田氏に奪われ武田氏の遠江進撃の拠点高天神城（静岡県掛川市）奪還の最中、十七歳の亀姫は二十一歳の信昌のもと、新城城へ入輿した。入輿にあたり、亀姫は乱世の中、途中で輿を武田方へ奪われるのを警戒して藤尾某に背負われて密かに城に入ったので、十二月の正式な輿入れの際は空輿であったという（『中津藩史』）。

亀姫は結婚に際し父家康の肖像を請い、後に贈られた画像は四男忠明《ただあきら》に伝えられ、忠明が領した武蔵国埼玉郡忍《おし》（埼玉県行田市）の忍東照宮に安置されている。

今川氏を見捨て、信長と同盟を結んだ家康に対して築山殿が穏やかな気持ちを抱いていなかったことは想像できる。信康とともに武田勝頼に内通していると、徳姫につけられた織田家の家臣の通告により、二人は信長から自害を命じられた。信康の自害の前に築山殿の始末を考えた家康は、天正七年（一五七九）八月、築山殿を浜松城へ呼び寄せ、その途次、遠江国富塚（静岡県浜松市）で、家臣に命じ築山殿を殺害させた。家康は築山殿の殺害を家臣の野中重政に命じたものの、殺害の報告を受けたとき「女の事なれば、はからひ方も有べきを　心をさなくも討取しか」と野中の気転のなさを残念に思い、築山殿の死を憂いた。そこに人間としての家康が見えるのだが、なぜか『徳川実紀』には「そはあやまりなるべし」とわざわざ付け足している。その半月後に二十一歳の信康は、蟄居先の遠江国二俣城で切腹した。

奥平信昌との結婚生活

この残酷な知らせを、亀姫は奥平家の新城城で受け取った。

亀姫は、自らが開基となって境内の山林十四石余の土地を寄付し建立していた浄土宗大善寺に、母築山殿を供養し、合わせて長篠籠城戦没者の霊を弔った。

亀姫は新城様と呼ばれ、父家康に信頼され、性格、武将としての知略に秀でた夫信昌を敬愛し、家昌、家治、忠政、忠明、千代の四男一女を産み、新城城で三十一歳まで十五年間を過ごした。

この間、世は大きく変わった。数々の戦が遠江、駿河、甲斐の国で行われ、天正十年（一五八二）三月には、武田勝頼の自刃で武田家が滅び、家康は信長より駿河国を与えられた。同じ年の六月には本能寺の変で信長が明智光秀に討たれた。天正十三年に豊臣秀吉が関白に就任し、豊臣政権による天下統一戦が繰り広げられた。天正十八年、小田原に北条氏を征討して一応の国内統一を果たし、関八州が家康に与えられた。

家康の関東移封《いほう》に伴い、信昌は上野国宮崎（群馬県富岡市）に三万石を与えられ、亀姫も移住した。信昌は各地の戦いで武功を挙げ、慶長五年（一六〇〇）の関ヶ原の戦いの翌年には美濃国加納（岐阜市）に十万石を与えられた。この折、亀姫は加納に三千石の化粧田を賜った。亀姫は、この後、加納御前と呼ばれるようになり、奥平家にとって何かと重い存在になっていく。

外祖父家康に寵愛された亀姫夫妻の長男家昌は、家康の前で元服し、宮崎三万石を受け継ぎ、慶長六年には下野国宇都宮（栃木県宇都宮市）十万石を与えられた。

慶長八年、家康は征夷大将軍の宣下を受け、江戸幕府を開き、統一政権としての権力を確立した。同年、亀姫の姪にあたる弟秀忠の長女千姫が秀吉の嫡子秀頼に輿入れした。

慶長十年、弟秀忠が徳川二代将軍に就任すると、亀姫は加納城夫人というより将軍の姉として威光を放つようになる。夫信昌はすでに三年前に隠居し、奥平家発祥の地上野国甘楽郡長根に七千石を与えられ、松平姓を賜っていた次男家治は十四歳で死去していたので、秀忠の前で元服し秀忠の一字を受けた三男忠政が加納城主となったが、慶長十九年に三十五歳で病死した。さらに同じ月に長男家昌も三十八歳で病死した。亀姫にとって不幸はそれだけではなかった。

長女千代（鍋）は家康の養女として徳川家譜代の重臣小田原藩主大久保忠隣《ただちか》の嫡男忠常に嫁ぎ、武蔵騎西（埼玉県加須市）城主となった忠常とともに騎西に住んでいたが、慶長十六年（一六一一）、忠常は三十二歳で世を去り、千代は一男三女を抱えた三十歳の未亡人となった。八歳の長男忠職《ただもと》が跡を継いだが、祖父大久保忠隣が慶長十九年、在洛中に改易となったため、忠職は騎西城で蟄居を命ぜられた。

亀姫の不幸はなお続く。元和元年（一六一五）、夫信昌が六十一歳で世を去った。亀姫は剃髪して尼となり、盛徳院と称した。

三人の息子と夫に先立たれ五十六歳になった亀姫のもとに、長男家昌の跡を継いで宇都宮藩主となった八歳の忠昌と、三男忠政の遺領加納を継いだ七歳の忠隆と、騎西で蟄居中の十一歳の外孫忠職が残された。その年の夏、大坂夏の陣で淀君、秀頼母子は自害し豊臣家は滅んだ。

宇都宮釣天井事件

翌元和二年、家康は大御所として君臨していた駿府で七十五歳の生涯を終えた。一旦は駿府に近い久能山に埋葬されたが、遺命により日光山に神廟を造営し遷座《せんざ》されることになった。翌年、二代将軍秀忠はほぼ完成した日光廟へ初社参した。亀姫は孫の宇都宮藩主忠昌とともに弟秀忠を迎えた。

元和五年、秀忠は、宇都宮が関東北部の重要地点であるため、十二歳の忠昌では荷が重過ぎると考え、重臣の下野国小山（栃木県小山市）藩主の本多正純に五万石余の破格の加増をし、宇都宮十五万余石の藩主として転封させた。これは家康の側近として長年仕えた恩賞であった。取り立てた武功はなく政治的手腕にたけ、家康在世中は駿府で家康のもとで威服をもてあそぶこともあった正純に対して、秀忠はじめ幕閣はあまりよい感情を抱いてはいなかった。

中でも正純に対してもっとも敵対心を抱いていたのが亀姫であった。長女千代の舅大久保忠隣を改易に至らしめたのが、本多正信、正純の親子であるとの風聞があった。そこへ、孫の忠昌が宇都宮城を追われ、一万石の加増とはいえ痩せ地の下総国古河《こが》（茨城県古河市）へ十一万石で転封させられたから胸のうちがおさまらない。

当城より古河へうつらせ給ひし時、藩士等に御みづから令せられ、当城藩士が居宅の竹木こと〴〵伐とらせ、家財屏障戸板までみな古河へ引とらせしめられしを、正純が方にては大に憤り、これ転封の大法にそむけりとて、国境に新関をすえて、これをおさへとゞめて引かへしければ、かの母堂かくと聞召憤ふかく、正純をにくみ給ふ事大方ならず（「台徳院御実紀巻五十五」）

転封の際、亀姫は家臣に命じ、家臣の住居のまわりの竹や木をことごとく伐採し、家財や襖・障子・戸板まで取り外して古河へ運ぼうとした。正純は新しく関所を設置してこれを阻止したので、亀姫は憤慨し正純に対する憎しみの念を強くしたとの流言が飛んだ。

元和八年（一六二二）四月、秀忠は家康の七回忌祭儀に臨むため日光山東照宮へ向かい、古河城、宇都宮城に泊まった。このため正純は二年前より莫大な費用と人夫を使って昼夜兼行の工事で城域を二倍に拡張し、城下町を整備した。

参拝を終えた秀忠は帰途、宇都宮を避け壬生城を経て江戸へ帰還した。これは亀姫が隠密を使って宇都宮城の普請《ふしん》や正純の行動を探索させ、宇都宮城内に不審な造作がいたるところにしてあり、湯殿には釣り天井を仕掛け秀忠を暗殺する計画があると密書を届けたからだといわれているが、元来、秀忠の幕閣は正純を敬遠していたので密書の内容をそのまま受け取り、正純の失脚の機会を待っていたとも考えられる。

その年の八月、正純は改易の最上義俊の出羽国山形城請け取りの使者として出かけた際、出先で突如宇都宮の所領召し上げの命が下った。その理由は、無断鉄砲鋳造、宇都宮城本丸石垣無届け修理などとされているが、将軍交代による幕閣の権力抗争による失墜とも見られ、その影に亀姫のさまざまな怨恨による秀忠への進言も強く影響していることは否めない。出羽国へ配流された正純の後を受けて、十五歳の忠昌は宇都宮城へ返り咲いた。このとき、亀姫は六十三歳になっていた。秀忠の老臣土井利勝が古河を訪れた折に、亀姫は宇都宮転封を強く懇願し、秀忠への上申を依頼したのだという。この事件は「宇都宮釣天井事件」伝説として広く世に喧伝され、物語本や芝居、講談にも取り上げられ、明治期以後にも上演された。

孫たちの後見を終えて

亀姫は、晩年は化粧田のあった美濃国加納に移った。孫の忠隆は加納藩主に、同じく孫の忠昌は宇都宮藩主に、そして四男忠明は大坂藩主から大和国郡山十二万石藩主となり、一門安堵の中、寛永二年（一六二五）、亀姫は六十六歳で世を去った。十八歳の加納藩主で孫の忠隆に代わって四男忠明が葬儀一切を指揮した。盛徳院殿香林慈雲大姉と諡《おくりな》され、三男忠政の眠る自身の菩提寺として建立していた臨済宗大応山光国寺（岐阜市加納）で火葬され、夫信昌の眠る臨済宗久昌山増瑞寺（岐阜市加納。後、香林山盛徳寺）に葬られた。葬儀は盛大を極め、将軍家の上使、御三家、諸大名らをはじめ参列者数千人ともいわれた。墓所はほかに京都妙心寺内盛徳院（忠明創建。現・光圀院）、京都建仁寺内久昌院（奥平信昌の墓所）、高野山中性院にある。後に忠明は、母亀姫の供養のために、かつて亀姫が新城に建立した大善寺に五輪塔を建立した。光国寺には亀姫の墓所のほか絹本著色亀姫像や直筆の和歌草紙が現存するという。

亀姫は「当代の御姉君におはせしませば、こと更優待あつくわたらせたまひしにより、おのづから威権もつよく、その上御本性を、しく」（「台徳院御実紀巻五十五」）と評されたが、ただそれだけではなかったであろう。信昌との間に四男一女をもうけ、信昌が側室を置かなかったことを考えても、二人の仲は睦まじかったと思われる。母や兄、さらには長篠籠城の戦没者のための霊を弔うために、新城町に大善寺を建立し、増瑞寺に百石を寄進し、また、若くして病死した加納二代目藩主忠政の戒名にちなんで、加納の化粧用下屋敷内に自分の菩提のために光国寺を建立するなど信仰心もあつかった。

江戸幕府創立者神君家康の長女、当代将軍の姉という女性として最高の地位にある者として、その権威を利用したことは確かであろうが、次々と家継承者たちが若くして世を去っていく婚家奥平家の家存続のために、幼い孫たちを守って奔走したことは評価すべきである。光国寺に伝わる慈悲深い穏やかな面持ちの亀姫像からは、加納御前様と呼ばれ人々に慕われた様子がうかがわれる。

主な参考文献

『徳川実紀』第一、二篇　黒板勝美編　吉川弘文館　一九二九、一九三〇

『新訂寛政重修諸家譜』第九　高柳光寿ほか編　続群書類従完成会　一九六五
『岐阜市史』通史編　近世　岐阜市編・発行　一九八一
『中津藩史』黒屋直房著・発行　一九四〇
『長篠城より忍城へ　松平家四百年の歩み』大沢俊吉　講談社　一九七〇
『徳川・松平一族の事典』工藤寛正編　東京堂出版　二〇〇九
『京都の文化財』第三十五集　京都府教育庁指導部文化財保護課編　京都府教育委員会　二〇一八

①亀姫・盛徳院（奥平家など）略系図

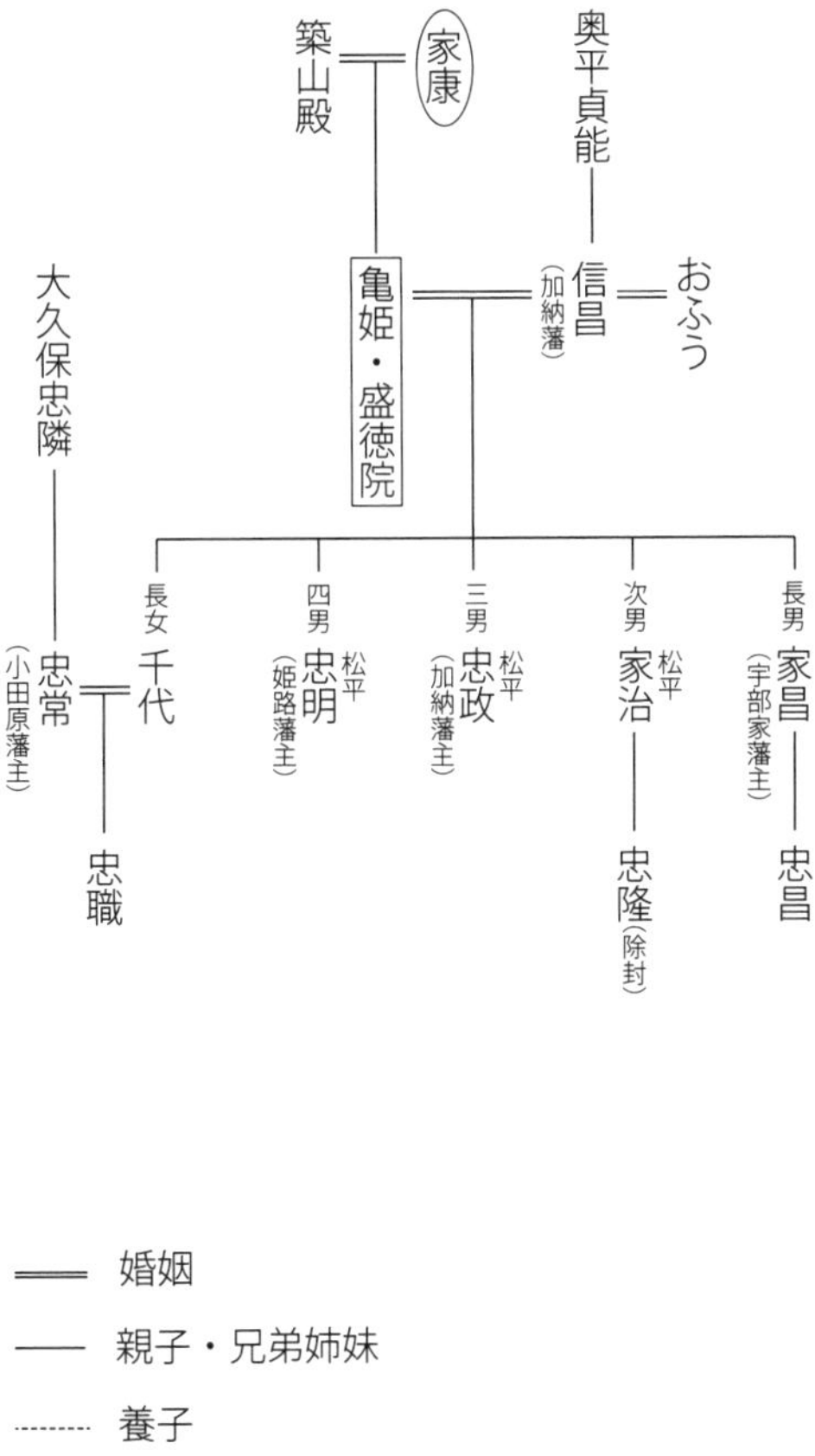

二　家康の次女督姫・良正院：北条氏直の室・池田輝政の室

督姫と氏直の結婚

永禄八年（一五六五）、家康の側室・三河西郡城主鵜殿《うどの》長忠の娘西郡局《にしのこおりのつぼね》が、岡崎で家康の次女督《とく》姫（富子、富宇《ふう》）を産んだ。家康二十四歳のときの娘である。「幕府祚胤伝」には天正三年（一五七五）とあるが、その他の資料のほとんどは永禄八年とある。そこで永禄八年説の根拠を探るために、生母である西郡局について調べてみた。

西郡局は三河国上ノ郷（愛知県蒲郡市）の城主鵜殿長持の次男で分家柏原城主鵜殿長忠の娘である。祖父長持の妻は今川氏十一代当主今川義元の妹で、今川家の重臣であった。義元は本国である駿河・遠江から三河、尾張へと領土を広げ、永禄三年（一五六〇）、尾張国への侵攻の途上、桶狭間（愛知県豊明市）で織田軍の奇襲にあって戦死した。家康が元康と名乗っていた永禄五年、上ノ郷城は家康ら松平勢によって落城した。その後、西郡局は本家の祖父長持の養女格で家康の最初の側室となり岡崎城へ入り、十八歳で督姫を産んだと考えられる。では督姫の天正三年説は全く考えられないかというと、そうとは言えない。後に、督姫は三十歳で池田家へ入輿して五男二女を産むが、三十歳からの七人の出産は当時の事情から考えて、少々無理があるようにも思われる。

さて、督姫は岡崎で成長し、家康が浜松城（静岡県浜松市）へ入城すると、西郡局に連れられ浜松城で暮らすようになった。

天正十年（一五八二）、織田・徳川軍に攻め入られた甲斐の武田勝頼が、天目山で一族とともに自害して滅び、同じ年、織田信長も京都の本能寺で明智光秀の急襲を受け自害した。甲斐国は武田氏滅亡後は領主がおらず、北方より北条氏直、南方より徳川家康が攻め入り、若神子《わかみこ》（山梨県北杜市）で両軍対陣していたが和議が成立し、甲斐・信濃国は家康に、上野国は北条が支配することになった。この際の和議の条件のもう一つとして、翌年、十九歳の督姫が小田原に送られ氏直と結婚した。時に氏直は二十二歳であった。

督姫は間もなく身重になり、翌年長女勝を出産し、二年後の天正十四年には次女万を出産した。家康と同盟を結んだ氏直は父氏政に代わって下野、常陸方面に侵略して勢力を拡大していったが、信長の死後、豊臣秀吉が台頭し、上野国沼田領をめぐる争論をきっかけに秀吉は北条方に上洛を要求してきたが、氏直は応じなかった。天正十八年、秀吉の天下統一に向けての小田原征伐が行われた。氏直はかねてから秀吉との戦いを覚悟して各支城を修築し、兵糧軍勢など増強し堅固な守りを備えていたが、秀吉自らが率いる二十二万騎ともいわれる軍勢や内通者により、支城はことごとく攻め落とされ、三か月におよぶ小田原籠城戦の末、降伏した。督姫も娘二人とともに籠城戦に加わった。父家康も二万五千余騎で駿河を出発し秀吉勢に加わった。秀吉の嫌疑をも受けかねない父娘敵対の戦は、家康にとっても辛い戦いであったに違いない。

天下統一戦に屈した氏直は、一時は自らの切腹を条件に家臣たちの助命を願い出たが許されず、父氏政、叔父氏照をはじめ宿老らは切腹を命じられた。氏直は家康の婿ということで助命され、高野山に追放の身となり家臣三十名らと高野山に向かい、北条家とつながりの深い高室院《たかむろいん》での謹慎生活に入った。そのため「小田原坊高室院」とも呼ばれ、門前通りは小田原通りともいわれるようになった。

小田原征伐の後、秀吉は北条氏が所領していた関東八州の国々を家康に与えた。秀吉の本心は家康の徳に心服していた駿遠三甲信の五か国を手に入れたかったのであり、現に甲州に浅野、東海道の清須に秀次、吉田に池田、浜松に堀尾、岡崎に田中、掛川に山内、駿府に中村と秀吉の腹心の者たちを据え置き、関八州の咽喉をおさえた。それのみでなく、家康を関八州に追いやり、領主が変われば必ず一揆が起きるだろうが土地不案内なところでは一揆を制することに失敗する、その期に乗じて策略しようとの魂胆だとの風説に対して、家康は百万石の領地さえあれば、上方へ切って上らんことは容易なりと豪語したと「東照宮御実紀」に記されている。

氏直は、年が明けると赦免活動を始めた。間もなく家康を通じて秀吉からの赦免の通知が届き、十か月の謹慎生活の後、大坂に一万石の領地を与えられ豊臣大名となった。督姫らも小田原より呼び寄せたが、二か月あまりの後、氏直は三十歳で病死した。病名は疱瘡とある。戦国期から江戸期にかけ若死した人々の死因は疱瘡か狂気とされることが多く、その場合は殺害された疑いが付きまとう。ここに関東の支配者・後北条家は五代をもって断絶した。

　結びして解くる姿はかはれども　氷のほかの水はあらめや

氏直の辞世として伝えられている。

　督姫は二十七歳で未亡人となり、二人の娘を連れ徳川家に帰った。この際、督姫は北条家伝来の「酒呑童子絵巻」と「後三年合戦絵巻」を携帯した。「酒呑童子絵巻」は小田原北条氏二代氏綱の依頼により狩野派二代目狩野元信とその弟子たちが大永二年（一五二二）に描いた縦三三・一センチメートル、長さ上中下巻合わせて六六メートルにも及ぶ大作である。今はサントリー美術館に所蔵されている。「後三年合戦絵巻」は南北朝時代の貞和三年（一三四七）に飛騨守惟久《これひさ》により描かれたと伝えられている。この絵巻も縦四五・七センチメートル、横は序文、上、中、下合わせてほぼ五メートル九〇センチの大作であり、今は重要文化財として東京国立博物館に所蔵されている。この二点の絵巻は大正八年（一九一九）に旧鳥取藩主池田侯爵家から入札出品されたという。

督姫と池田輝政の再婚

　文禄三年（一五九四）、督姫三十歳のとき、小田原攻めの後、三河国吉田（愛知県豊橋市）十五万石領主となった池田輝政と、秀吉の仲立ちにより再婚し、北条氏直との間に生まれた次女万を伴って池田家へ入輿した。入輿にあたり督姫は、北条家伝来の「酒呑童子絵巻」と「後三年合戦絵巻」を持参した。このとき三十一歳の輝政には、前妻糸との間に嫡子利隆がいた。糸は摂津国茨木領主中川清秀の娘で永禄九年の生まれであるので、督姫より一歳年下である。輝政は信長、秀吉に仕え、天正十二年（一五八四）、小牧・長久手の戦で父恒興が討ち死にしたため跡を継いで、美濃国大垣城十三万石領主となった。同年、糸は長男利隆を岐阜城で出産した。しかし産後の肥立ちが悪く中川家に帰って養生していたが癒えず、離縁となった。中川家では後々まで糸を岐阜様と呼んだ。ちなみに糸の父の妹センは利休七哲の一人古田織部の妻である。

督姫の伏見での居住地は、池田家へ嫁ぐ際に帰依していた日蓮宗日受上人へ、後に屋敷と土地を譲り、そこへ日蓮宗福昌山本教寺が移築されたということから、伏見城大手門近くにあった。本教寺境内には、督姫が秀吉より贈られた牡丹が移植され、今も「慶長牡丹の寺」と呼ばれ、牡丹の名所となっている。

督姫は結婚後二年目の慶長元年（一五九六）に長女茶々（千）を、同四年には藤松丸（忠継）を池田家伏見屋敷で出産した。豊臣武功派七将の一人に数えられていた輝政ではあったが、慶長五年の関ヶ原の戦いでは、徳川親族の立場で戦いに臨み、後備えとして重要な役を果たした。その功績により旧領の三倍を越える播磨国姫路五十二万石の大大名となり、中国、山陰地方での、かつて豊臣の息のかかった大名の監視役的存在となった。

慶長七年、督姫が再婚の際に伴い、長男利隆の許嫁にしていたといわれる万が十七歳で世を去った。法名宝珠院殿華庵宗春大禅定尼から池田家で大切に育てられたことがうかがわれる。京都本禅寺塔頭《たっちゅう》心城院にある祖母西郡局の傍に埋葬された。鳥取市の法華宗妙要寺に肖像画がある。ちなみに、利隆は万の没した三年後に、徳川四天王の一人に数えられ、上野国館林城（群馬県館林市）初代藩主榊原康政の娘鶴姫を将軍秀忠の養女として正室に迎えた。

輝政は姫路入城後、九年かけて姫路城を大改修し、現在の姫路城の大部分を構築した。領地はさらに増え、慶長八年、督姫との間に関ヶ原の戦いの前年に伏見屋敷で生まれた五歳の忠継に備前岡山二十八万余石、慶長十五年には三男で九歳の忠雄《ただかつ》に淡路六万石が与えられ、合わせて八十六万石となった輝政は「西国将軍」とまで呼ばれた。輝政は徳川の姫との結婚により、最上の恩恵を受けた大名であった。

督姫は播磨御前と呼ばれ、輝政との間に忠継、忠雄のほかに輝澄、政綱、輝興、瓢庵の六男と茶々(千)、振の二女を出産した。病気で生涯を過ごした末子を除いて五人が大名となった。長女茶々（千）は丹後国宮津藩主京極高広に、次女振は陸奥国仙台藩主伊達忠宗と、いずれも二代将軍秀忠の養女として大名家に嫁した。

督姫は信仰心にあつく、母の実家鵜殿家は代々日蓮宗を崇敬していたので日蓮宗に帰依し慶長六年、小田原より法華宗修験者喜見坊日能を招いて開山として姫路城下に法華宗妙円寺を建立した。慶長十一年に世を去った母西郡局の死を悼み、翌年、日教を開山とし法華宗青蓮寺《しょうれんじ》（後に四男輝澄によりその領地宍粟《しそう》の山崎に移された）を建て位牌を安置して供養した。

慶長十三年、十歳に成長した次男、七歳の三男がともに将軍秀忠の前で元服し、一字を賜りそれぞれ忠継、忠雄《ただかつ》と名を改めた。同じ年、督姫は松千代（輝澄）を伴って駿府の家康のもとに行き、自らは浄土宗に改宗し、松千代を日蓮宗にしたい旨を告げ許しを乞うた。

慶長十八年（一六一三）一月、輝政が中風で五十歳で世を去った。督姫は落飾し、良正院と称した。

毒饅頭事件

輝政の没後、すぐさま良正院は駿府に下った。輝政遺領の配分についての嘆願のための駿府行きであったと考えられる。しかし、嘆願は良正院の思うところとはならなかった。忠継は備前国八郡と良正院化粧料の名目で播磨国宍粟《しそう》、佐用、赤穂の三郡計十万石が加えられ三十八万石の岡山藩主となった。輝政の残りの遺領四十二万石と姫路城は継子の長男利隆が引き継いだ。良正院は内心は穏やかではなかった。

慶長十九年十一月の大坂冬の陣に十六歳の忠継は出陣し、寒気の時分とあって配下の者たちに内密に手桶の酒を配り、綿入れの肌着などを与えた。その振る舞いは末頼もしい大将と、周りの者たちを感心させた。

翌元和元年（一六一五）二月五日、良正院が五十一歳で世を去った。死去した場所は、岡山城内とも、姫路城とも京都二条城ともいわれるが、「因州鳥取慶安寺略記」には疱瘡（天然痘）にて二条城でご逝去、良正院殿智光慶安大禅定尼と謚され知恩院に葬られたと記されている。その十八日後の同月二十三日に良正院の長男忠継が岡山城内で十七歳で死去した。死因は同じく疱瘡という。幕府には「京職板倉伊賀守勝重より、良正院御方この五日播磨国姫路にて逝去の事を告奉る」と二月五日の死亡届が出された。「この二三日松平左衛門督忠繼痘なやみ、卒去のよし注進す、忠繼年一七、去年大坂にてもことさら軍功ありしことなれば、大御所御外孫といふのみならず、御愁傷おおかたならず」（「台徳院御実紀巻三四」）と、忠継は痘瘡で二月二十三日の死去が報告された。それに加えて嫡男の利隆が翌年の夏に三十三歳で、妹茶々の嫁いだ後に宮津藩主となる京極高広の京都四条の屋敷で病死した。母子同年同月の死とそれに近い利隆の死に対し、まことしやかな噂が流れた。

それは元和元年二月五日、良正院は岡山城で利隆、忠継に対面した。このとき、良正院は輝政の遺領を忠継と忠雄に何とかしてすべて相続させたいと謀り、毒を入れた饅頭を利隆へ差し出した。ところが、給仕の女があまりの痛々しさに、手のひらに毒という字を書いて見せたので、利隆は食べなかったが、忠継は毒饅頭を口に入れた。良正院は顔色を変え、自らも急ぎ毒饅頭を多く食べ命を落とした。忠継も毒を発してその月の二十三日に死去したという。

また一方では、利隆は毒入り饅頭の事をすでに知っており、忠継が饅頭を食べたので、利隆も急ぎ饅頭を口にした。兄弟ともに血を吐いたが、利隆はすぐに酒を飲んで毒を解き何事もなく済んだが、忠継は命を落としたともある。こうした毒饅頭事件に対し「池田家履歴略記」には「良正院をにくみて後人かまへて此誤たる説を書置けるにや　おほつかなき事なり」と噂の疑わしいことを付け加えている。

この毒饅頭事件については岡山県の地方史、郷土史研究に欠かせない文献である寛政年間（一七八九～一八〇一）に岡山藩儒官大沢惟貞《これさだ》編纂の「吉備温故秘録」に書かれ、その全文が『池田光政公伝』に転載されている。良正院の腹を痛めたわが子らへの愛と徳川家の姫としての強い矜持が、人々の反感を買ったのであろうか。

この毒饅頭事件からはいろいろと考えさせられる。事件の真偽はともかく、この噂話が池田家研究には欠かせない資料となる「吉備温故秘録」や「池田家履歴略記」に記録され『池田光政公伝』になぜ転載されたのか。池田家にとっては、近世池田家の基盤を築いた良正院への尊崇の気持ちより憎悪の気持ちが強かったのではないかとすら思われる。

また、この事件が真実だとすれば、この事件を計画したのは良正院個人のわが子可愛さの一念からだったのだろうか。その背景に、幕府の意図は全くなかったのだろうか。

余談ながら、輝政の前妻糸は利隆出産後、肥立ちが悪く中川家に帰り、池田家に残した利隆の成長を見守り続け中川家の領地豊後国岡城（大分県竹田市）で暮らしていたが、良正院母子の死により利隆の播磨国姫路藩主としての安泰に安堵したかのように、良正院の死と同じ年の暮れに五十歳で世を去った。

良正院没後の池田家

忠継亡き後、忠継には美作国津山藩主森忠政の娘菊との間に嗣子がなかったので、岡山領は淡路国洲本藩主であった忠継の弟忠雄が継いだ。忠雄は兄の旧領三十八万石の内、輝澄に播磨国宍粟郡（山崎藩）三万八千石を、政綱に播磨国赤穂郡（赤穂藩）三万五千石を、輝興に播磨国作用郡（平福藩）二万三千石をそれぞれ弟たちに与え、自らは備前国八郡と母良正院の化粧料であった備中国浅口・窪谷・下道《かとう》・都宇《つう》郡の内をも合わせ、計三十一万五千石の岡山藩主となった。

利隆の遺領四十二万石は嫡子光政が継いだが、まだ八歳の幼少であり、播磨は中国の要地であることから山陰の因幡・伯耆両国に国替えとなって、光政は鳥取三十二万石藩主となり、池田家は岡山池田藩と鳥取池田藩とに分かれることとなった。姫路には伊勢国より本多忠政が入国した。

寛永八年（一六三一）、岡山藩主忠雄は母良正院の弟にあたる時の将軍秀忠の許可を得て京都知恩院山内に母の菩提所良正院を建立し、供養料五十石を寄進した。

翌寛永九年、忠雄も突如三十一歳の若さで死去した。死因はまたしても疱瘡とされた。嫡子光仲は三歳であった。そのため、岡山と鳥取の領地を交換して光仲は鳥取藩主に、光政が岡山藩主となった。


戦国期の代表的な政略結婚で北条氏直に嫁がされ、氏直落城後は実家へ復帰させられ、さらに妻子ある池田輝政に再婚させられた督姫は、池田家に嫁いでからは再び北条家での悲劇を繰り返さないために、実子による婚家の繁栄に力を尽くした。しかし、大坂冬の陣を控えた前年の輝政死去による西国の押さえとしては、いかに聡明な忠継とはいえ十二歳では重荷であり、家康は娘の強力な嘆願も聞き入れなかったのであろう。だが、督姫が池田家に入ったことで、徳川家と繋がった輝政は大大名となり播磨宰相、姫路宰相と呼ばれ、西国将軍とまで渾名された。織田、豊臣に仕えた外様大名池田家ながら松平姓を与えられ親藩に近い待遇を受けた。岡山、鳥取の大名家の繁栄の基礎を作り、両藩はともに幕末まで続いたのは督姫の威力に負うところ大である。また、重要文化財などの美術品が今日まで残されているのは督姫の存在を置いては考えられない。

「りやうしやうゐん」と署名のある散らし書きの書状が鳥取県立博物館に、良正院智光慶安像が東京国立博物館に所蔵されている。

主な参考文献

『徳川実紀』第一、二篇　黒板勝美編　吉川弘文館　一九二九、一九三〇
『新訂寛政重修諸家譜』第五　高柳光寿ほか編　続群書類従完成会　一九六四
『池田光政公傳』石坂善次郎編・発行　非売品　一九三二
「池田家履歴略記」斎藤一興　岡山市立図書館蔵　八丹幸八筆写本
『姫城城史』橋本政次　姫城城史刊行会　一九五二
『長篠城より忍城へ　松平家四百年の歩み』大沢俊吉　講談社　一九七〇
『武徳編年集成』四十三　木村高敦選　国立公文書館　一七四〇

② 督姫・良正院（池田家など）略系図

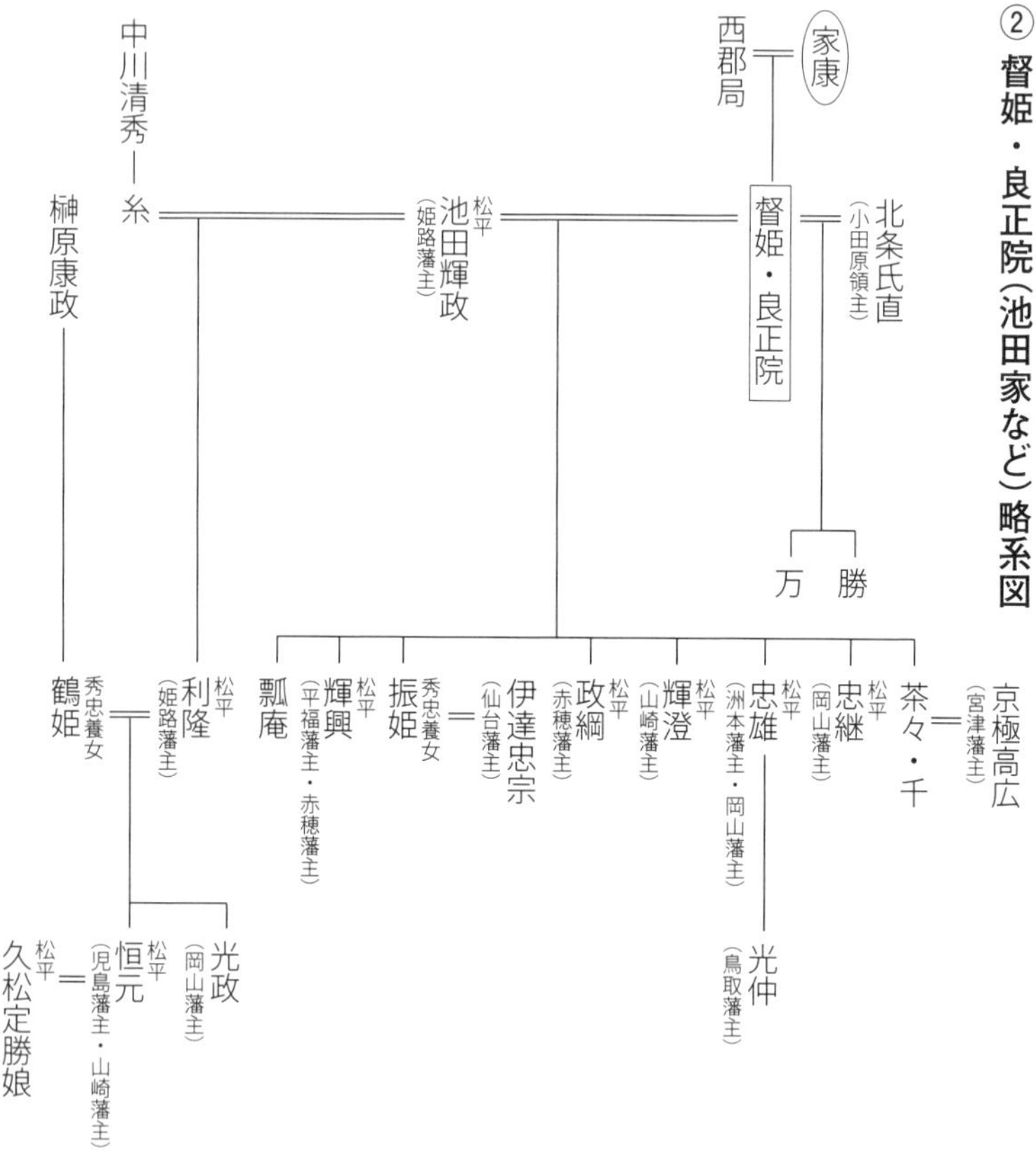

三　家康の三女振姫・正清院：蒲生秀行の室・浅野長晟の室

振姫と蒲生秀行の結婚

家康の三女振姫は天正八年（一五八〇）、遠江国浜松城で生まれた。母は元武田家の家臣市川昌永の娘といわれているが経歴がはっきりしない。いずれにしても甲州から連れてこられた女で、お竹の方（良雲院）と呼ばれた家康の側室の一人である。

信長、秀吉に仕え、小牧・長久手の戦や小田原征伐など幾多の戦場で功績のあった会津城主蒲生氏郷が文禄四年（一五九五）に急死すると、遺領相続問題が起こったが、秀吉の命で、慶長元年（一五九六）、前田利家と上杉景勝の補佐で十四歳の秀行が遺領九十二万石を継いだ。その際の秀吉の与えた朱印状の条約の一つに振姫と秀行の縁組があった。翌年、秀吉の命で十七歳に成長した振姫は三歳年下の秀行と縁組させられその年会津へ向かった。

ところが慶長三年、秀行は突然会津九十二万石を没収され、下野国宇都宮十八万石へ領地替えとなった。原因は、家臣団に内紛があり二分して対立したのを若い秀行に統率する力がないためや、家康と秀行が合体すれば強力になることを秀吉が恐れたためともいわれる。「氏郷記」には秀行の母が信長の三女であり、信長の妹お市の方によく似た美人であったので秀吉が側室に迎えたいと申し出たが信長の三女はそれを拒み剃髪して仏門に入ったため秀吉の機嫌を損ねたからだと記している。その年の八月秀吉は六歳の秀頼の前途を案じながら伏見城で六十二歳の生涯を終えた。

慶長五年の関ヶ原の戦いでは、秀行は豊臣大名ではあったが、義父家康に味方して上杉軍の南下を宇都宮で阻止した功績で再び会津六十万石の領地を与えられた。振姫も三年余りの宇都宮滞在の後、秀行とともに会津入りした。外様大名としては異例の増封であった。当然ながら振姫の縁につながるものであったと考えられる。

振姫は慶長十一年（一六〇六）、二十四歳で長男忠郷を出産した。三年後、振姫は三歳の忠郷を伴って駿府の家康を訪問し一か月ほど滞在し、駿府に来ていた姉の督姫母子とも対面した。この訪問の目的は、一つには何かとそりの合わない重臣岡重政のことを家康に訴えるためと忠郷の地位を格付けする事であった。忠郷は下野守に任ぜられた。帰りには振姫は家康より金二百枚、銀千枚、綿千把を与えられた。

秀行は岡重政らを起用して会津の立て直しを図ったが、他の重臣らとの家中騒動や慶長十六年に起きた会津大地震なども重なり、そうした心労のため大酒を飲み素行も悪くなった。会津大地震の翌年、秀行は三十歳で病死した。死因は疱瘡であったという。

振姫と重臣岡重政との確執

三十三歳の振姫のもとに十二歳の長女依を頭に十歳の長男忠郷、八歳の次男忠知が残された。三人は、信長の曾孫であり、家康や氏郷の孫という傑出した武将たちの血を引いた子どもたちであった。

振姫は会津六十万石を継いだ十歳の忠郷の後見役として政治に乗り出した。とはいえ、このころ政治を一手に牛耳っていたのは、秀行の寵愛した、津川三万石の城持ちの重臣岡半兵衛重政であった。病身の秀行に代わって政治を執っていた重政は、秀行没後は独裁者となった。会津城下に「半兵衛町」という町並みが戊辰戦争のころまであった。重政が登城の際、衣服を整える装束屋敷であり、七十騎の武者を置いていたという。半兵衛重政の権勢を偲ばせる町の名である。

振姫は三歳年上の手腕家重政と事あるごとに衝突した。衝突のもっとも大きなものは、慶長十六年に起きた大地震の復興に関するものであった。元来仏教に深く帰依していた振姫は、すべての衆生を救済するという聖観音仏を祭っていた十四世紀末頃、芦名直盛創建の石塚観音堂が長年荒廃し、地震でたおれた堂宇を再建したいと思ったが、重政は寺院の復興どころではないと主張し続けた。慶長十八年、振姫は大いに怒り東山の羽黒山東光寺に蟄居させ、再び駿府の家康に自分の命に背く重政のことを訴えた。家康は重政を駿府に呼び寄せ、「その罪軽からず」と斬罪にした。

〔閑話休題〕お振の方と千代姫

岡重政の孫娘ふり（自証院）は、大奥に勤め家光の信任の強かった母方の祖母祖心尼の養女として家光の側室となり、お振の方と呼ばれ家光の初めての子、千代姫（霊仙院）を産んだ。

千代姫は御三家の尾張藩二代藩主徳川光友に輿入れし、三代藩主綱誠《つななり》や美濃国高須藩主松平義行を産み尾張徳川家やその分家の礎を成した。四代将軍家綱五代将軍綱吉の異母姉であり、家康は曽祖父に当たる。

反対する者のいなくなった振姫は荘厳な石塚観音堂を再建し、三尺一寸の千手観世音像を寄進した。会津三十三観音の第十九番札所として振姫のものといわれる御詠歌が伝わる。

後の世を願ふ心は軽くともほとけの誓ひ重き石塚

後の世の安泰を願うことよりも、仏との誓いとしての石塚観音堂の再建のことのほうが大切であるというのだろうか。

振姫は再建の大願成就に感謝し御宝前の鰐口（仏堂の軒下に吊るす金属製の音響具）に「大領主源氏女御寄進　御願如意満足　慶長十九年辰年八月廿八日」と彫り付けた。自らを大領主源氏徳川家の娘と高らかに誇った振姫であった。

浅野長晟との再婚

その年から翌年にかけて大坂冬の陣、夏の陣で豊臣家が滅び、「武家諸法度」などが整えられ徳川の世が完全に開けた翌年の元和二年（一六一六）、三十七歳の振姫は、二人の男子を会津に残して、家康の命で紀州和歌山三十六万七千石藩主浅野長晟《ながあきら》と再婚させられ、和歌山城に入輿した。長女依（崇法院）は将軍秀忠の養女として二年前に肥後国熊本藩主加藤清正の長男忠広に嫁いでいた。振姫入輿の十日後、家康は駿府において七十五歳で世を去った。

振姫は嫁いだ翌年八月、嫡子光晟を出産したが、産後の肥立ちが悪くその月の晦日に三十八歳で死去した。正清院英誉果悦善芳大姉と諡された。和歌山城西の吹上寺で荼毘に付され、遺骨は浅野家の広島への転封のため、京都黒谷の浄土宗紫雲山金戒光明寺に納骨された（後、広島正清寺に改葬）。元和四年には、高野山奥の院に供養塔が建立された。

会津藩主となった忠郷は、母の位牌所として会津の浄土宗自然山融通寺に知行二百石を寄進した。

振姫亡き後の蒲生家

忠郷は滝沢山中石ケ森から出た砂金で茶道具などを作り、寛永元年（一六二四）春には、門柱に金を以て藤花をちりばめた江戸の新藩邸に将軍家光や大御所秀忠の臨駕を仰ぎ、黄金の茶道具とともに祖父氏郷の遺品などをご覧に入れ茶会や大饗宴を催した（「大猷院殿御実紀」巻二）。

寛永四年、忠郷は痘瘡のため会津若松城で二十五歳の若い人生を終えた。忠郷の若い死には「日暮しの門」と衆人の眼を驚かせた黄金の門を誇った財力や、三十年前の領地近江国日野町から江戸藩邸普請のためと考えられる四十人もの夫役を課すことのできる旧領地との強いつながりを警戒した幕府の黒い影が見える。忠郷と藤堂高虎の娘の正室亀姫との間には嗣子がいなかったために蒲生宗家は断絶した。会津には蒲生氏に代わって賤ヶ岳七本槍の一人に数えられた豊臣恩顧の大名であった加藤嘉明《よしあきら》が伊予国松山から四十万石で入封した。

忠郷の弟忠知は伊予国松山二十四万石藩主となり蒲生家の跡目を継いでいたが、家臣間の騒動が続き、素行も悪かったという説もある。寛永十一年、元来病気がちであった忠知は参勤交代の途中、京都で三十歳で急死した。嗣子がいなかったため蒲生家は完全に断絶した。

氏郷以後の蒲生家男子はすべて若死にであるのが、豊臣大名の名家蒲生家を消す徳川家の意図が見え隠れするようにも感じられる。振姫の再婚は蒲生家と縁を切らせるためであったとも考えられる。浅野家は振姫が産んだ光晟の後、広島藩四十二万六千石として幕末まで続いた。

主な参考文献

『徳川実紀』第二篇　黒板勝美編　吉川弘文館　一九三〇
『新訂寛政重修諸家譜』第五　高柳光寿ほか編　続群書類従完成会　一九六四
「氏郷記」下巻　内閣文庫
「会津公事雑考」三（七、八、九巻）内閣文庫
『新編会津風土記』巻二十二、二十四（大日本地誌大系三十）蘆田伊人編　雄山閣　一九三二
『私の城下町』宮崎十三八　国書刊行会　一九八五
『朝日日本歴史人物事典』小泉欽司編　朝日新聞社　一九九四

③ 振姫・正清院（蒲生家など）略系図

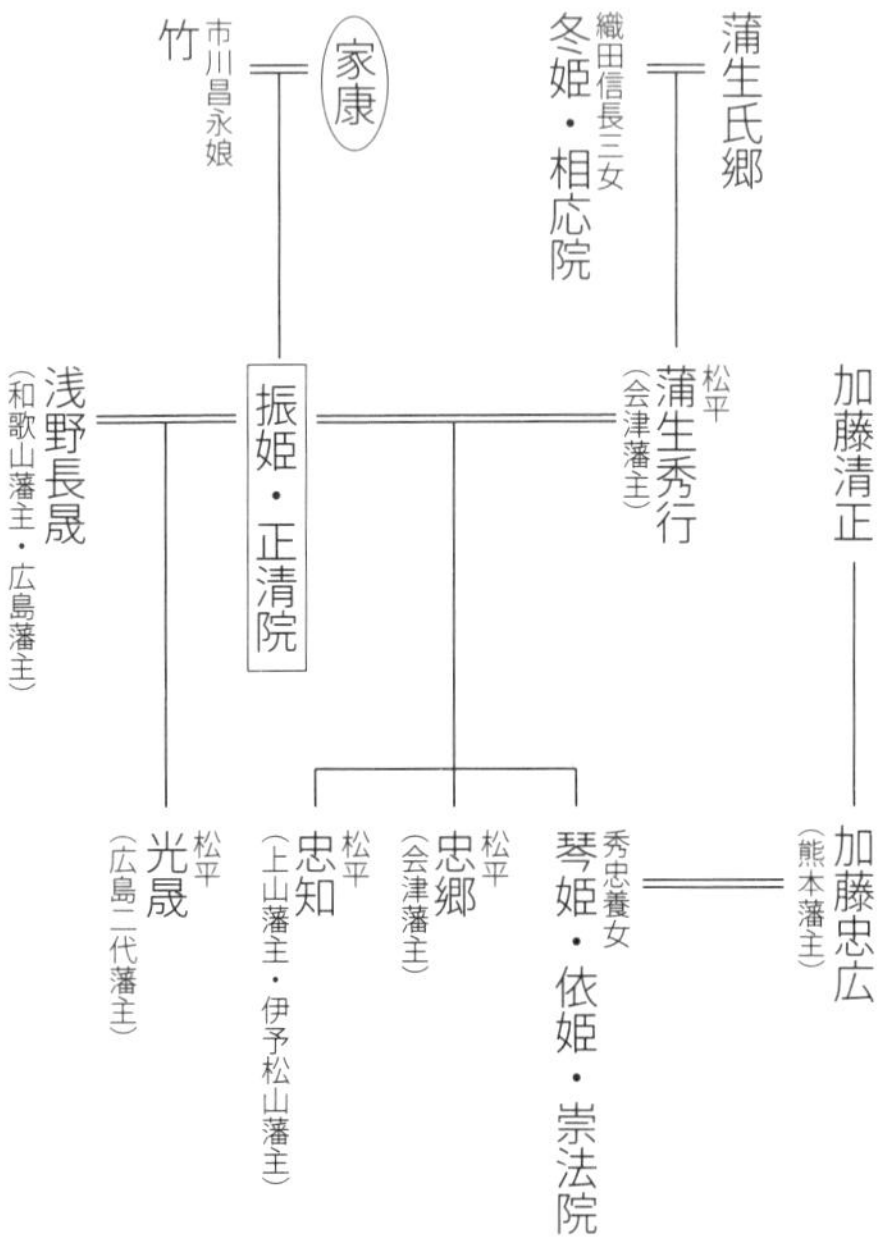

第二章　家康の養妹・異父妹たちの結婚

「幕府祚胤伝」には、家康の養女として各大名家に嫁がされた姫たちが十九名列記されている。おそらく実際にはこの数字を上回ると考えられる。大名家の系譜などを眺めていると将軍家養女と記された女性の名が目に付くことがある。養女にされないまでも、将軍の命による結婚はあちこちで見出せる。

家康の実母於大《おだい》の方は、父・三河国刈谷城主水野忠政の没後、異腹の兄信元が夫松平広忠を裏切り織田信長の父信秀の傘下に入ったため、織田氏と対立を続けていた今川義元の援助を受けていた松平家を去らねばならなくなった。十七歳の於大の方は、三歳の竹千代（家康）を岡崎城（愛知県岡崎市）に残し、実家の刈谷城へ帰っていった。広忠との結婚生活はわずか四年足らずであり、夫や子との別離の悲しみは深く、於大の方は長く病床に就いた。

天文十六年（一五四七）、於大の方は織田氏に属す尾張国知多郡阿久居（阿古居とも。愛知県知多郡）城主久松俊勝と再婚した。天文二十一年、於大の方は康元、勝俊の双子の兄弟に続いて多劫《たけ》姫、定勝と三人の女子（一人夭逝）の子宝に恵まれた。

家康が実の娘たち以外に養妹、養女として大名家へ嫁がせることを始めたのは、まず、母を同じくする異父妹たちであった。

一　久松俊勝の長女多劫姫・長元院：松平忠正の室・松平忠吉の室・保科正直の室

夫没後、弟と再婚

家康の異父妹である多劫《たけ》姫は、天文二十二年（一五五三）、久松俊勝と於大の方の長女として尾張国阿久居城で生まれた。永禄三年（一五六〇）、家康は桶狭間の戦いの直前に阿久居城に生母於大の方を十六年ぶりに訪れ、異父同母弟の康元・勝俊（康俊）・定勝に会って、それぞれに松平姓を与えた。その折、八歳の多劫姫も家康に会ったであろうか、記録はない。

多劫姫は初め、遠江国掛川城（静岡県掛川市）攻戦や長篠の戦（愛知県新城市）などの諸戦に功をなした三河国碧海郡桜井（愛知県安城市）の領主松平忠正と結婚した。天正五年（一五七七）に家広を産んでいるので忠正のもとに嫁いだのは二十歳前半ごろと考えられる。忠正は天正五年に三十七歳で死去し、多劫姫はその跡を継いだ弟の忠吉と再婚した。多劫姫二十五歳、忠吉は七歳年下であった。

多劫姫は天正八年に信吉を産んだ。二年後、忠頼を産んだ年、またもや夫忠吉に先立たれた。翌年、七歳の家広が叔父忠吉の跡を継いだ。早くも翌年八歳の時、家広は小牧・長久手の戦に徳川四天王の一人酒井忠次に従って参戦した。家を守り、幼い武将としての家広の身を案じる多劫姫のもとに家臣たちの働きによる戦功が届いた。

天正十八年（一五九〇）、家広は家康の関東入りに際して武蔵国松山（埼玉県比企郡）に一万石の領地を賜った。家広が十四歳で一万国の上級家臣として諸侯と肩を並べることができたのは、家康の異父妹である多劫姫の存在があったからである。文禄二年（一五九三）、信吉は常陸国土浦（茨城県土浦市）領主松平（藤井）信一の婿養子となり、慶長九年（一六〇四）、義父信一の隠居に伴い家督を相続した。

慶長六年、家広が二十五歳で世を去った。

家広の死について『新訂寛政重修諸家譜』第一に

或説に、慶長六年ゆへありて御勘気蒙り、六月十四日自裁し、嗣子なくして家たゆといへり。もししからば、家広死して後その所領を弟忠頼に賜ひ、父祖の家をたてられし歟。

とある。家康の勘気《かんき》がどういうものであったか不明であるが、『新編　藩翰譜　第一巻』の松平桜井の項に次のような注記がある。

桜井の嫡流此の時に断絶す。案ずるに家老堀勘兵衛を誅して御勘気を蒙りしといふ

嫡子がいなかった家広の後絶家したものの、弟の忠頼が所領を賜り、父祖の家を興したというが、実際は忠頼は前年七月の陸奥国会津の上杉征伐や同年九月の関ヶ原の戦に従軍しているところから判断すると、そのころには家広は蟄居していたと思われる。

絶家した家を興すのは困難であるが、多劫姫の懇願によると推測される。

関ヶ原戦の後、慶長六年、忠頼は遠江国浜松五万石藩主となった。その年、忠頼と信長の弟で茶人の織田有楽斎長益の娘との間に嫡子忠重が生まれた。孫の誕生を遠くから多劫姫は桜井松平家の安泰を喜び安堵したに違いない。しかし、八年後の慶長十四年、忠頼は従弟の水野忠胤の江戸屋敷の茶宴に招かれ、その席で忠胤の家臣久米左平次と服部半八郎が武道について口論となり、刃傷に及んだ際に仲裁に入って刃に倒れ、二十八歳の命を落とした。子の忠重が幼少であったために浜松五万石は改易となった。忠重母子は江戸居住となった。腹を痛めた二人の子に若くして先立たれた多劫姫の悲しみは計り知れない。

再再嫁は保科正直に

多劫姫が異父兄の家康の命で信濃国高遠（長野県伊那市）領主保科正直に嫁いだのは、天正十二年（一五八四）、正直四十三歳、多劫姫三十二歳のときである。正直は、はじめ武田氏に仕えたが、後、徳川氏に帰属し伊那半分二万五千石の所領を与えられた。その絆を強めるために、前妻（跡部氏の娘）をなくしていた正直の後妻として多劫姫の輿入れがなされたのである。正直には前妻との間に二十四歳に成長した長男正光がいた。

多劫姫は輿入れ後、まもなく高遠で二人の娘と、天正十六年には異母兄正光の猶子となる正貞を産んだ。天正十八年、家康の関東入国に伴い、保科家は下総国香取郡多古領一万石に移封された。この機に正直は隠居して正光に家督を譲った。正直夫妻は多古には移住せず、高遠にとどまった。その後、多劫姫は二人の娘と文禄四年（一五九五）に氏重を産んだ。

慶長五年（一六〇〇）の関ヶ原戦の直前に長女栄が家康の養女として筑前国福岡城主黒田長政に嫁いだ。翌年、正直は六十歳で高遠城で世を終えた。その二か月後に正光は高遠の旧領地二万五千石へ帰封した。

慶長十六年（一六一一）、十七歳に成長した末子氏重は家康・秀忠の命で、下総国岩富（千葉県佐倉市）の領主北条氏勝の養子となり、遺領を継いだ。余談になるが、氏重の娘の一人は旗本大岡家に嫁ぎ、八代将軍吉宗の下で江戸町奉行として名をはせた大岡越前守忠相《ただすけ》を産んだ。

正貞は、子に恵まれなかった異母兄正光の養子となり、元和元年（一六一五）の大坂夏の陣に出陣し、重傷を負った。それ以上に、年老いた多劫姫の心を痛める事件が高遠の城に舞い込んだ。元和三年、将軍家光の異母弟幸松（後の会津藩祖保科正之）の養育を正光に託されることになり、高遠城に下ってきた。子が高遠を継げず、正之が後継となったことが遠因となったのか、多劫姫は翌年、六十六歳で世を去った。法名は「長元院殿清信授法大禅定尼」。葬所は武州豊島郡麻布領天徳寺であったが、今は飯野保科家菩提寺の大円寺（東京都杉並区）にある。

正貞は、幸松が正光の養子におさまった後、高遠を去り、一時叔父松平定勝を頼ったが、その後、江戸へ出て次第に禄を重ね、慶安元年（一六四八）、大坂定番となり上総国周准郡飯野（千葉県富津市）に一万七千石の領地を与えられ飯野保科家の祖となった。これも徳川家の養女であった母多劫姫の威光に負うところが大きい。飯野保科家は、その地で廃藩置県まで在封した。

多劫姫の一生は父俊勝や母伝通院（於大の方）、さらには家康の意向のままに生涯三人の夫を持ち、九人の子どもを産み、父も夫も子どもたちも戦乱の中に生き、片時も気の休まる日はなかったと思われる。自害に追いやられた子、殺傷された子、将軍家の意向で養子にやられ、または居場所を失った子や将軍の養女として外様大名家に嫁がされた娘たちなど、生みの子たちとともに楽しい日々を過ごすことなく、常に不安を抱えて生涯を過ごした多劫姫は、戦国・江戸幕府草創期に生きた典型的な女性であった。

主な参考文献

『保科氏八〇〇年史』牧野登　歴史調査研究所　一九九一
『家康の族葉』中村孝也　講談社　一九六五

④多劫姫・長元院（桜井松平家・保科家など）略系図

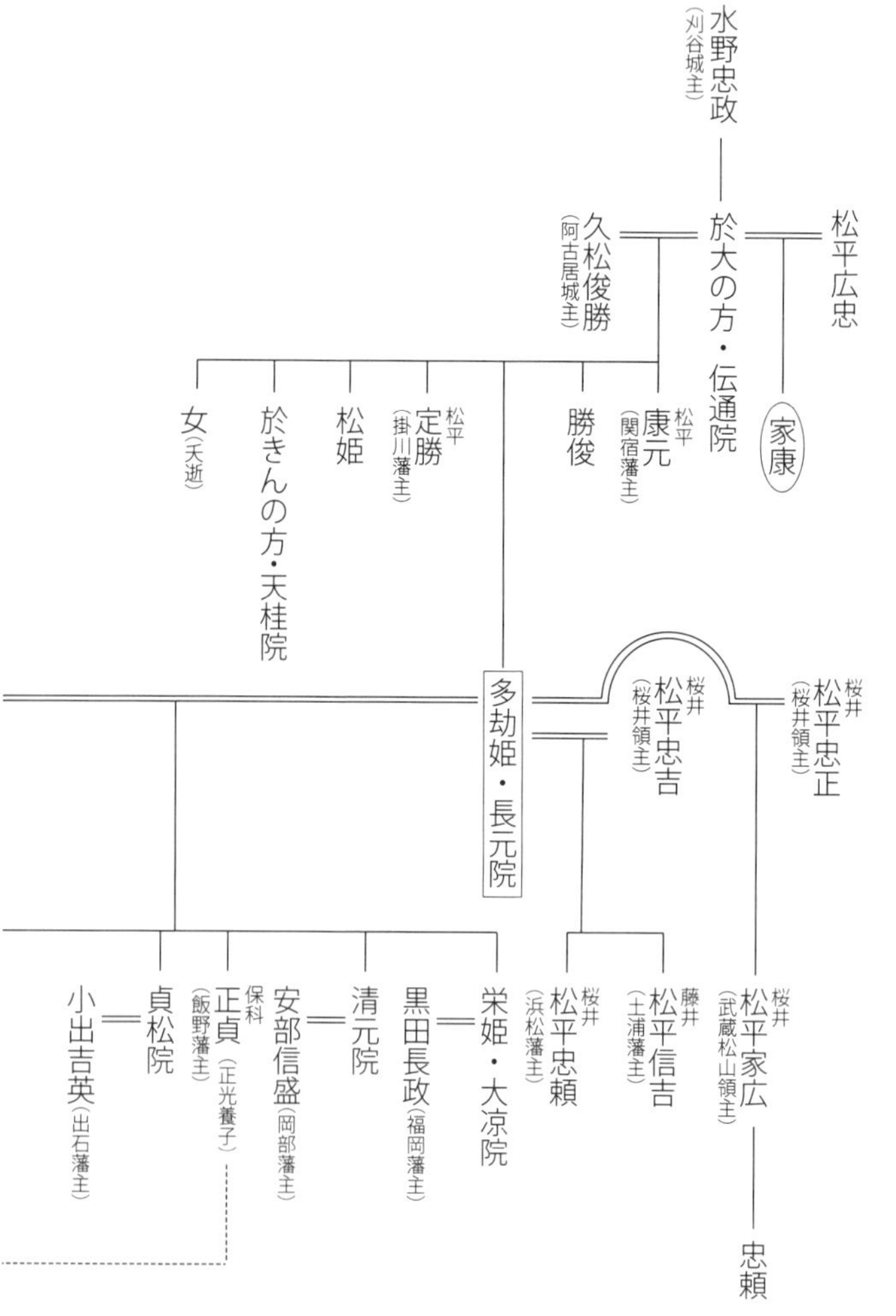

一　久松俊勝の長女多劫姫・長元院：松平忠正の室・松平忠吉の室・保科正直の室

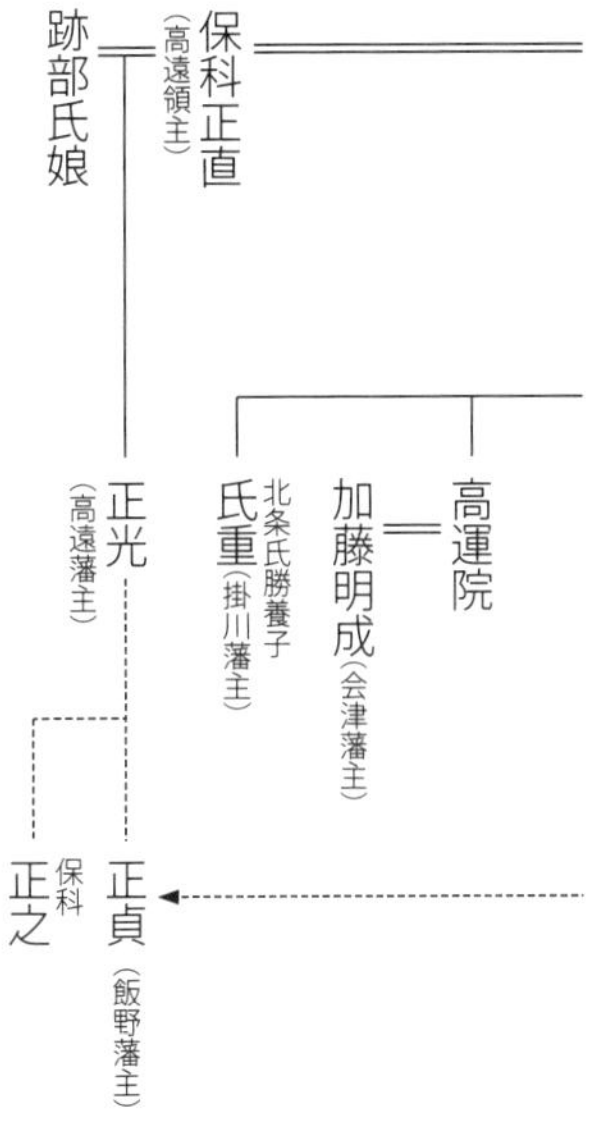

二　久松俊勝の次女松姫・智勝院：戸田(松平)康長の室

多劫姫の妹松姫は永禄八年（一五六五）、尾張国阿久居に生まれる。父母は多劫姫と同じ父久松俊勝、母は於大の方である。姉の多劫姫とは十二歳違い、すぐ上の兄定勝とは六歳違いである。永禄十年、三歳の松姫は姉の多劫姫より早く三河国二連木（愛知県豊橋市）の領主松平（戸田）虎千代と婚約をした。領主とはいえ虎千代はそのとき六歳であった。虎千代の父である戸田忠重がその年死去したので、家康は幼い虎千代を愍《あわれ》み、虎千代の母方の叔父を陣代として父の遺跡を継がせ、松平の称号を与えた。これは他家へ称号を与えた初めであるという。

幼少期より培った絆

三歳の松姫と六歳の虎千代はともに二連木の館で成長した。両親や姉妹と別れて暮らす松姫は虎千代を兄のように慕って暮らしたに違いない。しかし、当主となった虎千代には公務があり、毎年の謡初の時には着座した。虎千代の留守中、松姫は寂しさを我慢して虎千代の帰りを待ち続けたであろう。

天正二年（一五七四）、虎千代は十三歳のとき家康の御前で元服し、家康より諱の一字を与えられて名を康長と改め、備前国長守の脇差を与えられた。

天正八年、松姫は長男永兼を二連木の館で産んだ。その翌年、康長は高天神城攻略に初出陣し、軍勢を指揮して軍功を挙げた。以後、康長は留守がちとなり、松姫は、永兼と続いて生まれた長女諷と二連木の館で康長の武運を祈った。ところが、そうした日々も長くはなく、松姫は天正十六年（一五八八）、二十四歳で短い生涯を終えた。悟心理省智勝院と諡され、二連木の曹洞宗仙寿山全久院に葬られた。後、美濃国加納藩主となった康長の孫光重によって領内の蓆田《むしろだ》郡桑山（岐阜県本巣市）に智勝院が建立された。

松姫の短い生涯は、家康の譜代大名の基礎固めのために使われたといえよう。せめて康長との深い愛の生活があったと考えたい。康長は七十一歳の長命を保ち、寛永九年（一六三二）に世を去るまで、信濃国七万石松本藩主の座にあった。松姫の没後三十四年にして生まれた光重が、美濃国七万石加納藩主となったとき、領内に義祖母の戒名の寺院を建立して、そこを代々の藩主の菩提所としたことは、松姫が戸田松平家にとって忘れてはならない存在の人であったといえる。

戸田松平家は光則のときに幕末期を迎え、佐幕譜代大名の姿勢を通していたが大垣藩の戸田氏にならって恭順し、越後、会津へ転戦した。廃藩置県後は旧領六万石が松本県となった。

主な参考文献

『保科氏八〇〇年史』牧野登　歴史調査研究所　一九九一
『新訂寛政重修諸家譜』第十四　高柳光寿ほか編　続群書類従完成会　一九六五
『徳川・松平一族の事典』工藤寛正編　東京堂出版　二〇〇九

⑤松姫・智勝院（戸田松平家など）略系図

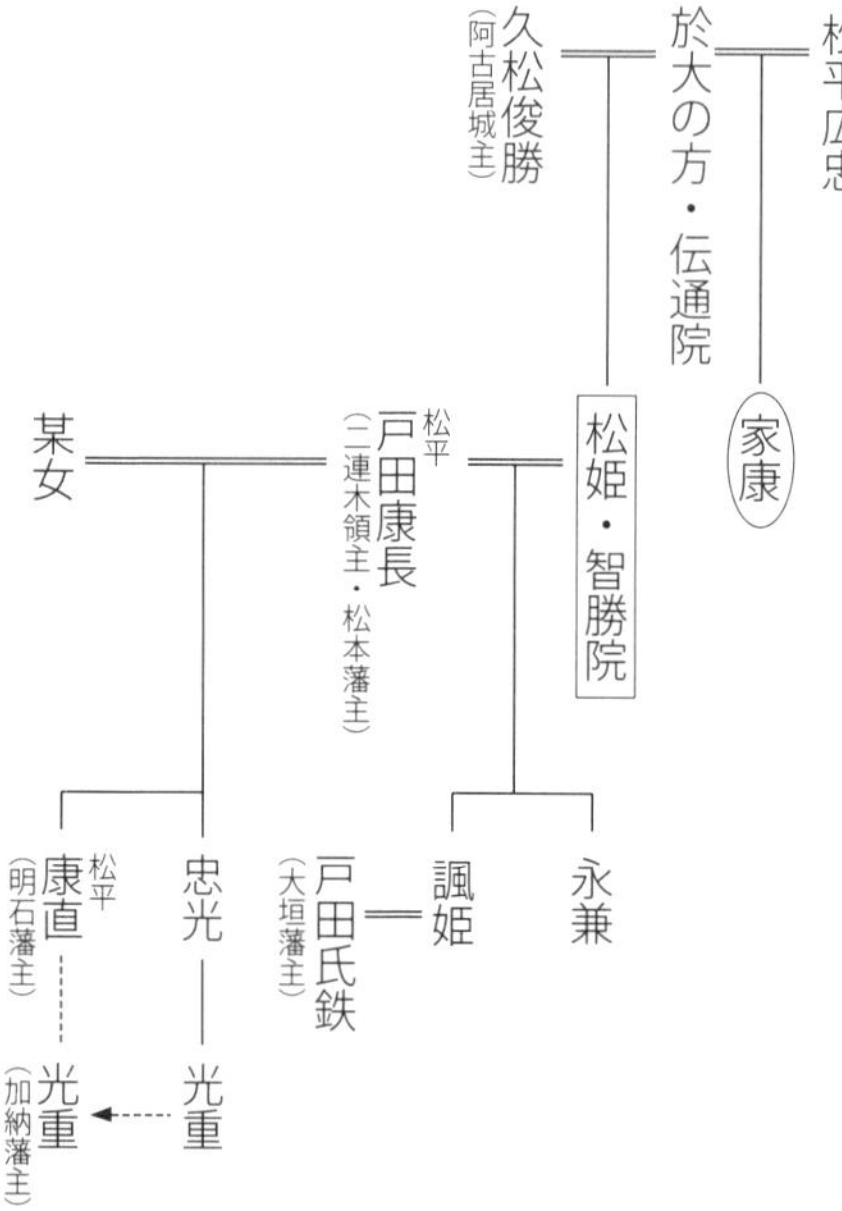

三　久松俊勝の四女於きんの方・天桂院：松平（竹谷）家清の室

於きんの方は、久松俊勝、於大の方の四女として永禄十二年（一五六九）に生まれた。俊勝は永禄五年に三河国西郡《にしのこおり》（愛知県蒲郡市）の城を賜ったが、常に岡崎城の留守番役を務めていたので、西郡は嫡子の康元が住み、先祖伝来の地阿古居には庶子長男の定員が守っていたので、妻の於大の方も岡崎に住んでいたのではないかと思われるが定かではない。したがって、於きんの方の生誕地も不明である。

道中の出産と長旅の疲れ

松平（竹谷《たけのや》）家清は天正九年（一五八一）、十六歳のとき、家康の諱《いみな》の一字を与えられて與二郎を家清と改名した。その年、家康の命で十三歳の俊勝の娘を三河国宝飯郡《ほいぐん》竹谷（愛知県蒲郡市）に迎えた。翌年、家清の父清宗は息子に竹谷の本領を譲った。

俊勝の娘は「高瀬君」とも「於きんの方」とも呼ばれた。「留《とめ》」という名も伝わる。十七歳で長男忠清を産んだ。

天正十八年、小田原の陣で家清は家康に従い、家康の関東入りに際し、武蔵国児玉郡八幡山（埼玉県本庄市）で一万石を与えられた。そのために、於きんの方も六歳の忠清を連れ、八幡山へ向かった。ところがこのとき、於きんの方は三人目の子を身籠っていた。小田原近くに来たとき於きんの方は産気づき、女子を出産した。しかし於きんの方は出産後間もなく、息を引きとった。享年二十二歳。長旅が身重の体には無理であった。曹洞宗の寺に葬ってほしいとの遺言に従って、小田原の曹洞宗圓通山福巌寺《ふくごんじ》に埋葬された。後に、常陸国真壁藩主浅野長重の室となった家清の娘は、豪華な縫物付きの四張の卓囲（テーブルクロス）を寄納した。

墓は、家清が三河国吉田城（愛知県豊橋市）を与えられた折、吉田に移されたが、家清の次男清昌の時代に旧地西郡の全栄寺を合わせて龍台山天桂院として改葬された。三代将軍家光より十石余りを寄付された。

天桂院の産んだ忠清は、将軍秀忠の御前で元服し、諱一字を下賜された。二十六歳で家清の遺領を継いだが、家督を相続して一年余りの慶長十七年（一六一二）、二十八歳で病死した。継嗣がなかったため、所領を没収され断絶した。

しかし、天桂院が家康の養妹ということで、竹谷松平の家号を許され、忠清の異母弟清昌に旧領地三河国宝飯郡西郡に五千石を与えられ、交代寄合（隔年参勤）に取り立てられ、家は明治まで存続した。

主な参考文献

『新訂寛政重修諸家譜』第一　高柳光寿ほか編　続群書類従完成会　一九六四
『徳川・松平一族の事典』工藤寛正編　東京堂出版　二〇〇九
『家康の族葉』中村孝也　講談社　一九六五
『新編相模国風土記稿巻之三十三』（大日本地誌大系第三七巻）雄山閣編輯局編　雄山閣　一九三二
「天桂院についての回答」蒲郡市立図書館　二〇二一年五月十四日

⑥於きんの方・天桂院（竹谷松平家など）略系図

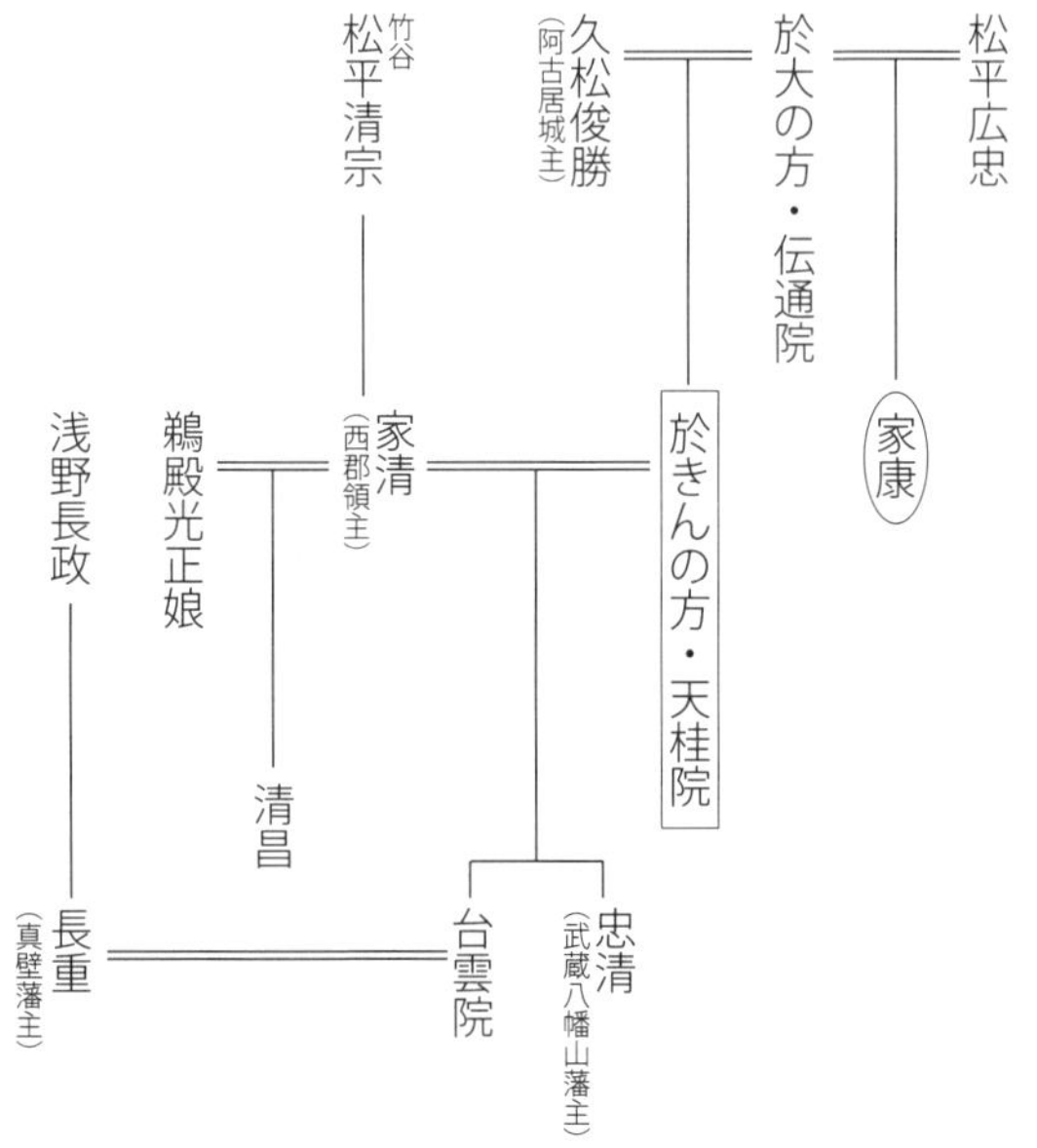

第三章　養女・家康の姪たちの結婚㈠
――松平康元の六人の娘たち

家康が養女として大名家と婚姻関係を結んだのは、異父妹たちばかりではなかった。異父弟や異父妹たちの娘たち、つまりは家康の姪たちもまた、政略結婚の対象として組み込まれていった。松平康元の娘六人、多劫姫の娘四人、定勝の娘二人を見出せる。

松平康元の娘たち

松平康元は、阿古居城で兄家康が十六年振りに母於大の方に面会した折に、松平の称号と家康の一字を与えられそれまでの勝元を改名した。父俊勝が家康に従い今川方の三河国西郡城を攻略し、その城を賜ったが常に岡崎城にあって留守居役を務めていたため、康元が西郡城に入るとともに家康に従って三方ヶ原の役、長篠の役、高天神の役や小田原の陣などに出陣した。天正十八年（一五九〇）、家康の関東入国の際、数度の軍功を賞せられ下総国葛飾郡内に二万石を与えられて関宿城《せきやど》（千葉県野田市）に入った。翌年の九戸《くのへ》一揆で先陣を務め凱旋の後、二万石を加増され四万石の領主となった。関ヶ原の戦では江戸城留守居役を務めた。

康元の正妻の名は不明であるが、側室との間に五男六女がいる。

一　長女洞仙院：岡部長盛の室

康元の長女は一説によると父康元が上ノ郷城（愛知県蒲郡市）にいたころの天正六年（一五七八）の生まれとある。康元の長女については「幕府祚胤伝」に

慶長四年己亥、為二御養女一、濃州大垣城主許二嫁岡部内膳正長盛一

寛永六年七月三日　歿

とのみしか記載がない。

『新訂寛政重修諸家譜』（第八百七十一）には「伝通院御方松平因幡守康元が女を養はせたまひ、東照宮の御妹に准ぜられ、長盛に嫁せらる」と家康の母伝通院の養女との説もある。

転封の多かった夫婦

慶長四年（一五九九）、岡部長盛三十二歳であり、正妻の松平（竹谷）清宗の娘を亡くしており、康元の長女は継室として嫁いだ。二十歳ごろである。しかし、長男宣勝を慶長二年に産んでいることから、婚姻は慶長四年以前と考えられる。

長盛は今川氏滅亡の後、家康の旗下に入り、長久手の戦や真田家への上田城攻めに参戦し「岡部の黒鬼」と呼ばれ戦功を挙げた。家康の関東入封で上総・下総に一万二千石の領

地を与えられ、下総国葛飾郡山崎（千葉県野田市）に陣屋を構えた譜代大名である。

長盛は入封の翌天正十九年（一五九一）には堤台に築城し、慶長十四年（一六〇九）丹波国亀山城に移封となるまで約二十年間、各種の法度を定め村治の回復に努め治政を行った。

慶長十年、十八歳に成長した先妻清宗の娘菊姫が家康の養女として鍋島勝茂に輿入れした。それまでは康元の長女の養育のもとにあったのであろう。

慶長十四年、長盛は丹波国亀山（京都府亀山市）三万二千石藩主として転封となり、元和七年（一六二一）に福知山五万石藩主に加増移封となった。さらに寛永元年（一六二四）には美濃国大垣（岐阜県大垣市）五万石藩主として入部した。入部後、長盛は天平年間（七二九〜七四九）創建の揖斐郡の臨済宗萬松山瑞巌寺の諸堂を再興した。

康元の長女もこうした長盛の転封に従って下総、丹波、美濃と転居して生涯を送ったと考えられる。その間に三男四女を産み、寛永六年（一六二九）、大垣城で没した。法名は洞仙院殿梅渓宗考大姉。享年五十二歳であろうか。その三年後に世を去った長盛の墓所が瑞巌寺にあることから推して洞仙院の墓も同所にあったと考えられるが、後に洞仙院の産んだ嫡子宣勝の領地和泉国岸和田（大阪府岸和田市）の曹洞宗香峰山梅渓寺に移された。

また、高野山奥の院に宣勝により、長盛、洞仙院の供養塔が建てられた。

宣勝は岸和田城の石垣普請、城郭の整備や社寺の建立、復興などを積極的に行い、民政に尽力して藩制を確立し善政を布いて後世まで名君と称された。以降二百三十年間、岡部家の治政は幕末まで続いた。

岸和田藩岡部家の基礎作りに洞仙院の将軍家の姫としての威光があったことは間違いない。三代将軍家光の厚い信任を受けた宣勝もまた将軍家の養女としての母の威光に恥じない生涯を送った。

主な参考文献

『新訂寛政重修諸家譜』第十四　高柳光寿ほか編　続群書類従完成会　一九六五
『三百藩藩主人名事典』三　藩主人名事典編纂委員会　新人物往来社　一九八七
『野田市史 資料編 中世2』野田市史編さん委員会編　野田市　二〇〇二
『徳川・松平一族の事典』工藤寛正編　東京堂出版　二〇〇九

⑦洞仙院（久松松平家・岡部家など）略系図

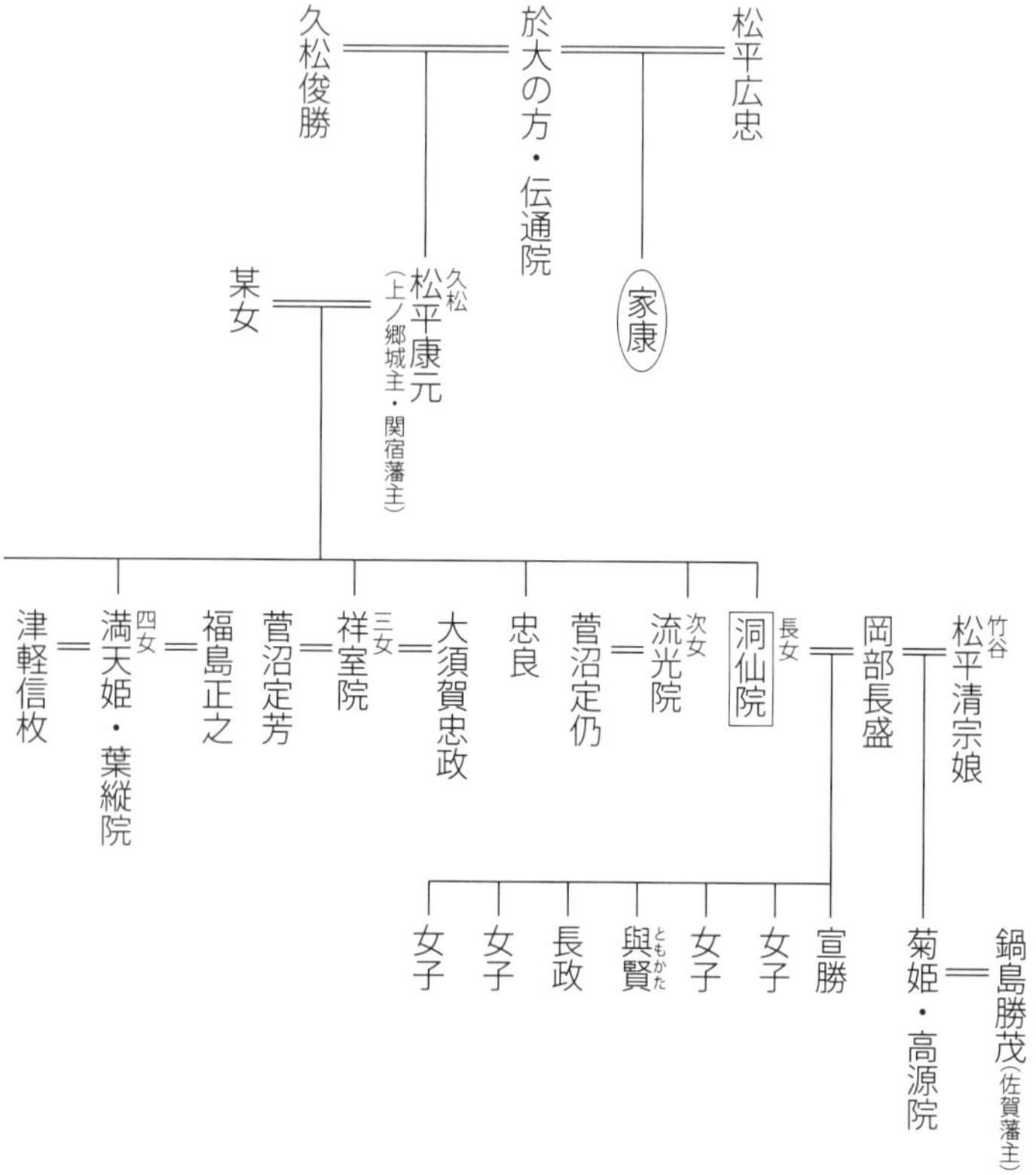

中村忠一＝房姫・浄明院（五女）＝毛利秀元

田中忠政＝椿姫・久松院（六女）＝松平成重

二　次女流光院：菅沼定仍の室

康元の次女は「幕府祚胤伝」には明記されていない。流光院は天正八年（一五八〇）に上ノ郷城（愛知県蒲郡市）に生まれた。

定仍《さだより》は天正四年（一五八七）に父菅沼定盈《さだみつ》の居城三河国野田城（愛知県新城市）で生まれた。定盈ははじめ今川氏に仕え桶狭間の戦後、家康に従って高天神城攻めや小牧・長久手の戦などで軍功があり、家康の関東入国で上野国阿保《あぼ》（埼玉県児玉郡）に一万石の領地を与えられたが間もなく致仕し、定仍が跡を継いだ。定仍は関ヶ原の戦では駿河国府中の城を守った。翌慶長六年（一六〇一）、伊勢国長島（三重県桑名市）に転封となり、二万石藩主として入部した。康元の次女と結婚したのはその後間もなくのころと思われる。

元来病弱であった康元の次女は子を産むことなく、慶長九年に二十五歳で世を去った。墓は長島の曹洞宗盤龍山花林院に葬られた。慶長十年、病弱の定仍もまた三十歳の若さで療養中の京都で病死した。遺領は弟の定芳が継いだ。

流光院は家康の養女として見知らぬ土地の菅沼家に嫁ぎ、何をすることもなく二十代の若さで寂しく世を去った。せめて幼いころ、関宿で多くの姉妹たちと楽しい時を過ごしていただろうことを願わずにいられない。

主な参考文献

『新訂寛政重修諸家譜』第五　高柳光寿ほか編　続群書類従完成会　一九六五
『三百藩藩主人名事典』一、三　藩主人名事典編集委員会　新人物往来社　一九八七
『長島町誌』上巻　伊藤重信　長島町教育委員会　一九七八

⑧ 流光院（菅沼家など）略系図

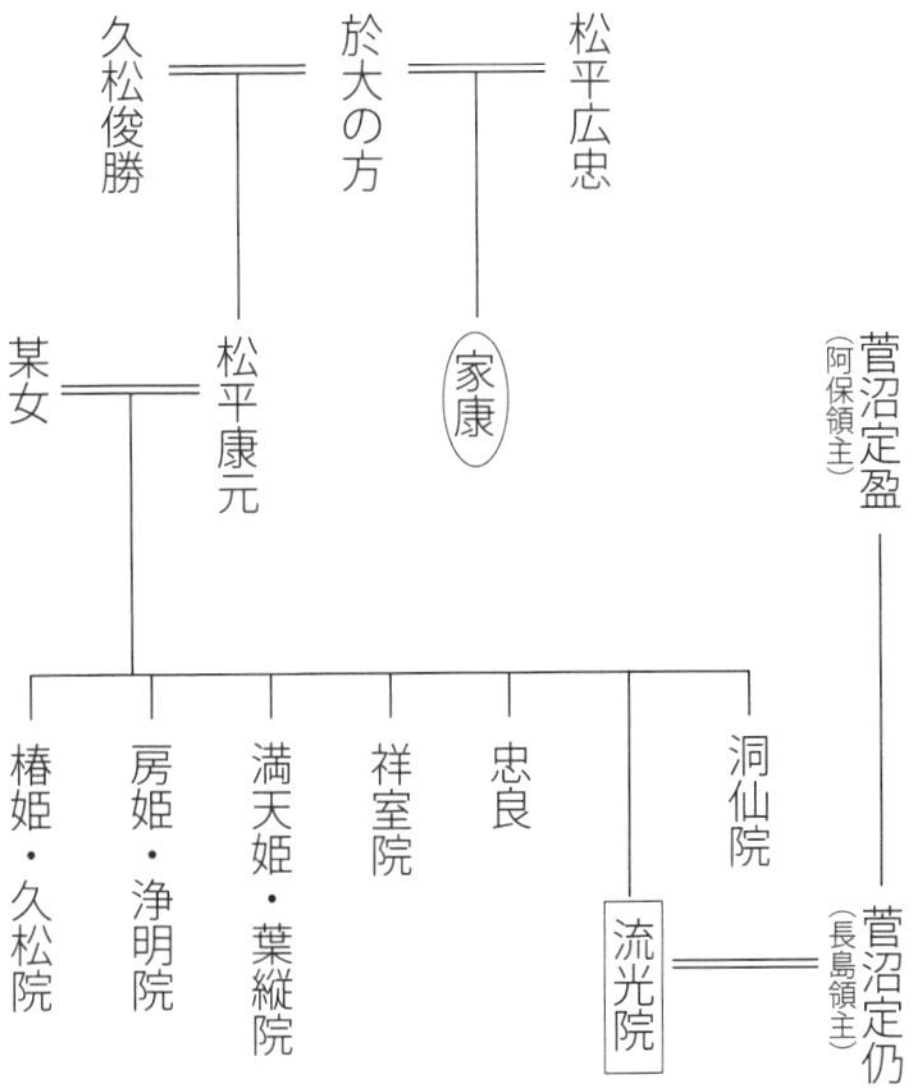

三　三女祥室院：大須賀忠政の室・菅沼定芳の室

夫大須賀忠政の謎の死

康元の三女祥室院について「幕府祚胤伝」には次のようにある。

為二御養女一、遠州横須賀城主松平大須賀出羽守忠政被レ嫁、生二榊原忠次一、忠政卒後、
再二嫁丹波亀山城主菅沼織部正定芳一

祥室院は天正十年（一五八二）生まれの忠良のすぐ下の妹で、天正十三年に兄と同じく三河国西郡の城（上ノ郷城）で生まれた。慶長八年（一六〇三）ごろ、家康の養女として遠江国横須賀（静岡県掛川市）五万五千石城主大須賀忠政のもとに嫁いだ。忠政は上野国館林藩（群馬県館林市）の初代藩主で徳川四天王・徳川十六神将・徳川三傑に数えられた家康覇業の功臣として名高い榊原康政の長男であったが、母の実家である祖父の大須賀康高の養子として大須賀家を継いだ。康高は徳川二十将の一人に数えられ、早くから家康に仕え、家康直属の部隊である「旗本先手役《せんてやく》」の将として遠州の諸合戦で武功を立てた。特に天正二年（一五七四）、遠江国高天神城（静岡県掛川市）では、落城するまでの八年間、武田勝頼軍と戦った。その武功により横須賀三万石の城主となり、松平姓を賜った。

慶長十年（一六〇五）、祥室院は国千代（忠次）を産んだが、その二年後に夫忠政は有

馬温泉への途次、伏見で二十七歳の若さで没した。若い突然の忠政の死には暗殺説も浮上する。忠政の死後、すぐさま家臣の中に国政をほしいままにする者が現れた。

忠政の死のほぼ一か月過ぎた十月二十日、家康は鷹狩に近郊に出かけた折、祥室院のもとに立ち寄った。その機会を捉え、祥室院は苦境を養父家康に訴えた。

この母大須賀家に付属せられし渥美源五郎正勝、久世三四郎広宣、坂部三十郎広勝等、国千代幼稚により国務を専にし非道の挙動して家士不和のよしをうたふ。追て後糾明あるべきよしにて還らせ給ふ（『新訂寛政重修諸家譜』「台徳院殿御実紀」巻六）

この結果は、忠政の従兄弟にあたる大須賀五郎兵衛と安藤直次に国政を補導するように命ぜられ、先の三名は罷免させられた。この処置は祥室院の徳川家の養女であることが大きく働いた。こうして祥室院は三歳で家督を相続した幼い城主忠次を支えて七年間、領地を守った。忠次は母が将軍家の養女であるということで一代限り松平姓を許された。

再嫁先は姉の義弟

慶長十九年、祥室院は十一歳の忠次に心を残しながら、再び家康の養女として姉の夫であった伊勢国長島藩主菅沼定仍の跡を継いだ弟の定芳のもとに嫁いだ。

元和元年（一六一五）、忠次の叔父に当たる上野国館林藩主榊原康勝が大坂の役に出陣し、京都で戦死し、二十六歳であった康勝には嗣子がいなかったので、家康は榊原家の断絶を憂慮して忠次を後継者に命じた。徳川四天王に数えられた榊原康政は老中を務めた譜代の重臣であったので、幕府は「大須賀家も閥閲の功労他に殊なりといへ共、榊原が家には比すべからず」と横須賀五万五千石を廃絶しても榊原家十万石を存続させることにした。忠次はその後、幼年の四代将軍徳川家綱の傅役《もりやく》を奥平昌能とともに務め、後には陸奥国十四万石白河藩主（福島県白河市）、慶安二年（一六四九）には一万石加増され播磨国姫路藩主となった。寛文三年（一六六三）には幕府の老臣に迎えられている。

定芳のもとに嫁いだ祥室院は二人の女子を産んだが幼くして世を去った。定芳は元和六年（一六二〇）、将軍秀忠の娘和子が後水尾天皇のもとに入内《じゅだい》するにあたり供奉《ぐぶ》を務めた翌年、加恩があり近江国膳所《ぜぜ》三万千五百石藩主として転封となった。

膳所城はその後、秀忠や家光が上洛の際には定宿となり、時には湖水を遊覧し和歌を詠むなどした。祥室院は秀忠にとっては義兄妹であり、家光にとっては義叔母にあたるので、両御所にとっては遠慮のない場所であっただろう。しかし、祥室院にとって、そうした度々の接待は大仕事であったに違いない。

定芳の跡を継ぐことになる長男定昭は祥室院存命中に側室から生まれており、次男定実は寛永十九年（一六四二）に継室の三好一任《まさとう》の養女から生まれていることから、祥室院は定芳が側室を持つことを菅沼家存続のために快く許したのであろう。

元和九年（一六二三）、祥室院は膳所の地で三十九歳の生涯を終えた。三河国西郡で生まれ育ち、結婚後は遠江国横須賀、伊勢国長島、近江国膳所と余儀なく幾度も住む地を替えさせられ、各地を転々として生涯を過ごした。

寛永十一年（一六三四）、定芳は一万石を加増されて丹波国亀山（京都府亀岡市）藩主に任ぜられた。

大須賀忠政と祥室院の一子忠次は、母の菩提を弔うために領地館林の善長寺に墓を建て、五十石を朱印地として与え、以後幕末まで寺領となった。

主な参考文献

『徳川実紀』第一篇　黒板勝美編　吉川弘文館　一九二九
『新訂寛政重修諸家譜』巻五　高柳光寿ほか編　続群書類従完成会　一九六五
『三百藩藩主人名事典』三　藩主人名事典編纂委員会　新人物往来社　一九八七
『徳川・松平一族の事典』工藤寛正編　東京堂出版　二〇〇九

⑨ 祥室院（大須賀家など）略系図

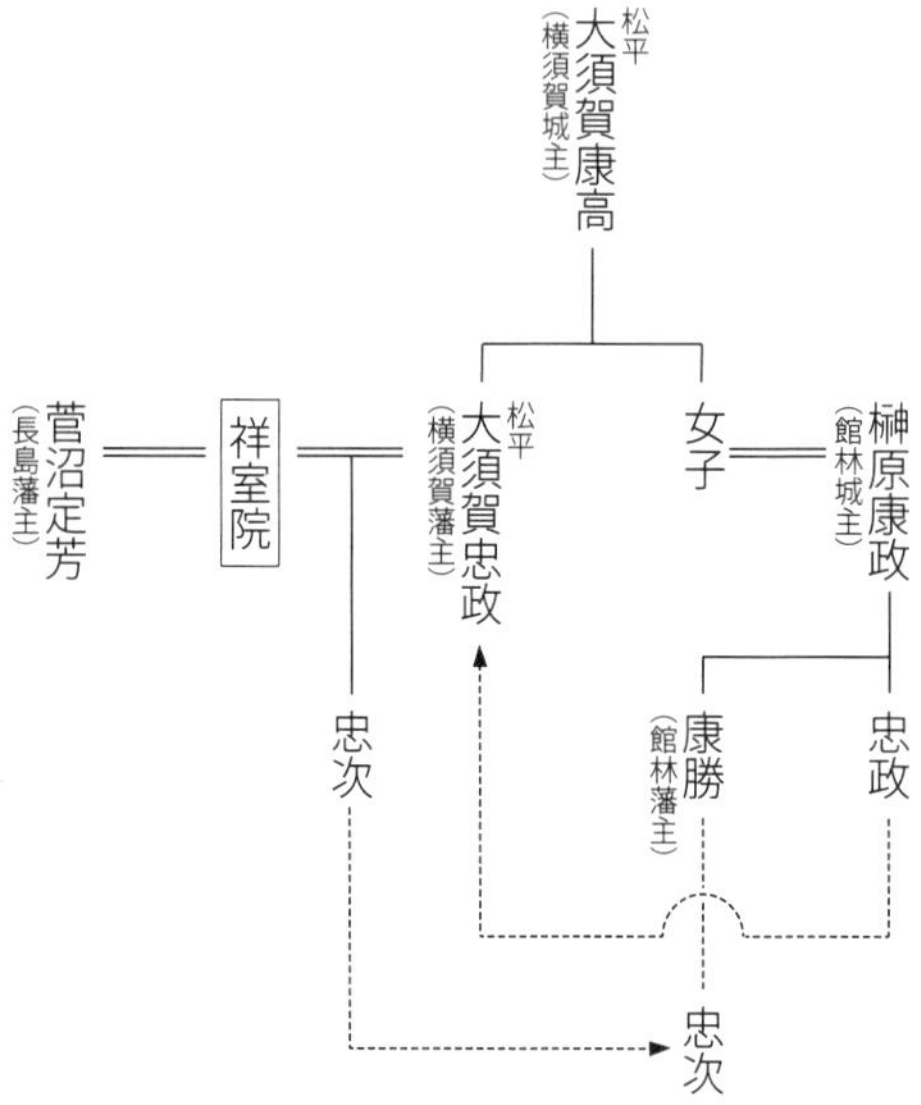

四　四女満天姫・葉縦院：福島正之の室・津軽信枚の室

福島正之との結婚

満天姫《まてひめ》は天正十七年（一五八九）、松平康元の四女として三人の姉や兄忠良と同じく、三河国西郡（愛知県蒲郡市）の城で生まれた。満天姫についても姉たちと同様に不明な点が多い。ただ、そのドラマチックな人生ゆえに満天姫の史料は六人の姉妹の中で最も多いが、史料により年代や結婚相手が異なり、統一しているのは福島家に嫁いだ年と没年だけである。収集した史料からその一生を追ってみよう。

満天姫の生まれた翌年、父康元は家康の関東入国に伴い下総国関宿《せきやど》（千葉県野田市）に二万石城主として入封し、翌年、陸奥国九戸一揆鎮圧に出陣して二万石を加増された。その地で妹や弟が次々と生まれたので少女時代の満天姫は、にぎやかな家族の中で幸せな日々を送ったと考えられる。

慶長四年（一五九九）、満天姫が十一歳のとき、家康は三人の姉たちと同様に満天姫を養女として尾張国清洲（愛知県清須市）城主福島正則の嫡子正之と縁組みさせた。

福島正則は母が秀吉の母の妹と言われ、正則は幼少より秀吉に仕え、因幡国鳥取城攻め、山崎の戦に参戦し、近江国賤ヶ岳の戦いで七本槍の一番槍の殊勲を立て、小牧・長久手の戦い、九州征伐、小田原征伐に従軍し、文禄の役では海を渡り竹島で代官を務めるなど、秀吉のもとで戦功を挙げ武勇の誉れ高い武将となり、秀吉に同族に準ずる待遇の「羽柴」姓を与えられた。文禄四年（一五九五）、関白職を奪われて高野山に追われた秀吉の養子秀次の最期を見取った正則は翌年、伊予国今治十一万石から、秀次の領していた清洲二十四万石の領地を与えられた。

慶長三年（一五九八）、秀吉が六十二歳で生涯を終えた。秀吉は徳川家康の存在を気にかけ、家康をはじめ前田利家、毛利輝元、上杉景勝、宇喜多秀家の五大老に遺書を書き残した。それは天下の安泰ではなく、秀頼の成長と秀吉の跡目を継ぐとのひたすら秀頼の無事な行く末の依頼であった。大黒柱の倒れた後の情勢は当然ながら、暗黙の対立が生じ始めた。ましてや、正室の北政所高台院と秀頼の生母淀君は秀吉生前より対立関係にあった。

そうした状況下にあって、満天姫と正之の縁組みは諸大名間に火をつけた。五大老、五奉行の合議を得ない縁組みは禁止されており、四大老、五奉行は二人を問い詰めた。家康は媒酌人が手続きを済ませていたものと思ったと逃げ、正則は家康の近縁との縁組みは秀頼の将来のため有利である、と思うままを答えた。このことで五奉行の一人石田三成は小西行長らと密議し、「江戸内府と加賀亜相の上に出るものなし」と考え、これを機会に前田利家を抱え込んで一戦を起こす計画を立て、京、伏見は大騒ぎとなり、正則は池田輝政や黒田長政らを味方につけ家康を守ったが、当の家康がこうした騒動を気にもかけず毎日碁を打っていたと「東照宮御実紀」に美談として書き記されている。家康と利家は和解したが、まもなく利家は家康と三成の対立を憂慮しつつ世を去った。利家の他界の痛手をこうむったのは片方の旗印として担ぎ出そうと企てていた三成であった。こうなれば三成自身が旗印になるしかない。しかし、世の安泰を望む家康は、正則、清正らがこの機会に三成を討とうとするところを彼らから三成をかばい、近江国佐和山（滋賀県彦根市）に引き籠もらせた。

家康に対して快く思わなかったのは三成だけではなかった。会津（福島県会津若松市）百二十万石の領主で五大老の一人上杉景勝がいた。密かに三成と通じ、兵を挙げる企てを進めていた。慶長五年（一六〇〇）五月、ついに家康は上杉景勝征討に立ち上がった。正則も正之を伴い家康に従って下野国小山《おやま》に出陣した。ここで、西軍が伏見に挙兵した報せを受け取った。正則は清洲の城を明け渡し兵糧以下を献上すると、いち早く家康のために身命を投げうって味方することを申し出て、家康を喜ばせた。正則の言葉に多くの上方の諸将たちが従った。以後正則の率いる福島軍の働きはすさまじかった。美濃国竹ヶ鼻城に続いて岐阜城の攻撃は福島軍が先鋒を切った。同年の九月十五日の関ヶ原の戦いにも正之は正則に随身し、宇喜多秀家軍を撃退した。十七日の佐和山城攻撃にも目覚ましい働きをした。こうした戦功により正則は安芸、備後国に四十九万八千石を与えられた。二十五万石の加増である。

満天姫と福島正之の婚儀が正式にいつどこでどのように行われたかは、福島家が後に改易になったために記録が見当たらない。正則が徳川家との縁組を積極的に受け入れたのは自身の安泰のためではなかった。家康と結ぶことで以後秀頼のためにも有利になるであろうことを考えての事であった。満天姫はおそらく、西郡の城から清洲城の正之のもとに輿入れしたのであろう。

福島正之の謎の死

「福島家系図」（『広島県史』）や『藩翰譜』、『新訂寛政重修諸家譜』にも正之についてはは簡単な「八助、伯耆守・刑部大輔・侍従。実は別所主水正重宗七男」の記事しかない。別所重宗は秀吉の家臣で但馬国八木城（兵庫県養父《やぶし》市）城主で九州平定や小田原征伐に従軍した。母は正則の姉になっており、その母は秀吉の伯母木下氏とある。つまり正之の母は正則と同様秀吉の従兄姉に当たる。

正之が義父正則に従い上杉景勝征伐や、関ヶ原の戦いに参戦したことまではどれも一致しているが、その後の消息についてははっきりせず、生年なども福島家関係の史料にはどこにも見出せない。

正則が毛利輝元の築城した広島城に入ったのは関ヶ原の戦いの翌年、慶長六年の三月と伝えられている。西軍に味方した毛利輝元は中国筋九か国から、周防、長門二か国に減封処分となったが、その輝元を監視する役目を担っての正則の広島城入りであった。正則は国の各境に新城を設け重臣を配したが、すでに小早川隆景によって築かれていた三原城には正之を配した。三原は中世以来の港町でもあり、本城広島に次ぐ城下町であった。正之が三原城に入り、その地を支配したのはどのくらいの期間であったか資料が乏しいので不明であるが、一年足らずかと考えられる。

ここで、満天姫についてまとめるのに最大の疑問である正之の死亡年月日について考えてみよう。

『新訂寛政重修諸家譜』には「十二年正之乱行のことあるにより、正則そのむねを駿府に言上して殺害す」とあり、『徳川実紀』の慶長十二年十二月の条には「福島左衛門大夫正則その子刑部少輔正之が近来所行たゞならず。ひとへに狂気の至す所に似たりとうたへ幽閉せしめしが。正之はこの、ち遂に餓死すといふ」とあり、『広島県史』の「領主年譜」には慶長五年関が原の戦いの後「父正則之得勘気、終之儀不相知」とあり、関ヶ原の戦い後の正之の所在をぼかしている。さらに『新訂寛政重修諸家譜』の慶長十三年四月是月《ぜげつ》の条に「福島左衛門大夫正則が長子民部少輔正之は。さきに父正則のために幽閉せられ餓死す。その妻は松平因幡守康元が女なれば。大御所には一方ならぬ御ゆかりなり。よてこたびその妻を芸州より。康元が総州関宿の城へ引きとらしむ」とある。

以上の記事文から判断すると、正則は養嗣子正之が気がふれ、振る舞いがおかしいので家康に訴え許しを得て幽閉したが、正之は幽閉所の中で慶長十二年（一六〇七）十二月以後餓死したので、家康の姪で養女として正之に嫁いでいた満天姫を親もとの上総国関宿に帰したというのである。康元は慶長八年にすでに没しているので、実際には兄忠良のもとに帰したことになる。

もう一点史料を引いておこう。津軽家文書の中に天正十二年（一五八四）から正保二年（一六四五）までのほぼ六十年間の「御日記」が残されてある。津軽家内部の日記ではなく、幕府を中心とした各藩の出来事を綴った日記である。その中に慶長十二年（一六〇七）十一月一日の記録として「此冬福島左衛大夫息男形部乱行ノ間被押籠日此道行人エ鉄砲ヲ放掛ケ人屋ノ内へ放入ル狼藉不可推計其上父死タルトテ葬礼ノマネヲシ種々不思議多シ駿府へ此旨言上ニテ被殺害」とあり、翌十三年三月二十五日の記録として「福島左衛大夫門大夫子形部死ス　室ハ　公ノ姪姻関宿城主松平因幡守息女也」と正之の詳しい乱行と死亡月日を二度記録している。この記録によると正之の乱行は日ごろから往来の人や人家に鉄砲を放ち、その狼藉は計り知れず、また、父の死の葬礼のまねをするなどいろいろ不思議な行動をするので、正則は駿府の家康に言上して殺害したというのである。

正則とともにかずかず参戦し、特に竹ヶ鼻城攻略では殊勲の働きのあった正之の行動とは考えられない乱行である。それを証明するかのように実は正之は、すでに数年前に三原城で殺されていた。「三原誌稿」（巻之三）にある宗光寺の由来書に、次のように書かれている。

慶長六年辛丑年御嫡子刑部少輔正之公を葬り奉るに依て、本国品治郡服部村にて寺領百石を附与し給ふて、寺家山林以前の通寄附し給ふと也、猶同年より別に御蔵米百石を毎歳御合力ありし也、隆景公の御法号、黄梅院殿泰雲紹閑大居士慶長二年丁酉六月十二日、正之公の御法号、宗光寺殿天英宗光大禅定門慶長六年辛丑五月五日、此両公の御法号に依て、泰雲山宗光寺と改し也（『三原市史』第四巻）

宗光寺は小早川隆景が父母（毛利元就夫妻）の年忌を弔うために、居城新高山城（三原市）の南麓に建立した匡真寺《きょうしんじ》を天正年間に現在地へ移設したもので、元は臨済宗であった。正則はこの寺を曹洞宗に改宗して、慶長六年五月五日に死亡した正之の法名「宗光寺殿天英宗光大禅定門」から寺名を宗光寺とし、隆景の法名「黄梅院殿泰雲紹閑大居士」から山号を泰雲山としたという。

宗光寺の裏手の墓地の奥に、今なお正之のほぼ一間（約一・八メートル）の高さの品格ある宝篋印塔の墓は姿を崩さず、歴史を秘めて立ちそびえている。宗光寺に安置されてある位牌にも過去帳にも、紛れもなく正之の死亡年月日は慶長六年五月五日と記されている。大正十四年（一九二五）に発行された『御調郡誌《みつぎ》』にも、三原城主福島正之の人物伝の中に慶長六年（一六〇一）五月五日の死亡を明記している。

慶長六年狂疾を発したりとて幕府に請うて之を廃嫡し城楼に幽閉し、その婦を還し実子正勝を嗣とす、正之大に怒り遂に正則を殺さんとす、正則之を知り食を与えざること数日なるも更に異常なし蓋し旧臣竊《ひそか》に之を饋《おく》れるなり、正則屠者伍家孫左衛門が養子となさんと欲す。孫左衛門之を辞す是に於て検使を遣し屠腹せしむ時に慶長六年五月五日歳二十三といふ。（略）一方広島にては孫左衛門これを川田新開田中（広島市）に葬り後ち小祠を建て八助大明神と称すといふ。

これらの錯綜した正之の死亡年月日は何を意味するのであろうか。そして慶長一三年に実家関宿へ帰って行った満天姫の正之没後の七年間をどう解釈したらよいのか。

正之の死亡年月日が慶長六年五月五日であるということは事実であろう。三原城に入城してからの正之の行動を示す史料が見当たらない。『三原市史』では、慶長六年十二月十日付の三原城奉行尾関隠岐にあてた正則の書状の中に、三原城で正之から知行の請け取りを指示したものがあるので、慶長六年十二月までは生存していたと判断し、正之の死を慶長七年五月五日とするのが正しいと書いてあるが、それだけで簡単に死亡年を一年ずらすのもどうであろうか。それよりも正則の書状の解釈を捉えなおしてみる必要があるのではなかろうか。

正之が慶長六年に死亡していたことを裏付ける史料はほかにもある。慶長七年十月八日付で「三原誌稿」の宗光寺縁起にもあるように、年は不明であるが十月八日付で宗光寺の門前の山林を以前通り寄進する文書があり、署名花押は奉行尾関隠岐のほか上月助右衛門、大崎兵庫の「三原かけもち衆」となっており、正則でも正之でもない。さらに慶長七年十月二十六日付の正則の花押のついた宛行状に品治《ほんじ》郡服部村（福山市）の内百石を宗光寺に寄進したとある。これはそのころには宗光寺が正之の菩提寺として、福島家の帰依を受けていたと考えられる。

正之の死亡年月日が慶長六年五月五日とすれば、慶長十三年三月二十五日は誰の忌日であろうか。

「福島家系図」や「領主年譜」「福島氏世系之図」に、正之を養子にした後に生まれた正則の長子正友がいたことを記している。それらによると正友は幼名を正之と同じく八助といい、母は正則の家臣津田備中守長義の娘で、正友は父の勘気を得て家臣の小河若狭方に蟄居させられ、慶長十三年三月二十五日に十三歳（「福島氏世系之図」では十七歳）で没した。法名は即心院以即了心とある。『新訂寛政重修諸家譜』では「正友　早世　八助　母は長義が女」とだけしかない。これらの資料から判断すると、慶長十三年に死亡したのは正之ではなく正友であったことは間違いない。

満天姫は、正友の死の一か月後に実家に帰されたことになる。このことと正之没後の満天姫七年間の広島滞在を考慮して、次のような推測ができる。満天姫は正則の広島入部に伴い、正之とともに慶長六年三月、尾張国清洲城から広島城に移住した。正則の正室津田備中守長義の娘と慶長元年（一五九六）に生まれた正友と慶長四年に生まれた正勝（後に忠勝と改名）も、広島城に入った。ちなみに、長義の娘は、その年に三男正利を出産している。

正則は正之を養子にして後、次々と正室が男子を出産したことから、次第に正之の存在が邪魔になっていったことは想像できる。正之を亡き者にする計画は腹の底にあったであろう。ただ、世が治まるまではそれどころではなく、また福島家にとって徳川家とのつながりや正之の武力をも必要としたであろう。広島に転封され江戸や駿府から遠のいたことは、正之を消すよい機会であった。満天姫を広島本城にとどめ置き、正之のみ三原に移住させた。三原城に一応正之を城主に据えながらも上月豊後や鞆の城主大崎玄蕃ら「三原かけもち衆」を配したのも、三原が本城に次ぐ重要な城下町であったというだけでなく、正之亡き後の統治も考えてのことであったとも推測できる。三原に移されてまもなく、正之は幽閉され食を与えられず餓死させられたとも、検使を送り込まれ切腹させられたとも、記録から考えられる。

満天姫はこのことをいつ知ったのであろうか。満天姫だけでなく、満天姫とともに徳川家からの付け人たちが正之の死を幕府に報告しないはずはない。正之の乱行を家康に言上し、殺害したと『新訂寛政重修諸家譜』やその他の年譜にあるのは、慶長十二年のことではなく慶長六年のことではないだろうか。現に前に引用したように『御調郡誌』には慶長六年に「幕府に請うて之を廃嫡し城楼に幽閉し」とある。しかし、続いて「其婦を還し実子正勝を嗣とす」とある。長子正友はそのころすでに「正則の勘気を得、家臣小川若狭かたに蟄居」（「福島家系図」）させられていたので次男の正勝（忠勝）が嗣子となったと考えられる。

慶長七年三月二十五日に正則の正室長義の娘が没した。偶然なのか、命日が長子正友と同じ三月二十五日である。慶長九年に上野国大胡（群馬県前橋市）城主牧野康成の娘が家康の養女として、正則の後妻に広島城に入り、広島の方と称せられた。

系譜にあるように、正友が正則の勘気を受け家臣の大奉行小河若狭方に蟄居させられたのは、それほど早い時期ではなく慶長十二年ごろではないだろうか。理由はわからないが、慶長十一年に書かれた一六〇五年度（慶長十年）の「イエズス会年報」に、ほぼ十七歳の正則の世子が我らのことに大きな興味を示したとあるという。死亡年齢から推測して正則の世子は正友であればこのとき十歳、正勝（忠勝）であれば七歳（正友の死亡年齢を十七歳と記したものもあるが、正勝との年齢差などから考え十三歳とするほうが正しいように思われる。もし、十七歳説を採れば正友はこの年十四歳である）。十歳の少年を十七歳と報告者は見取ったのであろうか。いずれにしても正勝はまだ七歳であり、世子は正友以外には該当する人物が見当たらない。正則はキリシタンに対し理解を示し、宣教師に教会堂を与え、正則自身も教会へ足を運んだこともあったという。幕府がキリシタン禁止を表明したのは、慶長十七年（一六一二）であり、幕府の禁令と直接には関連がないとしても、早くも慶長十年ごろには世子の正友があまりにも熱心なキリシタンであることは、世子としてふさわしくないと考え始めたのではなかろうか。そのために正友を小河若狭方に蟄居させ、程なく正友をも切腹させたのではなかろうか。ともに福島家にとっては邪魔となる二人の行状は、系図の上からも福島家の史料の上からもほとんど消されており、しかも正之も正友も幼名が八助であることから二人が混同されて伝えられ、系図の上で混乱が見受けられるのではなかろうか。

正之没後の満天姫であるが、満天姫のお腹の中には正之の子が宿っていた。正之の没した年か翌年の生まれと考えられる男子の名はわからないが、成人したときの名直秀で通しておこう。直秀の生年が不明なのは成人の後に父正之と同じく、自分の意思に反してこの世から消されることと、没年齢が史料によりさまざまであることによる。三十一歳、三十三歳、三十五歳説がある。没年は、どの史料も一致して寛永十三年（一六三六）九月二十四日とあるので、逆算すると三十一歳では慶長十一年生まれ（一六〇六）となるが、これは大道寺家の系図の生年を慶長九年（一六〇四）甲辰とあるのに、享年を三十一と記しているのは明らかに書き間違いで、三十三歳と書くべきであった。後の史料はこの三十一歳の部分をのみ見て享年を三十一と書いている。根拠となる史料は不明であるが『戦国大名閨閥事典』には「享年三十五歳と伝える」とある。これからすると生年は慶長七年（一六〇二）となり、直秀の父親は正之である可能性が強い。後に述べる「津軽屏風」などと考え合わせて、直秀の生年は慶長七年とも推測できる。このとき満天姫は十四歳であるが、子を産めない年齢ではない。

正則がどの時期に正之死亡を幕府に正式に報告したかはわからないが、すぐに満天姫が実家に帰されていないことが何を意味するのか考慮してみると、二、三のことが推測できる。一つは正則の実子正友の妻としたことである。夫が死亡した場合、その弟と結婚させることはしばしば行われた。満天姫と正友の年の差は七歳であり、正之が死亡した年には正友はまだ七歳であったので、婚儀を挙げるには早く、縁組みを幕府に報告したのかもしれない。そのため正友が死亡する六年後まで、満天姫は広島にとどめられていたのであろう。正友との縁組みは幕府にとっても都合のよいことであった。もともと満天姫が福島家に入ったのも正則の動きの見張りと牽制にあったのであるから、満天姫が実家に帰ってしまってはその役目がいなくなる。まさに「福島氏世系之図」（京都大学所蔵）に、幕府の命令で家康の養女と婚姻したことが書いてあるという。『新訂寛政重修諸家譜』や「福島家系図」の忠勝（正勝改名）の項に、妻は家康の養女満天姫であることが明記されている。これらの系図は後に書かれたものであるので、正友を嫡子と認めず、実際の嫡子となって大坂の陣などに参戦した忠勝の箔を付けるために記したのであろうか。満天姫と忠勝では十一歳もの年齢差があり、正之が死亡したときには、忠勝は三歳である。いくら形式的な縁組みとはいえ、家康が認めたであろうか。

正之亡き後、満天姫は実家への帰還を願ったにちがいない。満天姫が願いを出したのか、あるいは家康が不憫に思ったのか。代わりの密偵を送る工作をしたかと思われることがある。正之が没して三年後に、牧野家から正則の後妻広島の方（昌泉院）を迎えた。現に、牧野家から広島城へ入った広島の方一行の幕府への通報により、後に福島家は改易となる。

慶長十三年、満天姫が福島家を去るにあたり、なぜか正則の義理ではあるが孫に当たる正之の遺児直秀を伴って帰ることを許されている。本来ならば離縁のときは、特に男子は婚家に残されるのが通常である。これも満天姫の強い願いがあったのか、あるいは家康の情であったのか。

津軽信枚との再嫁

満天姫は実家の関宿に帰って五年後の慶長十八年（一六一三）。「幕府祚胤伝」や『新訂寛政重修諸家譜』には慶長十六年とある）、二十五歳のとき、陸奥国高岡（青森県弘前市）四万七千石城主津軽信枚《のぶひら》（弘前藩の史料では信牧と信枚を使っている。『新訂寛政重修諸家譜』や『藩史大事典』では信枚を使用しているが、読み方が前者は「のぶかず」、後者は「のぶひら」としている）に、家康の養女として再嫁させられた。

弘前藩は初代津軽為信が天正十八年（一五九〇）、豊臣秀吉の小田原征伐の際に駆けつけ、沼津で石田三成の斡旋により秀吉に拝謁し、秀吉より津軽四万五千石を安堵された。

このとき同行した為信の長男信建は石田三成を烏帽子親として元服した。関ヶ原の戦いでは、信建は大坂城に待機し、三成の本拠地佐和山が落城したとき、三成の次男重成を随行者男子十八人、女子三人とともに若狭から海路津軽に逃がした。重成は後に杉山源吾と名乗り、その子孫は津軽家の重臣として幕末まで仕え、末裔は現在も続いているという（白川亨「石田三成と津軽氏　1」陸奥新報）。

為信は京都の屋敷に滞在し、信枚を出陣させ東軍に兵を送り、この功績により翌年信枚は越中守に任じられ、為信は上野国勢多郡に大舘村など二千石を加増され、四万七千石を領する外様大名となった。加増が少なかったのは、津軽家が二手に分かれたからであろう。信建は家康の下知により大坂城に残り秀吉の遺児秀頼を警護していたので、父の時代から親しかった『時慶卿記《ときよしきょうき》』で著名な西洞院《にしのとういん》時慶と家族ぐるみの付き合いを生涯続けている。『時慶卿記』の中に、為信や信建の妻たちや糸（西洞院家とのかかわりの深い女性で信建の後妻ではないかと思われる）らの訪問や贈り物、書簡の受け取りなどほほえましい交流も記録されている。かつて秀吉の人質として上京以来慶長十三年まで京都に滞在していた信枚も、西洞院家に出入りしていたことが記されている。

津軽家もまた豊臣系の大名であった。満天姫の縁組みは、蝦夷や奥羽地方の大名、佐竹や伊達、南部の圧《おさ》えとなり、奥羽に異変のあるときには関東とさしはさみにすれば、天下の一助になるであろうからとの家康の信任のあつかった天海僧正が家康、秀忠にすすめたことによるものであったという。天海は信仰のあつかった信枚の師でもあった。辺境の守りを固めるためにも、また、石田三成とかかわりのある津軽家の動きの監視のためにも、満天姫の縁組みは大きな役割をもったのである。

「工藤家記」や「津軽系譜」によると、満天姫一行は慶長十八年六月二日に江戸表を出発し、二十五日に高岡城（寛永五年・一六二八に弘前城と改称）に入城した。二十三日間の旅である。寛文六年（一六六六）の参勤交代の日程が十八日間であることからすると、当時の女の道中にしては比較的早く到着しているように思われる。

このときの付け人は竹内伝右衛門只清と深津久右衛門親久（子孫は本多に改名）であり、家康のすすめもあって、福島正之の忘れ形見直秀を連れ立っての嫁入りであった。「大道寺由来書」にはこのとき直秀は八歳とあるが、正之の子とすれば十二歳である。直秀を津軽へ同行することをすすめた家康の魂胆は、単に遠くへ嫁ぐ姪の満天姫が不憫だったからだけだろうか、いずれなんとかしたい福島家の血筋を引く男子を、流人たちを送る遠い津軽の地へ追いやる考えは皆無であっただろうか。元服に近い男子を連れ子として嫁がせることに納得いかないものがある。あるいは満天姫の強い希望であったのだろうか。

「津軽屏風」の謎

満天姫が津軽へ嫁いだことで、もう一つ津軽へ持ち込んだものがある。「関ヶ原屏風」

一双である。持ち込んだなりゆきを「藤田氏舊記」は次のように記す。

満天姫君、或年家康公へ御願被成候ハ、子孫へ長く宝に仕度候間、関ヶ原御屏風二双の内、一双拝借仕度旨申上ければ、家康公仰に、其儀ハ迚も望に叶ひかたし。外の品なれハ何なりとも望に叶ふべし、と、申けれハ、姫君余の御品ハ少も望無御座候。何にも頂戴被仰付度旨、泪を流して無余義御願被遊ける故、家康公にも左程のことならバ、暫く預け置の間、少しく遠国のなくさみにもせよと、御預被遊けるとなり。

或年とあるが、満天姫は津軽へ輿入れしてから一度も江戸へは帰っていないので、おそらく津軽へ出発する際であろう。満天姫は、子孫へ長く宝にしたいので、家康が大切にしている「関ヶ原屏風」二双のうち一双を拝借したいと申し出たが、家康はこればかりは手放せない、ほかのものならばどんなものでも望みをかなえようと答えたところ、満天姫が涙を流して懇願したため、それほど望むのならば暫く預けるので遠い国での慰めにするがよかろうと折れたので、満天姫は津軽へ持参した。しかし、養女とはいえ、満天姫は家康に大切な屏風をおねだりするほど親しい間柄ではない。「津軽屏風」（「関ヶ原屏風」一双の別名）は「福島家が描かせ、満天姫が同家を去る際もらったもので、関ヶ原で活躍した前夫の思い出の品を持って再嫁した、と見る方が理解しやすい」という説もある（田岡俊次「関ヶ原合戦図屏風」二〇〇〇年九月十日「朝日新聞日曜版」）。

〈閑話休題①〉私と「津軽屏風」との出会い

満天姫がなぜ涙を流してまで「関ヶ原合戦図屏風」（関ヶ原屏風、津軽屏風）を望んだのか、そこに何が描かれているのか知りたいと切に思った。以前弘前市に調査に出向いた折、郷土研究家の田澤正氏にお尋ねしたところ、「福島隊を中心に描かれ、その中に正之の姿を見出したのではないか、どうやらその屏風は正則が描かせたものではないかと考えられる。しかし、それは関西方面の個人蔵になっているのでなかなか見ることはできないかもしれない」と言われ、半分諦めていた。でも、もし、そこに正之の姿を見出せるならば、満天姫の正之への思慕はたいへんなもので、それに津軽へ連れて行った直秀は正之の忘れ形見の可能性を一段と強くすることになる。さらに、物言わぬ満天姫が心を語り近づいてくるのではないかと思い、なんとしても「関ヶ原合戦図屏風」に出会いたいと願った。平成十九年（二〇〇七）、京都の勉強会「桂の会」で満天姫と「関ヶ原合戦図屏風」をほんの少し語り、勉強会の後、私は正之の墓参と図書館での調査に三原市へ向かった。

三原市立図書館でも正之の菩提寺宗光寺でも満天姫についてはほとんどわからず、史料らしいものはなかった。宗光寺の墓地の奥の一角に古い五輪の墓石数基に守られるように、ひときわ目立つ宝篋印塔が正之の墓であった。市の史跡に指定されているため、簡単な説明板が建てられてあった。私は両手を合わせ、どんなに無念であったであろう、何か語ってほしいと祈った。そのとき、日ごろは電源をオフにしている携帯の音が、少しはなれた石の上に置いてあったバックの中で響いた。その日は時計を忘れていたので、携帯の電源を入れていたのである。相手は京都の勉強会仲間の愛知県の安藤さんであった。「関ヶ原合戦図屏風」が大阪市立博物館に所蔵されており、まさしく「津軽屏風」と呼ばれる有名な屏風であるという知らせであった。安藤さんはふと、「関ケ原町歴史民俗資料館（現・関ケ原町歴史民俗学習館）」に問い合わせてみようと電話をかけ、運良く高木優榮館長に電話がつながり、「津軽屏風」のことを知りえたというのである。私は親切に応対くださった宗光寺のご住職夫妻にそのことを告げ、桃山時代を偲ばせる豪快な本瓦葺、切妻造、四脚門の山門をくぐり、浮き立つ思いで石段を駆け下り、ふりかえりふりかえり宗光寺を後にした。

帰宅してインターネットで「津軽屏風」「大阪市立博物館」（現・大阪歴史博物館）を検索し、またまた驚いた。奇しくも大阪市立美術館で二〇〇七年十一月、十二月にかけて「ＢＩＯＭＢＯ／屏風　日本の美」展を開催するという。海外からの里帰り作品十八件を含む百件の屏風の名品を展示し、それらの展示品の中に「津軽屏風」が含まれていた。こんなに早く実物の「津軽屏風」に出会えるとは思ってもいなかった。さらに、高木優榮館長から「津軽屏風」に関する解説やかつて和歌山県立博物館で「戦国合戦図屏風の世界」として開催されたときのカタログ写真のコピーが届いた。

そのご親切さに感謝しながら同封された静岡大学教授（現・名誉教授）小和田哲男氏の「関ヶ原合戦図屏風」と題した論文のコピーを胸をとどろかせながら拝読した。「津軽屏風」の詳しい解説と謎解きの的確な推理に感じ入り、まったく同感である。

小和田氏の解説によると「津軽屏風」は八曲一双の大きな屏風で、中に描かれた人数は二千二十六人にも及び、右隻《せき》は決戦前日の情景を、左隻は九月十五日の決戦当日の情景を描いたものであるという。右隻の中央から左端を占めるのが赤坂の家康本陣を描いたもので、家康本陣近く第五、六扇（屏風の場合、右端から一扇、二扇……と数えるということも教わった）に福島正則隊が描かれているが、実際にはこのように目立つところに布陣していなかったそうである。左隻のほぼ中央の天満山に福島正則隊の戦う様子が見られることの謎を小和田氏は第一に挙げられている。次に「津軽屏風」が一双（二点一組）だとすると第一隻（右隻）と第二隻（左隻）の間に連続性がなく、本来は第一隻から第四隻まであった二双（四点一組）のものではないかといわれるようになってきたとのことである。これら二つの謎から推理して、満天姫は前夫正之の面影のありそうな第一隻と第三隻をピックアップして受け取ったのではないかとの解釈をされ、まさしく「津軽屏風」は正之の形見のようなものではなかったのかと言われている。

私は小和田氏の解釈に脱帽した。そして、一日も早く「津軽屏風」の実物を見てみたいと大阪市立美術館へ向かった。私は胸を膨らませて重要文化財「津軽屏風」の前に立った。その日は一双のうち右隻、関ヶ原での決戦前日の九月十四日両軍対陣の比較的動きの少ない屏風図が展示されてあった。ガラス越しに見る高さ一九四センチメートル、横五九四センチメートルの金屏風はまぶしく鮮やかで迫力があった。上方二扇から四扇にかけて揖斐川を渡って岡山と書かれた五扇、六扇に描かれた本陣に向かう家康隊が見える。本陣の上部、六扇の最上部にまさしく「紺中白竪山通」の旗十一本や大きなふきながし四本など派手に飾り立てた福島隊の陣所が見える。白黒の横線の幕を張った中の、屏風全体の中で最上の場所に赤と黒の鎧を着けた武将らしき人物が正則と正之かと想像してみた。

重い図録を買って帰り、展示になかった決戦当日の左隻を拡大コピーして見ると三扇、四扇に紺中白竪山通」の旗のひらめく天満山の激しい戦いを丹念に眺めると、赤と黒の鎧を着けた武将を見出せるが、正之かどうかは判断がつかない。満天姫には屏風の中から正之の姿を見出せたのかもしれない。和歌山県立博物館の図録の解説では「武将名は家康の他は特定できず、諸将の幟も多く描かれているが、いずれのものか判明するものは少ない。戦闘の具体的な経過を再構成しようという意識はあまり感じられず、絵師は合戦のそれぞれの場面を美しく仕上げることに集中している」とあるが、小和田氏のいわれるように「福島正則隊が目立って描かれている」事は確かだし

「紺中白竪山通」も両隻にはっきり見てとれるので両者の解釈に納得がいく。しかし、正之が戦ったであろう二日間の絵は写真のなかった当時、唯一の正之を偲ぶ形見であったことには違いないだろう。

「津軽屏風」との出会いにより、満天姫の中に血が通い、ようやく一人の女性として向き合えるようになった。広島での満天姫には向き合っても何も見えてこず、私は幼いころ紙で作った着せ替え人形遊びをしていたが、それに向き合うように、周りの人によって動かされるだけの紙の人形にしか思えなかった。「津軽屏風」を家康に懇願した満天姫を知り、満天姫の手に触れられ、満天姫の愛のこもった目に幾度も幾度も眺められた実物の屏風を目にしたことによって、やっと満天姫が立体的な人間として近づいて来て対話ができるようになった。そして、また一人、私の「江戸の女ともだち」が増えた。

信枚の側室・石田三成の三女辰子

満天姫が、慶長十六年（一六一一）に築城完成したばかりの高岡城に入ったとき、信枚には側室辰子（曾野）がいた。辰子はなぜか関ヶ原の決戦以後与えられた上野国大舘（群馬県太田市）に住み、大舘御前と呼ばれていた。三成の子女があちこちの城主の妻となったなどさまざまな説があるが、辰子については、石田三成研究家白川亨氏の「杉山系図」

や「杉山由来書」を使用した詳しい調査がある。白川氏によれば、石田三成の三女辰子は秀吉の没年の慶長三年ごろ秀吉の正妻北政所の養女となり、北政所が関ヶ原の戦い以後京都で隠棲した折にも、秀吉在世中から奥向きで大きな力をもっていた北政所の側近孝蔵主《こうぞうず》らとともに同行した。諸資料に出てくる「お客人」「きやく人」が、辰子をさすのではないかと白川氏は推測している。その「お客人」の記録が消えるのが慶長十五年ごろであり、同時に孝蔵主記録もなくなることから、辰子は兄杉山源吾が仕える津軽信枚のもとに嫁し、その後、孝蔵主は江戸へ行き、秀忠に仕えたかと推測できる（「石田三成と津軽氏」）。

満天姫が入城した年、辰子は没年から計算して二十二歳であった。満天姫より三歳年下である。辰子が生涯津軽入りをしたことがなかったので、二人は顔を合わせることはなかった。北の丸に信枚の養母で、亡父為信の正室仙桃院が住んでいた。仙桃院は慈悲深く智謀にも優れ、かつて南部氏が津軽へ攻め入り、弾薬が乏しくなったとき、女たちに鋳物の器物をことごとく集めさせ、これを丸めて鋳込み、さらに摺木を持って自ら合薬を製して昼夜にかけて本陣に送り味方を力づけたという逸話が伝わっている（「津軽記」）。慈悲深い仙桃院の影響もあったのであろうか、満天姫は次第に津軽家の女になっていったようである。

正之の忘れ形見、直秀は信枚の義弟として育てられた。満天姫にはなかなか子が生まれなかった。元和五年（一六一九）、大舘で辰子が信枚の長男信義を産んだ。

この年津軽に大坂の役の際、遠国より早々駆けつけたという戦功として信濃国川中島（高井野）十万石へ国替えの動きが届いた。それにしては四年を過ぎた遅い戦功である。将軍秀忠のあまりにも遠くへ嫁がせた満天姫への温情の国替えとは考えられないであろうか。この国替えは奇しくも、満天姫の前夫福島正之の養父正則が、幕府に届けなしに広島城を増築したなどの理由で罪を受け、安芸国の領地の十分の一である津軽四万五千石への改易のためのものであった。しかし、津軽はあまりに遠い僻地であるからとの正則の申し出によって、高井野に移されることになり、津軽側もすぐに家老服部康成（満天姫降嫁以前より家康の密命を帯びて津軽に下っていた信枚の目付）を江戸へ向かわせ、国替え阻止を願い出た。津軽の高井野への国替えは恩免により中止となった（『津軽歴代記類』上）。この中止は、満天姫が天海とともに幕閣に働きかけたからだという説もあるが、おそらく服部の江戸行きは満天姫の意によるものであろう。

正則の新領地は信濃国高井野郡内に二万石、越後国魚沼郡内に二万五千石であったが、翌年の元和六年、行動をともにした嫡子忠勝が二十二歳の若さで死亡したので越後領を幕府へ返上した。正則は二万石の領地を検地し、河川の改修や新田開発など領内の治績に尽くしたが、寛永元年（一六二四）、配流五年後、六十四歳の生涯を終えた。検使の来着を待たずに家臣が火葬した咎により領地を没収された。二人の死に関しては暗殺説もある。

満天姫は辰子が産んだ信義と、続けて翌年側室の生んだ次男万吉（黒石津軽氏の祖信英）の嫡母となり、二人を育てていくうちに、信枚の三女古故《ここ》を出産した。古故は成長の後、重臣盛岡信安に嫁いだ。満天姫の産んだのはこの女子一人である。

元和九年（一六二三）、辰子が三十二歳の若さで没した。その地で埋葬されたが、後に津軽に移され貞昌寺《ていしょうじ》に改装された。辰子は信義を産んだ後、なぜか四年間も幽閉され、死んだという（『女人津軽史』）。信義を津軽へ連れて行かれた寂しさで乱心したのであろうか。あるいは足の遠のいた信枚を恨んでの乱心であったのだろうか。辰子の波乱な人生こそ、乱世に生きた恐ろしくも悲しい女の一生であった。

そのころ、二十二歳に成長した直秀は信枚の重臣大道寺直英の婿養子となり、直英の娘佐武《さん》と結婚し、大道寺石見直秀と名乗った。

寛永四年（一六二七）九月、高岡城天守閣が落雷で消失した。天守閣に納めていた武具、鉄砲、槍などのほか書籍、古記、書軸、あや綿など、ことごとく失った。それらは信枚が長年志を尽くし、人力を労して金銀を投げうって、先祖の志を継いで子孫へ伝え、忠孝の基を堅くすることを願って収集し保管してきたものであった。満天姫の史料などがないのは、このときの焼失によることも一因かと思われる。

翌年、力を落としたこともあってか、義母仙桃院が七十九歳の長命で没した。満天姫は四十歳にして弘前城（その年高岡城は弘前城と改称された）の事実上の女あるじとなった。

津軽はしばしば流刑地にされてきたが、そのころも猪熊事件（慶長十四年に起きた公家衆と女官の密通事件）で蝦夷地松前に配流されていた花山院忠長が慶長十九年（一六一四）から津軽に配流替えとなっており、寛永六年（一六二九）には大徳寺の沢庵らが起こした紫衣事件に連座して妙心寺の桃源（東源）が津軽にお預けとなり、そのほかにも各藩の家臣や幕府の刑を受けた僧侶たちが常に領内にお預けとなっていた。満天姫はそうした人々に対しての心遣いも忘れなかったであろう。

寛永八年一月、信枚が四十六歳で世を去った。信枚は東照宮や寺院の建立、山門のほか、自ら領内を巡検し、廃田の復興、田畑を開拓し村落の建立、山林の保護、牧場の設置、外が浜青森港開発などに力を注ぎ、数々の善政を敷いた。

満天姫は四十三歳で未亡人となり、十三歳で城主となった信義の後見役を果たすことになる。かつて津軽では信枚が父為信の跡を継ぐ前後にお家騒動があった。そうした騒動のないように、満天姫は力を尽くした。

大道寺直秀の謀反

福島正之の忘れ形見大道寺直秀は、自分の出自を知るようになり、正則が寛永元年（一六二四）に蟄居地高井野村で没し、大名家としての福島家が事実上断絶したことを知って、いつか自分が福島家の再興をしたいとの望みを持つようになり、江戸へ出て幕府に申し出ることを計画した。満天姫はそのことを強く引きとどめていたが、なおも直秀は望みを捨てず、寛永十三年九月、ついに江戸へ行く決心をする。このときばかりは満天姫も直秀を説得できず、心を痛め悩む姿に、側女中の一人が何とか取り計らうので自分に任せてほしいと願い出た。満天姫は承諾し、直秀に江戸行きを容認した旨を伝えた。直秀は出立の日、暇乞いに登城して満天姫に挨拶を述べた。

「大道寺氏古記」には「かの女中御餞別の御杯持出し則、頂戴いたさせければ、急に大病となりて則死致せしなり」とある（『津軽家旧記伝類』）。

満天姫は我が子の毒殺を側女中の言動からすでに察知していて、それを許したのであろう。満天姫は今や前夫福島正之を慕う女でもなく、まして将軍家の養女でもなかった。津軽家の人となりきっていた。津軽での生活もはや二十三年、月日がそうさせたともいえよう。しかし、それだけではなかろう。慈悲深く貞烈な義母仙桃院から城を守る女あるじの心構えを学び取ったのかもしれない。信枚は先祖伝来の領地を守り、日夜領内の開発に心を傾け労を惜しまず尽くし、幕府には忠誠の精神を持ち続け、一人の人間としては天海僧正に帰依して天台止観の法を得、求聞持の秘法まで修め、さらには和歌や書にも堪能で家臣の家に秘蔵する宛行状も自らが書いた。その上、画にも達し、父為信の肖像画を描き神殿に納めて常に祭事を行った、人間としても領主としても非の打ち所のなかった夫信枚に対し、満天姫は尊崇の念を抱いていたのであろう。それゆえに、我が子の死に代えても、夫亡き後の津軽家を守ることは城主の妻の役目であると自覚したのではないだろうか。

翌年、満天姫は異母弟の松平康久（『津軽歴代記類』では信濃国小諸城主とあるが、それは満天姫の甥に当たる人で、康久は尾張大納言義直家臣と系図にはある）の娘、満天姫にとっては姪に当たる十六歳の富宇《ふう》を津軽へ迎え、十九歳に成長した信義と婚儀を挙げさせた。

翌寛永十五年二月、満天姫は自分の役目は終わったと自覚したかのように、五十歳の生涯を弘前城で閉じた。法名葉縦《ようしょう》院殿桂月栄孀大姉が贈られ、津軽家の菩提寺曹洞宗大平山長勝寺に葬られた。信枚の御霊屋と並ぶ、大きく立派な入母屋造りの御霊屋の扉には葵の紋が見える。若い日の満天姫の肖像画が大きな位牌とともに長勝寺に保管されている。

広島での何もわからない少女妻としての翻弄された人生と津軽での自らの意思で津軽家を守り抜いた成人してからの満天姫の人生、あまりに異なった人生ではあったが、二人の男性に出会い一人を恋慕し、一人を尊崇し、側室辰子の産んだ信義の嫡母として後見役を果たし常に愛を注いで生きた満天姫の人生は、それほど不幸ではなかったのではないだろうか。

〈閑話休題②〉「中興の祖」を生んだ正室と側室

姪の富宇もまた聡明な女性であったようである。津軽へ入嫁してすぐに二人の子を産んだが、二人とも女の子であった。信義は側室十九人に子どもを四十人なしたというが、富宇は側室とのいさかいもなく、かえって側室与曾《よそ》の産んだ信政をともに育て上げた。信義は酒乱だったので排斥運動もおきたほどであったが、それを治めたのも富宇の陰の力があったからであろう。十一歳で信政は家督を継いだが、富宇と若い生母の与曾とは力をあわせて信政を助け、後に、信政は津軽氏中興の祖といわれ、名君と讃えられた。

富宇（慶林院）と与曾（久祥院）の、ともに達筆な手紙が弘前市立弘前図書館八木橋文庫に保管されている。

主な参考文献

『福島正則』福尾猛一郎・藤木篤著　中公新書　一九九九
『戦国合戦図屏風の世界』和歌山県立博物館　一九九七
『御調郡誌』沢井常四郎編　御調郡教育会　一九二五
『広島城四百年』中国新聞社編　第一法規出版　一九九〇
『三原志稿』青木充延編　沢井常四郎補　三原志稿出版会　一九一二

『広島県史』近世一　広島県編・発行　一九八四
『広島県史』近世資料編二　広島県編・発行　一九七六
『青森県史』第一巻　青森県編・出版　一九二六
『津軽藩舊記傳類』みちのく叢書第五集　青森県文化財保護協会編・発行　一九五八
『女人津軽史』山上笙介　北の街社　一九八六
「御日記（東都日録）」津軽家文書　弘前市立弘前図書館蔵
「信牧公」（「陸奥国弘前津軽家文書　歴代系譜」）小沢利喬編　一七五一
「新選津軽系譜」藤田貞元著　写本　弘前市立弘前図書館蔵
「大道寺・喜多村両家系図」弘前市立弘前図書館蔵
「石田三成と津軽氏」（「陸奥新報」連載）白川亨　一九九六年一月〜

四　四女満天姫・葉縦院：福島正之の室・津軽信枚の室

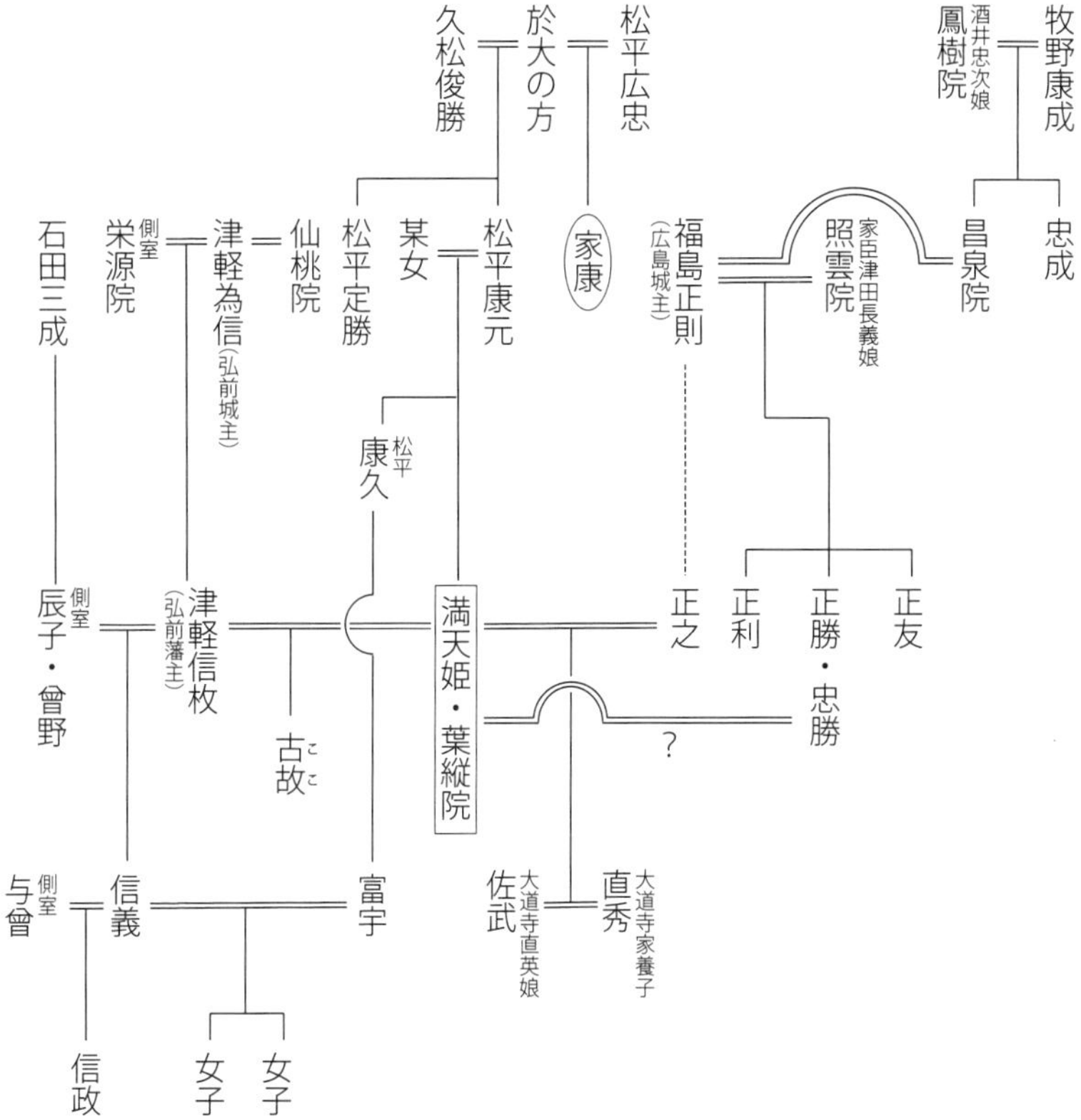

五　五女房姫・浄明院：中村忠一の室・毛利秀元の室

浄明院房姫について「幕府祚胤伝」には次のように記されている。

松平因幡守康元女、為二御養女一、慶長九年、松平中村伯耆守忠一被レ嫁、同十四年五月十一日、因忠一卒去、仍レ之　同十七年壬子三月廿八日、再為二御養女一、被レ嫁二毛利参議大江秀元一、寛永九年、御遺金百枚　承応二年癸巳六月朔日、歿、葬二芝泉岳寺一、浄明院柏庭宗樹大姉

六人の康元の娘たちのうち、唯一家康の遺金や墓所が記載されている。

中村忠一と結婚

房姫は父康元が四十二歳の文禄二年（一五九三）に下総国関宿城で生まれた。父の死の翌年の慶長九年（一六〇四）、伯耆国米子藩主中村一忠（後、忠一）に嫁いだ。一忠十五歳、房姫十二歳の時である。

一忠は、小田原の役後、関東に移封となった家康の抑えとして駿河国十四万五千石府中（静岡市）城主となり、後に秀吉の三中老の一人となった中村一氏の嫡子である。慶長五年（一六〇〇）、家康が上杉追討のため京より下って駿河を通行の際、一氏は病床にあり、

代わって家老の横田内膳が大いにもてなし、家康との会談で東軍方に加わることを告げた。一氏はまもなく亡くなったが、三か月後の関ヶ原の戦いには、叔父中村一栄《かずしげ》が出陣した。戦後、一忠は亡き父の志を賞されて三万石が加増され、伯耆国米子（鳥取県米子市）十七万五千石藩主として入部した。政務は横田内膳が専断したため、少年城主側近との対立を生み、横田排斥運動が生じ、ついに横田は饗宴に事よせて殺害されるというお家騒動が起きた。かつて、もてなしを受けたことのある家康は、横田成敗に激怒し、首謀者や側近を切腹に処した。このお家騒動には房姫に付けられた幕府方の家臣の工作がぬぐい切れない。

慶長十三年（一六〇八）、一忠は松平の称号と秀忠の諱の一字を受け、同時に叙爵されて松平伯耆守忠一を名乗るようになった。

結婚生活五年後の慶長十四年、忠一は二十歳で急死し、嗣子がいなかったために改易となり、米子藩は所領没収となった。

十七歳の房姫は兄忠良の領地下総国関宿に帰った。若い夫忠一の死は、豊臣縁故の大名家滅亡を目指す家康の裏面工作であったと房姫は感じていたのではないだろうか。

毛利秀元と再嫁

忠一との死別から三年に満たない慶長十七年、二十歳の房姫は二代将軍秀忠の養女として、長門国長府藩（山口県下関市）初代藩主毛利秀元に再嫁させられた。三十四歳の秀元は、前妻の秀吉の養女（弟秀長の次女）大善院菊を四年前に亡くしていた。

秀元は安芸国の戦国大名毛利元就の孫であり、七歳のとき、元就直系の孫で主家の輝元の中継ぎ養子になった。輝元は本能寺の変後、秀吉に仕え、中国筋九か国百十二万石を与えられ、五大老に列せられた。

慶長四年（一五九九）、輝元の嫡子秀就が五歳に成長したので「松寿事進之置候条、万一成人仕、人心も於有之は、秀元御計次第候」と輝元との約束を果たして秀元は身を引き、秀就を輝元の後継者とし、自らは長門、周防国など十七万余石を分地され別家を立てた。翌年の関ヶ原の戦いで輝元の名代として西軍に加わったため、戦後、毛利氏は三十七万石に減封された。秀元は三万六千余石の長府城主となり、萩本藩の後見役も務めた。

房姫が秀元に再嫁したとき、本藩の秀就には同じく秀忠の養女として家康の次男結城秀康の娘喜佐姫が嫁いでいた。慶長十四年、幕府は西国大名の人質を江戸に居住させていたので、房姫は長府には行かず、江戸屋敷に住んだと考えられる。

秀元は大坂冬・夏の両陣に、西国大名のうちでいち早く出陣し、家康や秀忠にも拝謁した。戦後すぐに出された一国一城令により、長府の串崎城は破却され陣屋のみとなった。

房姫は男子を一人出産した。宮松丸と名づけられたが早世した。秀元は将軍家から妻を迎えたにもかかわらず、少なくとも六人の側室を持ち、十人の子どもを成した。八人の女子のうち、四人に先妻大善院菊の名にちなんで松菊子、長菊子、千菊子、万菊子など菊の字を加えている。八歳で嫁いできて十五年間を共に過ごした菊姫を、秀元はこよなくいとおしく思ったのであろう。

元和二年（一六一六）、国元の長府で側室織田氏が嫡子光広を出産し、房姫は光広の嫡母となった。その後も側室たちが八人の女子と光広のほかに一人の男子を産んだ。房姫は早世した二人を除いて、それぞれしかるべき所に嫁がせており、房姫は子どもたちの嫡母として心遣いをした。

寛永二年（一六二五）、秀元は三代将軍家光の御咄衆となった。

寛永九年、二代将軍秀忠の逝去に際し、房姫は遺金百枚を受けた。

寛永十七年九月十六日、将軍家光は秀元の品川屋敷内の数奇屋で茶会を催すことを命じた。秀元は元来数寄の道に深く通じており、屋敷のかたわらに新亭を建てていたので、そこで茶会を催すことになった。当日、家光は尾張大納言義直、水戸中納言頼房、松平光長、加藤明成、保科正之ら大勢の大名を伴い、秀元の品川屋敷を訪れた。少し冗長になるが、寛永の大茶会として後世にも語られているので、将軍が大名家を訪れた折の様子を興味半分見てみよう。数奇屋で御膳、茶室は狭いのでその場で茶会が開かれ、秀元自身により御茶を点じた。その後、書院に案内した。床には雪舟西湖の書幅をはじめ茶器、陶器など筆に尽くしがたいほど多くの珍品が飾られてあり、書院で猿楽が催された。この席で、秀元は家光から盃を賜り、秘蔵の左文字《さもんじ》の脇差を拝領した。秀元は備前三郎国宗の刀と大内義隆より伝わる伽羅一本を献上した。日暮れになって海辺近くの茶亭に座を移し、東海寺の沢庵和尚も同席した。前日までの雨は晴れ上がり、月は海上に浮かび美観極まりなく、家光は歌を詠めと秀元に命じた。

秀元の歌、

ふる雨もけふをはれとや我君を待得し山のかひはありけり

沢庵和尚も仰せにより一首詠む。

夕ぐれをおしみおしまじ木の間よりはやさしのぼる海こしの月

茶亭の棚や庭の芝の上に茶器や花入れ、徳利など数種を並べたのを見て、家光はそれらの中より自らは香合二つを選び、供の大名たちにも好みの品を取りあげさせ、品定めをし、批判し合ってひと時を楽しんだ。また、庭の樹木に折り釘を打ち籠花入れをかけ、満座の人々がかわるがわる花を挿し回してご覧に入れた。さまざまな催し物を楽しまれ、家光一行は夜ふけて引き揚げた。すべて結構な新奇を極め尽くしたものであった。この後、府下の老少男女貴賤を問わず群衆して遊観したという（「大猷院殿御実紀　巻四十五」）。こうした行事の背後に、女あるじの務めをしたであろう房姫の姿が彷彿とする。

寛永二十一年（一六四四）十月にも秀元は家光を迎えた。このときの相伴は堀田正盛、阿部正次、柳生宗矩らであった。茶室で点茶をさし上げ、書院で御膳を用意した。秀元は尊円親王の墨跡、雪舟の屏風一双、綿二百把を献上した。家光より盃とともに来国俊の刀と金森丸蓋の茶入れを拝領した。このとき、房姫も菓子を捧げ、巻物二十を賜った（「大猷院殿御実紀　巻五十九」）。五十四歳の房姫は、こうした正式の場に同席できるほど、毛利家のなかで確固たる位置にいた。

慶安三年（一六五〇）十月、秀元は七十二歳で世を去った。光広が跡を継いだ。秀元に三年遅れた承応二年（一六五三）、房姫は江戸で没した。菩提寺の泉岳寺に埋葬され、浄明院柏庭宗樹大姉と諡された。六十一年の生涯であった。

房姫は、支藩とはいえ当時の毛利家の事実上の権力者のもとに嫁ぎ、その役目は大きかったに違いない。豊臣政権下の随一の大名であった毛利家は、領地を大幅に縮小され、徳川幕府に敵対心を持っていたため、房姫を快く迎え入れたとは考えづらい。しかし、秀元の動きを見ると敵対心は見られず、むしろ徳川家に尽くす態度が見受けられる。長生きした房姫の陰の努力と秀元の時勢を考えての適正な判断が、毛利家の幕末までの存続を可能にしたともいえるだろう。

主な参考文献

『徳川実紀』第三篇　黒板勝美編　吉川弘文館　一九三〇
『新訂寛政重修諸家譜』第十　続群書類従完成会　一九六五
『毛利氏と下関――元就・元清・秀元と長府藩の成立』下関市立長府博物館編集・発行　一九九七

『家康の族葉』中村孝也　講談社　一九六五

⑪房姫・浄明院（中村家・毛利家など）略系図

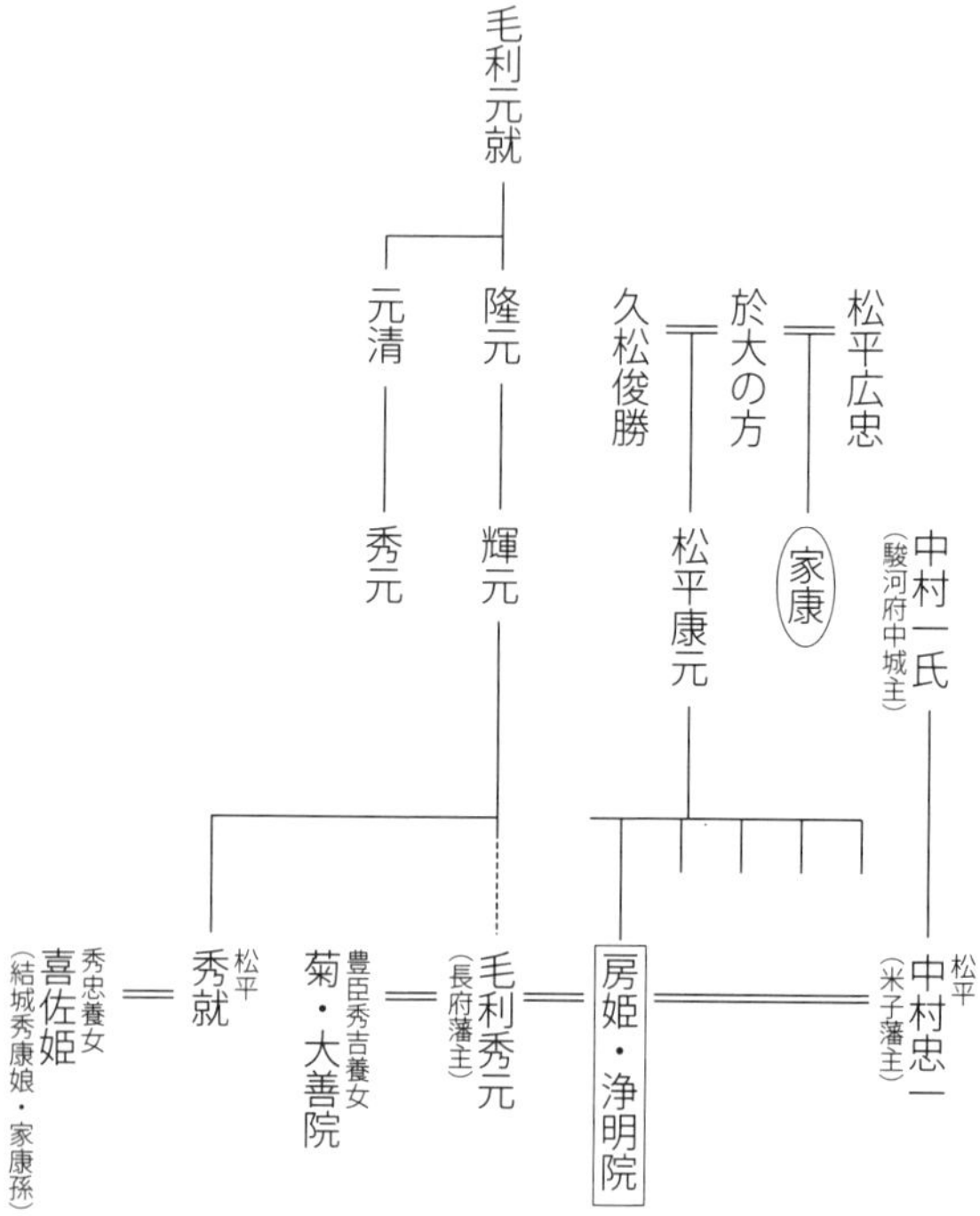

六　六女椿姫・久松院：田中忠政の室・松平成重の室

椿姫については「幕府祚胤伝」に

為㆓御養女㆒　筑後国久留米城主許㆓嫁田中筑後守忠政㆒、忠政卒後、再㆓嫁松平右近将監成重㆒、寛永六年己巳十一月廿一日、歿、久松院椿岳宗寿大姉

とある。椿姫についての唯一の史料であるが、ここにも生年や二度の婚姻の時期は明記されていない。

椿姫は慶長六年（一六〇一）に生まれ、慶長十四年、八歳で十六歳上の忠政のもとに嫁がされ、関宿城を出て筑後柳川城に入ったとの説があるが、確かな資料は見出せない。椿姫のすぐ上の姉房姫が文禄二年（一五九三）に生まれていることから判断してもう少し早い時期の生誕ではないかと考えられる。

田中忠政との結婚

忠政の父吉政は信長、秀吉に仕え、三河国岡崎十万石の領主であったが、関ヶ原の戦いで徳川方に属し、佐和山城攻略戦に参加して石田三成を捕らえた功によって、筑後国三十二万五千石を与えられ、柳川城主となった。吉政の四男忠政は、幼年より人質として江戸

で生活していたが、後、嗣子となり、慶長十四年、吉政が江戸参府の途中、伏見の宿で病死すると、二十五歳で父の遺領を継いだ。元和元年（一六一五）、大坂夏の陣で内紛により遅参した忠政は、封地にとどまることを命じられた。

元和二年、大御所家康は駿府で七十五歳の波乱に満ちた生涯を閉じた。忠政は封地山本郡善導寺（福岡県久留米市）の境内に家康の霊廟の造営と祭田五百石を寄進する許可を幕府に上申した。その願いは、おそらく家康の養女である椿姫の意思によるものであろう。

忠政は封地に滞留しているころ、カンボジアの船が領内に漂着した折、幕府の許可を得て船の修理をし、家臣をそえて本国へ送還した。忠政はキリシタン大名であった父吉政と同じようにキリシタンを保護した。

元和六年（一六二〇）、忠政は三十六歳で世を去った。十九歳で残された椿姫との間には、子が授からなかった。将軍家の姫を迎えたことで側室も持たなかったのか、一人の遺児もいなかったために所領は没収された。柳川城受け取りの幕府の上使衆の一人に椿姫の兄、美濃国大垣藩主松平忠良がいた。

残された椿姫は兄松平忠良の元に帰ったのであろう。

松平成重との再婚

翌年、椿姫は、三河国西尾藩から転封したばかりの丹波国亀山藩（京都府亀岡市）二万二千石藩主大給《おぎゅう》松平家の分家成重の継室として再嫁した。成重は椿姫より七歳年上であり、前妻の上野国高崎藩主安藤重信の娘との間に三男一女と側室との間に二男一女がいた。一度に七人の子の嫡母となった二十歳の椿姫は、何かと気苦労が多かったと思われる。

椿姫は子をなすことなく、成重の死に先立つこと四年の寛永六年（一六二九）に、三十歳を待たずに世を去った。成重は椿姫の菩提を弔うために、亀岡の長徳寺を改修して久松寺とした。久松寺は後に入封した菅沼氏によりその菩提寺となり、曹洞宗幸雲山宗堅寺と改称された。宗堅寺には今なお本尊の聖観音菩薩立像のほか、平安時代や鎌倉時代に造られた仏像が安置されてあるので、椿姫は生前しばしばここに参拝し、心安らかな時を過ごしたのであろう。成重の家系は、嫡子忠昭を府内松平家初代に、二万一千石豊後国府内藩（大分市）として明治を迎えた。小藩ながら同じ土地で二百十年もの治政が続いたのも、将軍家から姫を迎えたという椿姫の存在が大きな力になっていたのではないだろうか。

主な参考文献

『新訂寛政重修諸家譜』第一、第二十　続群書類従完成会　一九六四、一九六六
『徳川・松平一族の事典』工藤寛正編　東京堂出版　二〇〇九

⑫ 椿姫・久松院（田中家など）略系図

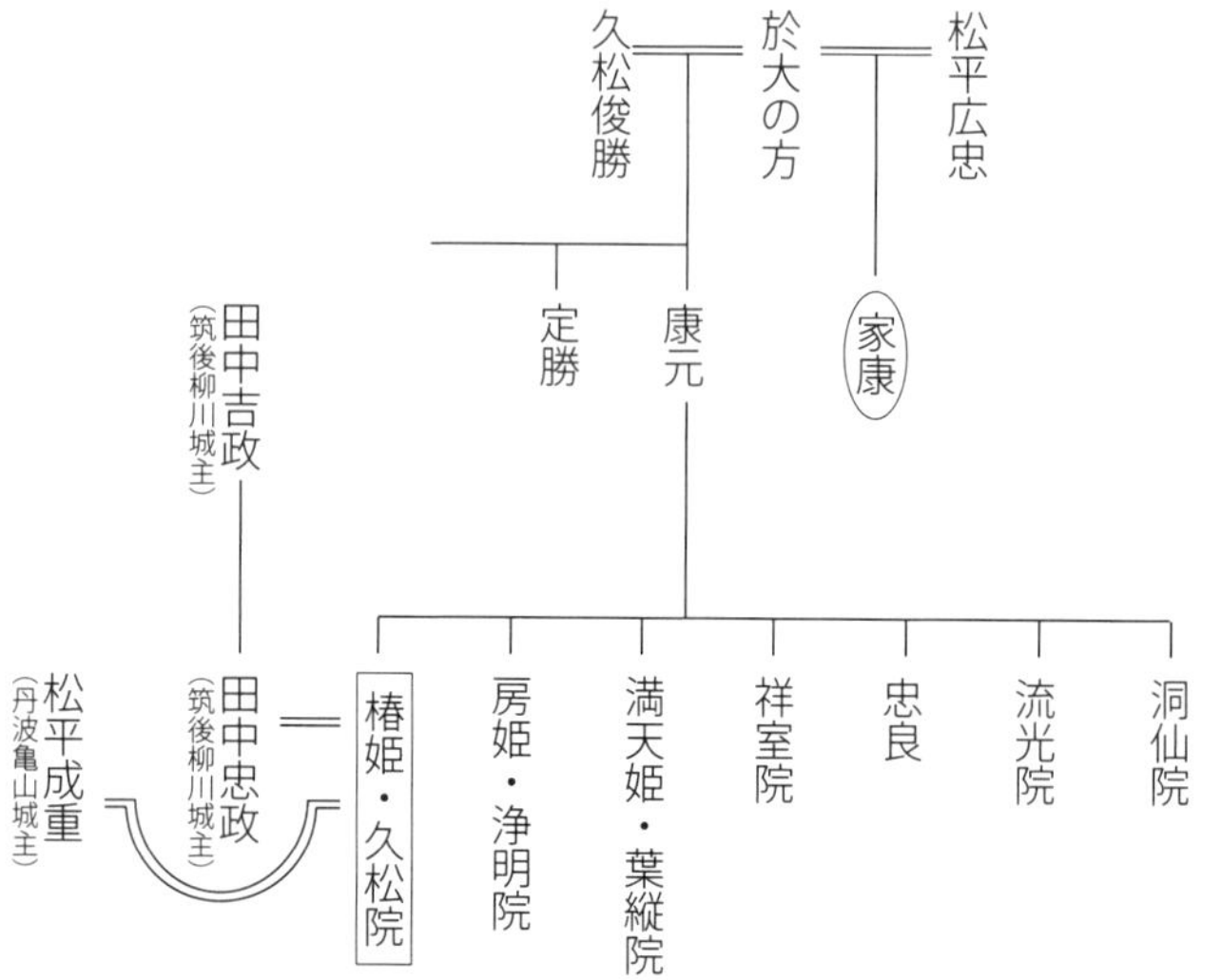

第四章　養女・家康の姪たちの結婚㈡

――保科正直と多劫姫の四人の娘たち

二章で述べた家康の異父妹多劫《たけ》姫が信濃国高遠城主保科正直の継室となり二男四女を産んだが、その四女すべて家康の養女としてそれぞれ大名家へ嫁ぐことになる。

保科正直は父正俊とともにはじめ甲斐武田氏に仕えていたが、武田氏滅亡後、正室の跡部勝忠の娘を人質にして一時、北条氏直に帰属した。しかし、本能寺の変の後に武田氏の旧領をめぐって起きた天正十年（一五八二）の乱で家康と氏直が対陣し、正直は優勢な徳川方につき戦後も徳川氏配下の国衆となった。そのため、人質となっていた正室跡部氏の娘は氏直により処刑されたという。天正十二年、正直は高遠城に家康の養女として多劫姫を迎え徳川氏と縁戚となった。

一　長女栄姫・大凉院：黒田長政の室

黒田長政と結婚

多劫姫が正直に嫁いだ翌年の天正十三年（一五八五）、早くも長女栄姫（幼名ねゝ）が誕生した。そのころ信州では秀吉方と家康方の争いは続き、小牧・長久手の乱後の和議は調わず、その地の豪族たちもそれぞれに別れ反目し合っていた。また、北条氏直の諏訪、伊那への侵入もあり、保科家にとっても平安な日々ではなかった。しかし、夫婦の仲は睦まじく、次々と子をなした。

慶長五年（一六〇〇年）六月、十六歳の栄姫は母の異父兄家康の養女として、豊前国中津（大分県中津市）十二万石城主黒田長政と黒田家伏見屋敷で婚儀を挙げた。長政は十七歳年上の三十三歳であった。婚儀に際し栄姫は化粧料として豊後国玖珠郡（大分県玖珠郡）に千石を与えられた。長政は栄姫を迎えるにあたり、前妻の小六の名で知られる信長、秀吉に仕えた蜂須賀正勝の娘糸（宝珠院）を離別した。糸は豊臣秀吉の養女として入輿していた。糸はすでに長政との間に菊を産んでいたが、菊を黒田家に残しての辛い離別であった。備中国高松城（岡山市）攻めでともに尽力し、最も親密だった黒田・蜂須賀両家は以後疎遠になった。

長政の父孝高（官兵衛・如水）は秀吉の下で軍師として数々の武功を挙げ中津に領地を与えられたが、天正十七年（一五八九）に隠居し、二十一歳の嫡子長政に家督を譲った。秀吉没後、父子は前田家と徳川家の和睦を実現したり、加藤清正や福島正則らにはかって徳川方に属させたりするなど、外様大名として逸早く徳川氏への恭順の姿勢をとった。

婚儀を挙げた十日後、長政は家康による上杉討伐に随行して関東へ下向した。その間に、徳川方の大名の妻子は、石田三成により人質として大坂城へ入るよう命令されることを予想して、長政は出発前に家臣に母光（照ともいう。照福院。播磨国志方城主櫛橋伊定《くしはしこれさだ》の娘）と栄姫を中津の父如水のもとへ逃すように命じた。家臣の栗山四郎右衛門と母里太兵衛は、伏見屋敷に住む光と天満屋敷の栄姫を大きな箱に入れ小船に乗せ、船番所の役人の隙を狙って湊を出て、かねて頼んでいた神戸の梶原某のもとに向かった。順風を待って五、六日間神戸に滞在した後、中津からの迎船で無事大坂を脱出し中津に到着できた。

如水は無事の到着を大いに喜び、脱出の苦労や船中での窮屈な日々を思いやり、慰めに華やかな踊りの宴を催し、二人をはじめ供の者たちをいたわった。

長政は九月の関ヶ原の戦いに際し、小早川秀秋を寝返らせて東軍勝利のきっかけを作り、実戦では石田三成の本陣に切り込み奮戦した。それらの軍功によって、その年の十月、筑前国五十二万三千余石を与えられ、福岡城を築き城下町を建設した。さらに豊前との国境沿いに六支城を築き、井上周防や後藤又兵衛らの重臣を配置した。

翌年、栄姫の父保科正直が世を去った。

慶長七年一月十六日に挙行された夢想連歌（神仏が枕もとに立って詠んだ夢の句を題材にし神への奉謝のために詠む連歌）に如水夫妻や長政と並んで栄姫の句も見出せる。これは太宰府（福岡県太宰府市）に奉納された「如水公夢想連歌」といわれるものである。この時期の女性の文芸作品は珍しいので引用しておこう。

松むめや末なかかれとみとりたつ山よりつつく里は福岡
朝夕のけふりもかすむ浦半にて　　円清（如水）
長閑に風のかよふ江の水　　幸円（光）
まさこ地につもれる雪や消ぬらん　長政
ここにかしこに草の生そふ　　御上（栄姫）

新しく与えられた領地を、黒田家ゆかりの備前国邑久《おく》郡福岡村（岡山県瀬戸内市）にちなんで福岡に改名した神への報告の連歌でもあり、その地が栄え行くことを願う連歌でもあろうか。

さらに、その年の十月には黒田家にとって大きな吉事があった。十八歳の栄姫は嫡子万徳（忠之）を、福岡城築城中のため、筆頭家老の栗山利安の屋敷で出産した。

翌慶長八年二月、家康は征夷大将軍に任命された。その禁中陣儀のために上洛した家康のもとに、栄姫は家康のご機嫌伺いに局を京都へ遣わせた。家康は直々に面会し、遠方から船で早くやって来たことを喜び、労をねぎらった。

慶長九年三月、如水は「葬礼を厚くすべからず」「国を治め民を安ずること」などの遺言を長政に残して五十八歳の生涯を終えた。辞世は

おもひおく言の葉なくてつひに行く道はまよはじなるにまかせて

とあり、関ヶ原の戦いで天下泰平になり、如水のこの世の役目は終わり、世継の孫も生まれ黒田家の安泰も明るく、思い残すことなくあの世へ旅立つ安らかな気持ちが伝わってくる。

その年の七月、秀忠の正室お江与の方が嫡子竹千代（家光）を産んだ。「上下の歓喜大方ならず」、長政はじめ諸大名は慶賀を表し、儀物を献上した。

この年、栄姫は秀忠より豊後国玖珠郡のそれまでの化粧田を廃し、肥沃の地日田郡に千石を与えられた。このときの目録が『黒田家譜』巻之十四に記載されてあり、化粧田の取り扱いに対する珍しい史料であるので、ここへ転記しておく。

（上包）御知行所々付もくろく

高千石分所付
一、弐百九拾壱石は　　日田郡の内　　入江村
高七百壱石四斗七升の内
一、六百壱石四斗七升は　　石井村

残百石は筑後殿に可渡
高百三十石三斗七升七合弐勺の内
一、百七石五斗三升は　河下村
残分弐拾弐石八斗四升七合弐勺
以上
惣高合千石
慶長九年　七月十八日　毛利伊勢守判
黒田筑前守殿　御内儀

豊後国日田郡・玖珠郡は、豊臣秀吉の家臣毛利高政がその内の二万石を与えられて日田領主となっていた。関ヶ原の役の後は豊後国の七大名に細分化され一部は幕領になっていたが、翌年佐伯に転封となった毛利高政の大名預け地となった。そのため毛利伊勢守高政から栄姫宛の書状となっている。なお、栄姫の公式の名は固有名称でなく「黒田筑前守殿御内儀」なのである。しかし、この化粧田は女の知行地が他国にあることを遠慮した長政の計らいで、日田の地を領内の那珂郡堅糟《かたかす》村（福岡市）と引き換え、日田の土地は家臣栗山備後に領させた。この知行地は栄姫没後、時の藩主忠之により百石を菩提所少林寺に寄贈され、残りのうち三百石を長く栄姫に仕えた局清水氏とその夫斎藤性安に百五十石ずつ与えられた。化粧田は勝手に替地したり、遺領は継承者の意思で配分できたことが分かる。

領地福岡での生活

慶長十一年、栄姫は長女徳（後に榊原忠次の室となる）を出産した。同じ年、長政の唯一の側室筑紫広門の娘（長徳院）が正冬を産んだ。同十五年、栄姫は次男犬万（長興《ながおき》）を出産した。

慶長十七年、十一歳に成長した嫡子万徳は、父長政がかつて同じ年にしたように初めて鎧をつけ元服した。さらにめでたいことが重なった。栄姫が三男万吉（高政）を出産した。

慶長十八年一月、万徳は、二代将軍秀忠より松平の姓と諱の一字を与えられ、松平右衛門佐忠長と称した。しかし、家光の弟駿河大納言忠長の名を避けて後に忠政と変えたが、これもさらに後に外祖父水野忠政の名を避け忠之と改名した。同じ年、十七歳に生長した前妻糸の娘菊は重臣井上周防の二男庸名に嫁いだ。栄姫は自分の輿入れのために母を離縁され残された菊を不憫に思い、わが子同然に慈しみ育て精一杯の祝福の気持ちで嫁ぐ菊を見送ったであろう。

慶長十九年、豊臣秀頼は大坂で乱を起こした。大坂冬の陣である。長政は将軍秀忠の疑いを避け、さらなる忠を尽くす証として妻子を江戸へ住まわせることを決心した。すでに、四年前に伊勢国津藩主藤堂高虎は妻子を江戸に住まわせるなど、西国大名たちは人質を江戸に送っていた。

江戸屋敷へ

三十一歳の栄姫は、九歳の徳、その弟の五歳の犬万（長興）、その下の四歳の万吉（高政）を伴い、家臣斎藤性安らに守られて四月四日、福岡を出発した。その月の二十五日に京都へ到着し、長政の宿舎となっていた東福寺の不二庵に入った。家康はその月の十八日に上洛し二条城にいた。家康の招きで栄姫は三人の子どもを連れ二条城に赴き、家康、秀忠に拝謁した。家康は栄姫母子らと大勢の女房たちを大そう持て成した。その席で万吉は何の恐れもなく駆けずり回り、床の上に上がったのを家康は危うがり、自らの手を差し伸べて万吉を支えた。栄姫は、まるで実の祖父と孫の親しく手を取り合う光景として眺めたことであろう。

翌月、家康が大坂へ出陣するため二条城を発つことが決まったときにも、栄姫は再び二条城を訪れ、御目見えした。このような天下が大いに乱れ、戦いを目前に控えたときにも、家康は養女として遠くへ嫁がせ苦労をかけた姪に対する思いやりを忘れてはいなかったようである。それも、栄姫が婚家で家を守り男子を産み、長政が家を空けて築城や戦場で徳川方に安心して忠誠を尽くすことができる内助の功をたたえてのことであったのだろう。

栄姫一行は東福寺に十二日間逗留した。その間、騒がしい時勢ではあったが、またとない機会であったので、栄姫は子どもたちを連れ洛中洛外を遊覧した。五月八日、京都を後にして再び旅に出てその月の二十五日、無事江戸に到着した。江戸へ向かう人質としての旅ではあったが、三人の子どもたちとともに東海道の旅は、栄姫にとって生涯忘れられない楽しい旅であっただろう。この後、栄姫は江戸で過ごすことになる。

元和元年（一六一五）五月、大坂城が落城した。閏六月には幕府から一国一城令が出され、筑前国も六つの支城はすべて壊された。

翌年一月、家康は病床の身となり、栄姫は江戸より見舞いに駿府へ向かった。忠之も筑前より駿府へ駆けつけ家康へ拝謁した。その際、家康は「汝が母も、江戸より来たりて奥の間にあり、対面せよ」と言葉をかけ母子への情をしめし、同じく見舞いに訪れていた母多劫姫との面会をすすめた。長政も江戸より駿府へ来て見舞った。翌月、家康は七十五歳の大生涯を終えた。遺言どおり、微雨注ぐ夜中に遺体を久能山に移し、神式の葬儀が行われた。

その後、秀忠より安藤対馬守を上使として栄姫は人質に准ずべからず、筑前に下るほうがよかろうとの上意が伝えられたが、長政はそれを断り、栄姫はそのまま江戸に住むことになった。このとき、黄金三十枚と若干の綿が下された。家康の養女としての遺物の下賜品である。

栄姫はその後も時々江戸城に登城したが、本丸の末の間まで乗輿を許された。故家康の養女として、二代将軍秀忠の義妹としての格式であろう。

その年の九月、三十二歳の栄姫は次女亀を出産した。長男忠之とは十五歳年の離れた妹である。栄姫は十五年間に三男二女を産んでおり、この間、側室に一人の男子があるだけで、長政との仲睦まじさが想像される。

元和三年、故家康は朝廷より東照大権現の神号を賜り、下野国日光山に改葬された。これにともない長政は、日光山に大石の鳥居（日本三大鳥居）を建立し奉納した。筑前国志摩郡親山の大石で造られた鳥居は、大船に乗せ南海を廻り、武州隅田川より川舟に移され、栗橋まで利根川を上り、古河より陸地を宇都宮を経て五か月かけて日光山に運ばれた。「石は永久に伝わる物なれば、万世までも御廟と共に朽せざるべし」との意図で建立されたように、今なお、日光山にその雄姿をとどめている。栄姫も女性としては唯一、献灯籠を許されて灯籠一対を、元和四年四月十七日に大石の鳥居と同じ日付で奉納している。その年、家康の異父妹であり、保科正直の妻であった栄姫の実母多劫姫が亡くなった。栄姫は清信授法長元院と諡された母を供養して、江戸西久保天徳寺（東京都港区）に長元院を開基した。

元和八年、年が明けるや二十一歳の忠之は、松平康元の長男大垣城主松平忠良の次女で十七歳の久姫（梅渓院）を迎えた。秀忠や栄姫にとっていとこの娘にあたり、久姫は将軍秀忠の養女として嫁いだ。黒田家は二代続いて将軍家から妻を迎えたことになる。幕府がいかに黒田家を牽制していたかがうかがわれる。それだけに長政は精いっぱいの忠誠を尽くすことに努めた。久姫は、江戸城本丸より輿に乗り、酒井備後守と松平石見守が輿添えとして長政の屋敷まで送られ、長政自身が輿を受け取った。婚儀が整い、秀忠から忠之へ来国俊の太刀と吉光の脇差が与えられた。また、長政の家老や物頭に白銀や小袖、小姓や台所の者にまで小袖が配られた。婚礼の儀式は盛大に行われた。

元和九年、家光は征夷大将軍に任じられ上洛した。長政、忠之はその先立ちとして中山道を経て上洛した。長政は江戸にいるときより、胸痛の病を抱えての無理な上洛であった。旅宿報恩寺（京都市上京区）であまたの医者にかかり、祈祷も行われたが、本復の見込みのないことを悟った長政は「上をうやまひ、下を哀れむに、慎んで怠る事なかれ」と栗山大膳、内藤充ら老臣に遺命して旅宿先で五十六歳の生涯を閉じた。死に臨み、慈母に先立って死ぬこと、二十二歳の嫡子忠之の成長後の国政を見ることができないことを心残りとしながらも、

此ほどはうき世の旅にまよひきていまこそかへれあんらくの空

と迷い来た浮世は内外ともの激しい戦いに明け暮れたが、帰って行く世は安楽な世であろうとの穏やかな辞世の歌を詠んだ。

江戸に住む栄姫は二十年余り連れ添った夫の臨終に駆けつけることはできず、二男犬万、三男万吉を京都へ向かわせたが、両人も父の死に目には間に合わなかった。若くして朝鮮

の役に出陣し、関ヶ原の戦いでは諸将にすすめて家康に忠を尽くし、天下を平らげることに助力した数々の夫の苦労を思い、次の世ではせめて安楽に過ごしてほしいと願ったであろう。栄姫は三十九歳で未亡人となった。

夫長政亡き後の生活

遺領は忠之が四十三万三千石を領し、共に栄姫を母とする弟長興（犬丸）に秋月（福岡県秋月市）五万石、高政（万吉）に東蓮寺（福岡県直方市）四万石を分与した。秋月藩は幕末まで続いたが、東蓮寺は後に地名を取って直方と改められ、享保五年（一七二〇）、嗣子がなく廃藩となった。

二代将軍秀忠がいかに長政を信頼していたかは、かつて、容儀に優れ美人のほまれのある次女徳を家光の妻に迎えたいと秀忠も妻のお江与の方も望み、栄姫に老中土井利勝を通じて内談があったが、これは家光の後見として長政に期待をかけたらしい。しかし、長政は徳が丙午《ひのえうま》の生まれであり、世間の忌むことであるからと断った。徳は長政の没した翌年、上野国館林藩主榊原忠次に嫁いだ。いとこ同士の結婚であった。しかし翌年、長女万を出産したが産後まもなく二十歳の若さで没した。夫を見送ってまもない栄姫の悲しみは如何ばかりであっただろう。

寛永三年（一六二六）、十一歳の三女亀が、家康の娘督姫と播磨国姫路藩主池田輝政の六男輝興のもとに嫁いだ。輝興は家康の外孫にあたり、結婚五年後に兄政綱の跡を継いで赤穂三万五千石の藩主となった。二人の間に一子も生まれたが、結婚生活は穏やかではなかった。栄姫死後の事であるが、正保二年（一六四五）、輝興は突如発狂し、正室の亀をはじめ侍女数人を斬殺する事件を起こし、改易されることになる。

寛永四年、長政の生母照福院光が福岡城内で七十五歳の生涯を終えた。法名は照福院殿然譽浩栄大尼公で、自身が慶長七年（一六〇二）に開基した黒田家菩提寺の浄土宗照福山顕光院圓應寺に埋葬された。この圓應寺は息子長政の福岡城が見える追手門近くに建てられ、またそこからは慶長二年の慶長の役の折に朝鮮へ向かう途上、暴風に見舞われ玄界灘で十六歳の若さで命を落とした次男熊之助の最期の場所を見渡せる場所でもあった。照福院は才色兼備の心豊かな女性であったと言われ、如水との仲も睦まじく、厳しかった時代の如水を助け、息子や孫の治政を見守り、見事な長寿の人生であった。栄姫は義母照福院の生きざまを手本として、福岡城の女あるじとしての覚悟を決めたことであろう。

寛永五年（一六二八）、忠之と継室坪坂氏の娘（養照院）との間に、光之が福岡城内で誕生した。

長政の跡を継いだ忠之は、父や祖父に似ず、大胆で派手好みな性格で、それが長政時代からの重臣たちとの対立となった。寛永九年、筆頭家老であった栗山利安の子利章（大膳）と対立し、利章は幕府に忠之に陰謀の企てがあると訴えた世にいう黒田騒動が起きた。

黒田家は一旦は改易の危機に陥ったが、時の将軍家光の裁定により、栗山利章は陸奥国盛岡南部家にお預けの身となり、黒田家は本領を安堵された。ここには、しばしば江戸城へ出入りしている栄姫の大きな働きがあったことは否定できない。

寛永十二年正月、栄姫は八歳になる孫の光之を伴って登城し、将軍家光に謁見した。栄姫は疱瘡を患い、苦しみながらの登城であった。この七日後、栄姫は長政に遅れること十二年にして五十一歳で世を終えた。母のために建立した浄土宗光明山天徳寺に埋葬された。法名大凉院徳譽栄春。

領地福岡に長政が建立した浄土宗昌林寺に遺髪が埋葬され、栄姫の法名・大凉院にちなんで山号を大凉山に改め、後に寺号も少林寺に改められた。忠之は寺へ百石を寄進した。長興は菩提を弔うため領地秋月に、浄土宗秋月山浄土院大凉寺を建立し三十石の寺領を寄進した。

長政、栄姫の築いた福岡藩は四十七万三千石で幕末まで続いた。

『黒田家譜』編者の黒田家儒者貝原益軒は栄姫について、「其容色はるかに世にすぐれ、姿心ばへもあではかにして、只人にあらずと見え給ふ」と記している。

栄姫は、血を分けた子や孫に恵まれ、かつて秀吉の家臣で幾多の戦いで功をなしながらも時勢をすばやく見定める「百世の雄」ともたたえられる武将長政のもとで、外様大名の改易の危機をのり越え、幾多の困難な出来事にも遭遇したが精いっぱいのできることを果たした見事な人生であった。家康の養女であり姪であったこともあり、いとこの将軍秀忠も甥の三代将軍家光も、常に栄姫に温かい配慮を忘れなかった。

主な参考文献

『新訂寛政重修諸家譜』第四、七　高柳光寿ほか編　続群書類従完成会　一九六四、一九六五
『黒田家譜』貝原益軒編著　歴史図書社　一九八〇
『新訂　黒田家譜』第二巻　福岡古文書を読む会校訂　文献出版　一九八二

⑬栄姫・大涼院（黒田家・保科家など）略系図

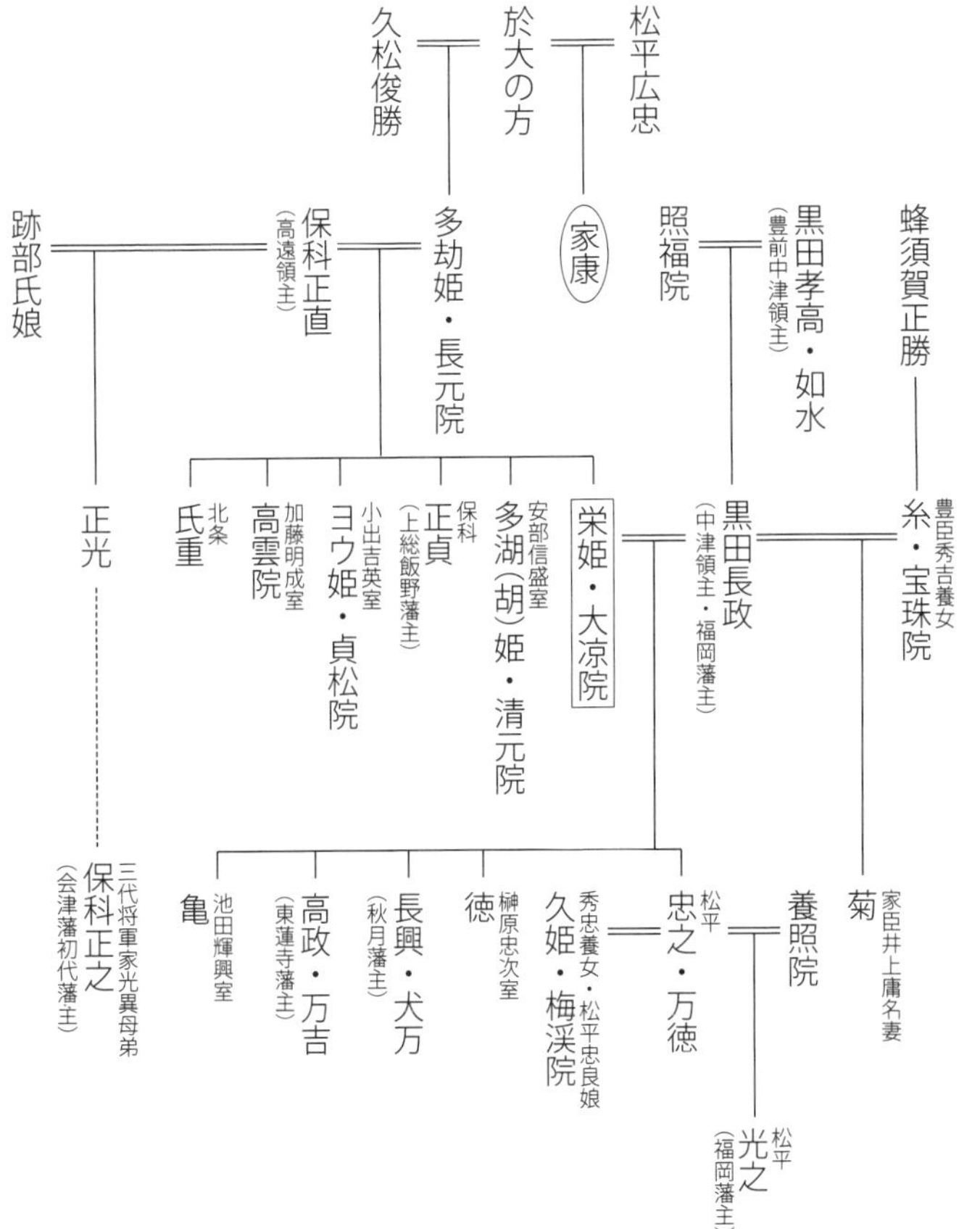

二　次女多湖（胡）姫・清元院：安部信盛の室

多湖（胡）姫については「幕府祚胤伝」に記載がない。

多湖姫は松平正直と多劫姫の次女で栄姫の一つ違いの妹として、信濃国高遠で天正十四年（一五八六）に生まれた。多湖姫は家康の養女として武蔵国岡部（埼玉県深谷市）領主安部信盛に嫁いだ。

安部氏は今川義元に仕え、駿河国安部谷（静岡県の大井川上流）に住んでいたが、義元没後、家康に従った。信盛の父信勝が小牧の役で軍功を挙げ、家康の関東入国に際し、武蔵国榛沢《はんざわ》（埼玉県大里郡）と下野国梁田（栃木県足利郡）両郡に五千余石の領地を与えられた。

信盛は慶長五年、十六歳の時、他界した父信勝の遺領を継いだ。その年、十五歳の多湖姫は信盛のもと入輿した。多湖姫が嫁ぐに際して、家康より化粧料として越後国小千谷の地を与えるという話があったが、信盛はいさぎよしとせず固辞したという。

安部家は城を持たず、岡部には陣屋を置き、江戸屋敷に住んだので、多湖姫も結婚後は江戸暮らしであったと思われる。多湖姫は慶長九年（一六〇四）に長男信之を出産した。その後つぎつぎと出産を重ね、四男三女に恵まれた。

多湖姫がどのような日々を過ごしたのか不明である。寛永元年（一六二四）十二月、三十九歳で世を去ったことだけが判明している。信盛は延宝元年（一六七三）に九十歳まで長生きしていることから、夫より五十年以上早く世を去っている。法名清元院殿了典珠慶大禅定尼。黒田家に嫁いだ姉の栄姫（大凉院）が母多劫姫のために建立した江戸西久保（港区）の浄土宗光明山天徳寺内の長元院に、母や姉とともに眠っている。

後に、信盛は新知行地として三河国八名・宝飯両郡に四千石を与えられ、大坂城番などを務めて功績を上げ、慶安二年（一六四九）、摂津国に一万石加増されて大名の列に加わった。

寛文二年（一六六二）、信盛は八十一歳のとき致仕し、嫡子信之が襲封した。時に信之は五十九歳の高齢であった。

岡部家は本領である武蔵国岡部のほか三河国八名郡半原（愛知県新城市）や摂津国桜井谷（大阪府豊中市）などにも所領が分散し、合わせて二万石余の領地であった。岡部領の豪農から、幕末に実業家渋沢栄一や尾高惇忠《あつただ》らが輩出している。

父信勝の室水野忠重の娘

岡部の曹洞宗玉鳳山源勝院は、初代領主信勝が亡き父元真の追善のために建立した。境内の墓地には初代信勝から十三代信宝《のぶたか》までの領主の墓が、今なお整然と並んでいる。信勝の墓は室水野忠重の娘と並んで建てられている。忠重の娘の墓は、信勝の墓よりずっと大きい宝篋印塔である。墓には「明鑑貞圓大姉、寛永十一年一月十四日」と刻まれている。忠重の姉は於大の方であるので、信勝の室は家康の従妹にあたる。多湖にとっては母多劫姫の従妹でもある姑は、多湖より十年長生きしている。

信勝の室の姉は、家康の養女として肥後国熊本城主加藤清正に嫁いでいるので、おそらく信勝の室も同様に、家康の養女として安部家に嫁いだと推測される。領主信勝より大きな墓がそのことを語っているように思われる。

家康の血縁の姫が二代の領主に続いて嫁いだことによるのか、小藩ながら維新期まで継続した。

主な参考文献

『寛政重修諸家譜』第六　続群書類従完成会　一九六四
『保科氏八〇〇年史』牧野登　歴史調査研究所　一九九一
『わが安部家の歴史』安部信勝著・発行　二〇〇一
『藩史大事典』第四巻中部遍Ⅱ　東海　木村礎ほか編　雄山閣　一九八九
『新編武蔵風土記稿』巻之二三二　林述斎編　天保元年（一八三〇）内閣文庫蔵

⑭ 多湖(胡)姫・清元院(安部家など)略系図

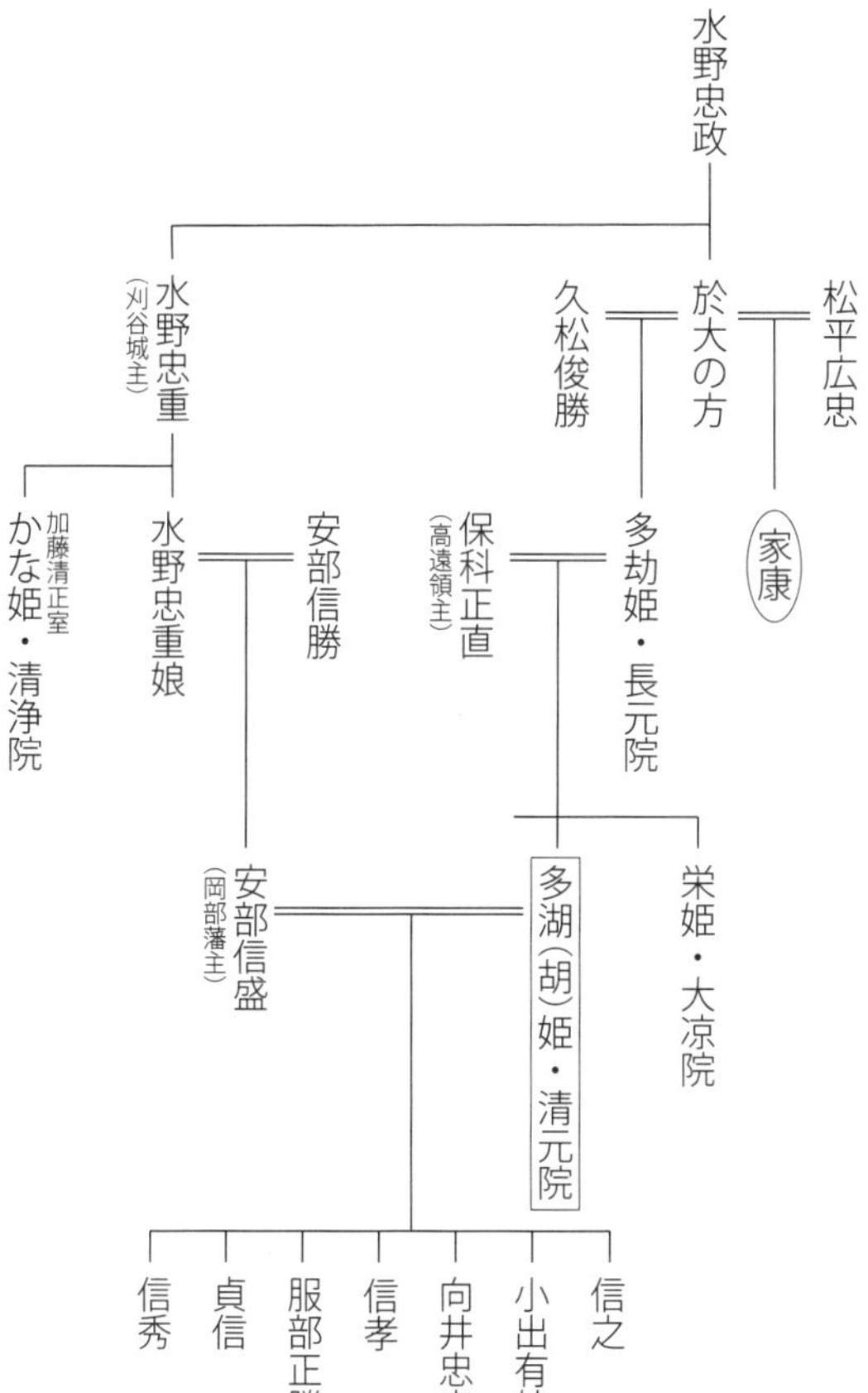

三　三女ヨウ姫・貞松院：小出吉英の室

小出吉英と結婚、出石での生活

ヨウ姫もまた「幕府祚胤伝」に記載がない。

ヨウ姫は保科正直と多劫姫の三女として天正十八年（一五九〇）、姉たちと同じく高遠で生まれた。慶長八年（一六〇三）十四歳のとき、但馬国出石（兵庫県豊岡市）五万五千石領主小出吉政の嫡男吉英《よしひさ》のもとに嫁いだ。

小出氏は豊臣秀吉に仕え、播磨国龍野を与えられていたが、豊臣恩顧の大名前野長康が関白秀次の側近となり秀次事件に連座して高野山に追われたため、吉政が龍野から移封した。関ヶ原の戦いの折、吉政は父和泉国岸和田（大阪府岸和田市）領主秀政とともに西軍に加わり、丹後国田辺城（京都府舞鶴市）を守る細川藤孝（幽斎）を攻めた。ちなみに秀政の妻は秀吉の母大政所の妹であり、したがって吉政は秀吉の従兄弟となる。一方、東軍にも加担し、嫡男吉英や一族は東軍に属して戦った。そのため戦後、祖父秀政、父吉政は許され旧領地をそのまま安堵された。以後、岸和田と出石は本藩、支藩のような関係にあった。

そうした、豊臣家に近い小出家を牽制した家康は養女としてヨウ姫を嫁がせた。ヨウ姫は輿入れに際し、但馬国朝来郡六か村（兵庫県朝来市）に千石の化粧料を与えられた。ヨウ姫の嫁いだ翌年、秀政が世を去ると、秀政の長男である吉政が岸和田藩主となり、秀政の孫にあたる吉英は出石藩主となった。

吉英は新たに本丸、二の丸、三の丸を造り、内堀を掘り町屋、武家屋敷、寺院を構築し城下町を築いた。

ヨウ姫と吉英は仲むつまじかったようで、十六歳で長男帯刀を産み、その後も毎年のように吉重、正英《まさふさ》らを出石城で出産し、男子五人と女子五人の子宝に恵まれた。

岸和田での生活

慶長十八年（一六一三）、吉英の父吉政が没すると吉英は父の遺領岸和田に移され、五万石藩主となった。おそらくヨウ姫も子どもたちを伴い岸和田へ移住したのであろう。

慶長十九年、吉英は大坂冬の陣の開始前、豊臣秀頼より豊臣方への誘いの黒印状と大野治長ら秀頼の家臣らからの書簡を受け取ったが、それには応えることなく家康に言上したところ、家康から大いに満足したとの奉書が届けられた。家康はヨウ姫を吉英に嫁がせたことの効果のほどにほくそ笑んだのであろう。

吉英は翌年の夏の陣にも、弟の吉親を伴って参戦し、ヨウ姫たちの住む自身の岸和田城を顧みず、大いに奮戦した。

大坂の陣の後、幕府は畿内大名の所領替えを行い、大坂を中心に徳川一門、譜代大名を置いたため、外様大名の吉英は元和五年（一六一九）、再び出石城に戻された。以後、寛文六年（一六六六）、八十一歳で隠居するまで出石藩主として治政にあたった。

元和十年（一六二四）、ヨウ姫は三十五歳で四男英信を産み、その後も二女を出産した。吉英は側室を置かず、子どもはすべてヨウ姫が産んでいる。幸せな生涯ではなかったかと思われる。

大きな悲しみは、三十七歳のとき、長男帯刀に二十一歳で先立たれたことであろう。実父正直や実母多劫姫や養父家康の死の悲しみも経験しているし、寛永九年（一六三二）には、義兄将軍秀忠の死にも遭っている。秀忠の死に際し、ヨウ姫は遺物分配で金百枚を受けている。

吉英は出石城下に生まれた十五歳年上の臨済宗の禅僧で書画・詩文に通じ諸芸にも造詣の深い沢庵和尚に帰依し、沢庵和尚が最も好み八年間住んだという四畳半一間の草庵投渕軒を出石藩主菩提寺宗鏡寺（沢庵寺）内に造った。また城中山里の数寄屋に招いて語り合い、そこで詠んだ沢庵和尚の和歌や詩文も多く、沢庵和尚の書簡の中に吉英宛のものも多い。こうしたことから、ヨウ姫もまた沢庵和尚に何らかの影響を受けたのではないかと推測される。

ヨウ姫は寛文四年（一六六四）、江戸で七十五歳の長命を終えた。吉英との六十年の月日をともに過ごす人生であった。貞松院殿心誉運月先栄大姉と諡され、母や姉たちの菩提寺江戸西久保の浄土宗光明山天徳寺に埋葬された。その四年後、吉英も八十三歳の長寿の生涯を閉じた。吉英の没後、朝来郡六か村の化粧料は幕府に公収された。

小出家は吉英の後、吉重、英安、英益、英長と続き、その跡を継いだ英及《ふさつぐ》のあと嗣子がなく、三歳の英及の死去により元禄九年（一六九六）、断絶した。

長女は下総国三浦（千葉県佐倉市とも、大網白里市とも）領主三浦重勝に嫁ぎ、死別後、旗本山内一唯へ再嫁した。四女高岳院は筑後三池藩（福岡県大牟田市）領主立花種長へ、五女は播磨国明石領主松平信之に嫁した。

主な参考文献

『寛政重修諸家譜』第十五　続群書類従完成会　一九六五
『出石町史　第一巻』出石町史編纂委員会編集　出石町発行　一九八四
『保科氏八〇〇年史』牧野登　歴史調査研究所　一九九一

⑮ヨウ姫・貞松院（小出家など）略系図

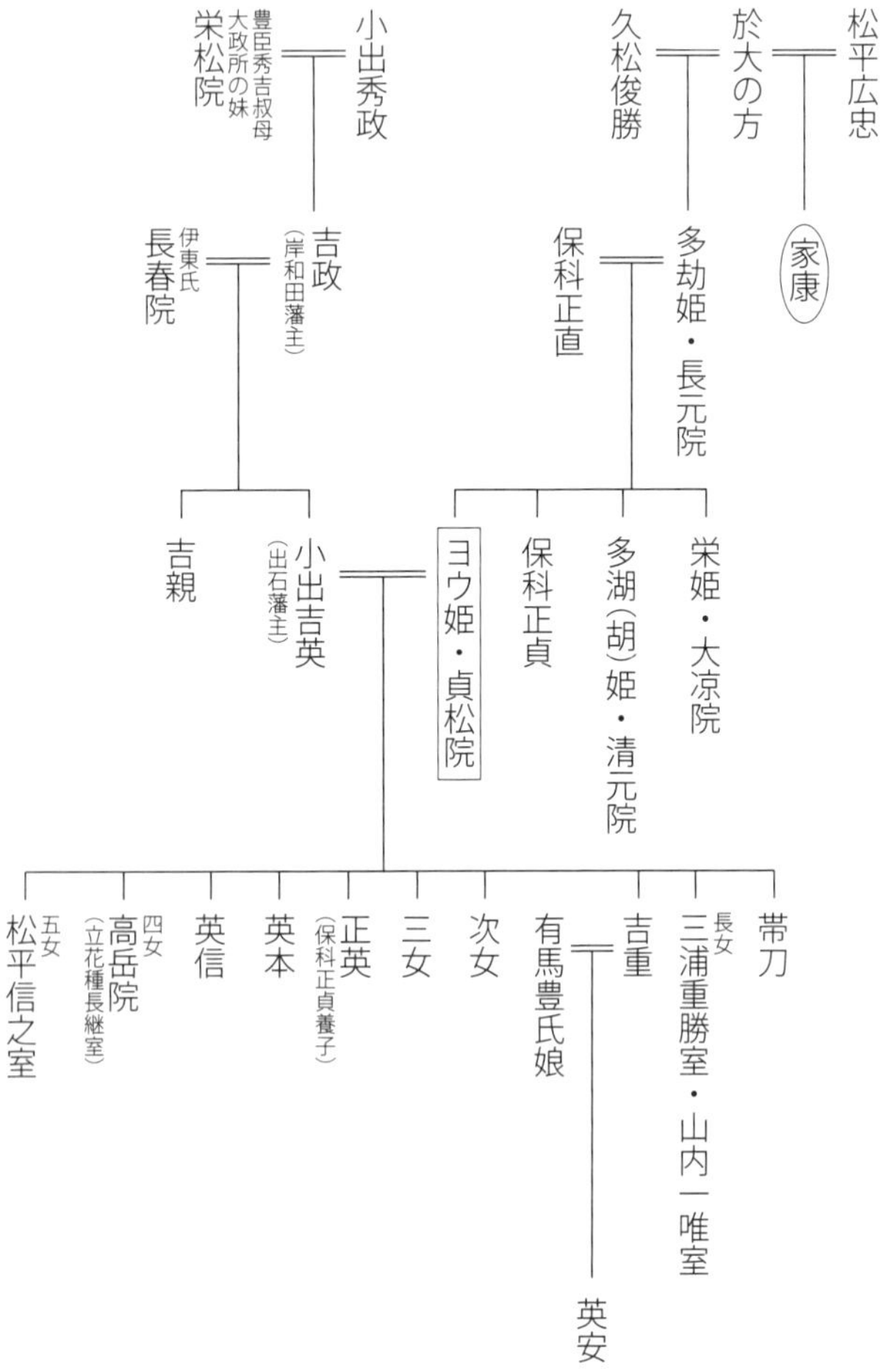
松平広忠
於大の方
家康
久松俊勝
多劫姫・長元院
保科正直
小出秀政
豊臣秀吉叔母
大政所の妹
栄松院
吉政
（岸和田藩主）
伊東氏
長春院
栄姫・大凉院
多湖（胡）姫・清元院
保科正貞
ヨウ姫・貞松院
小出吉英
（出石藩主）
吉親
帯刀
長女
三浦重勝室・山内一唯室
吉重
有馬豊氏娘
英安
次女
三女
正英
（保科正貞養子）
英本
英信
四女
高岳院
（立花種長継室）
五女
松平信之室

四　四女高運院：加藤明成の室

加藤明成との結婚

正直四女は『幕府祚胤伝』には加藤明成の室であることと寛永九年（一六三二）に死去した二代将軍秀忠の遺金に関する二行しか書かれていない。姉ヨウ姫が天正十八年（一五九〇）に生まれ、弟氏重が文禄四年（一五九五）に生まれているので、正直四女は文禄年間（一五九二〜一五九六）に高遠で生まれたと推測でき、文禄二年生誕という説もある。名は不明である。

高運院は伊予国松山領主加藤嘉明の嫡子明成に嫁いだが、その時の年齢は定かではない。寛永四年（一六二七）の会津への国替えは高運院三十三歳ごろであるので、松山時代の結婚と考えられる。

加藤嘉明は豊臣秀吉に仕え、賤ケ岳の戦いで七本槍の一人に数えられた。その後も四国、九州征伐や小田原の役に参加し、文禄の朝鮮の役には舟奉行として活躍した。秀吉没後、家康に近づき、関ヶ原の戦いでは武功を挙げた。戦後、十万石の加増を受け、伊予国松山二十万石領主となった。大坂の役には嘉明、明成父子ともに参戦し、軍功を挙げた。

嘉明は寛永四年、陸奥国会津四十万石の外様大名として入封した。仙台の伊達政宗を牽制する役目の転封と考えられる。四年後、嘉明は六十九歳で没し、四十歳の明成が襲封した。

明成は慶長十六年（一六一一）、会津地方の大地震で倒壊した蒲生時代の七層の天守閣を五層に改めるなど大改修を行い、鶴ヶ城の姿を整え、城下町を整備した。

高運院がいつごろ江戸へ移住したかは不明である。高運院は寛永九年（一六三二）の将軍秀忠の遺物分配では姉のヨウ姫より多い金百枚、銀千枚が与えられている。

元和七年（一六二一）、明成の側室に明友が誕生したが、高運院や幕府をはばかってか、京都の山田家へ養子に出された。

寛永十二年、高運院は子をなさないまま世を去った。四十三歳かと推定できる。法名高運院殿深誉源信大禅定尼。明成は七日間、芦名氏や蒲生氏の菩提寺である会津の高厳寺《こうがんじ》で千部経を唱えさせ、妻の供養をした。いまなお、高運院の墓は六本木墓苑（東京都港区）にひっそりとたたずんでいる。この供養墓は明成から数え八代水口藩主加藤明陳《あきのぶ》によって、安永期（一七七二〜一七八一）ごろに建立されたことが墓碑銘から推定される。六本木墓苑は戦後の道路拡張のため、かつて麻布野にあった正信寺、深広寺、教善寺、光専寺、崇巌寺の浄土宗五か寺の墓地を集めた共同墓地である。この五か寺は二代将軍秀忠の室お江与（崇源院）の火葬にかかわった。この五寺のどれかが高運院の菩提寺であったと考えられる。

高運院が没して三年後、明成は若松城の大改修を行った。この年、筆頭家老の堀主水と対立し、主水は出奔して明成の政事を幕府に訴えた。明成は寛永十八年(一六四一)、主水の身柄を要求し断罪した。この堀主水事件(会津騒動)により寛永二十年、明成は病気を理由に四十万石を幕府に返上し、会津四十万石は改易となった。しかし、幕府は嘉明の幕府への忠勤など考慮して、家名再興を許した。庶子の明友が呼び戻され、嫡子として石見国安濃郡吉永(島根県大田市)に一万石を与えられた。明成もともに移り、寛文元年(一六六一)、その地で七十歳の生涯を終えた。高運院がもっと長生きしていれば、堀主水事件は違ったものになっていたであろうし、会津四十万石も改易にはならなかったかもしれない。会津四十万石は高運院が支えていたともいえる。

主な参考文献

『保科氏八〇〇年史』牧野登　歴史調査研究所発行　一九九一
『寛政重修諸家譜』第十三　続群書類従完成会　一九六五

⑯ 高運院（加藤家など）略系図

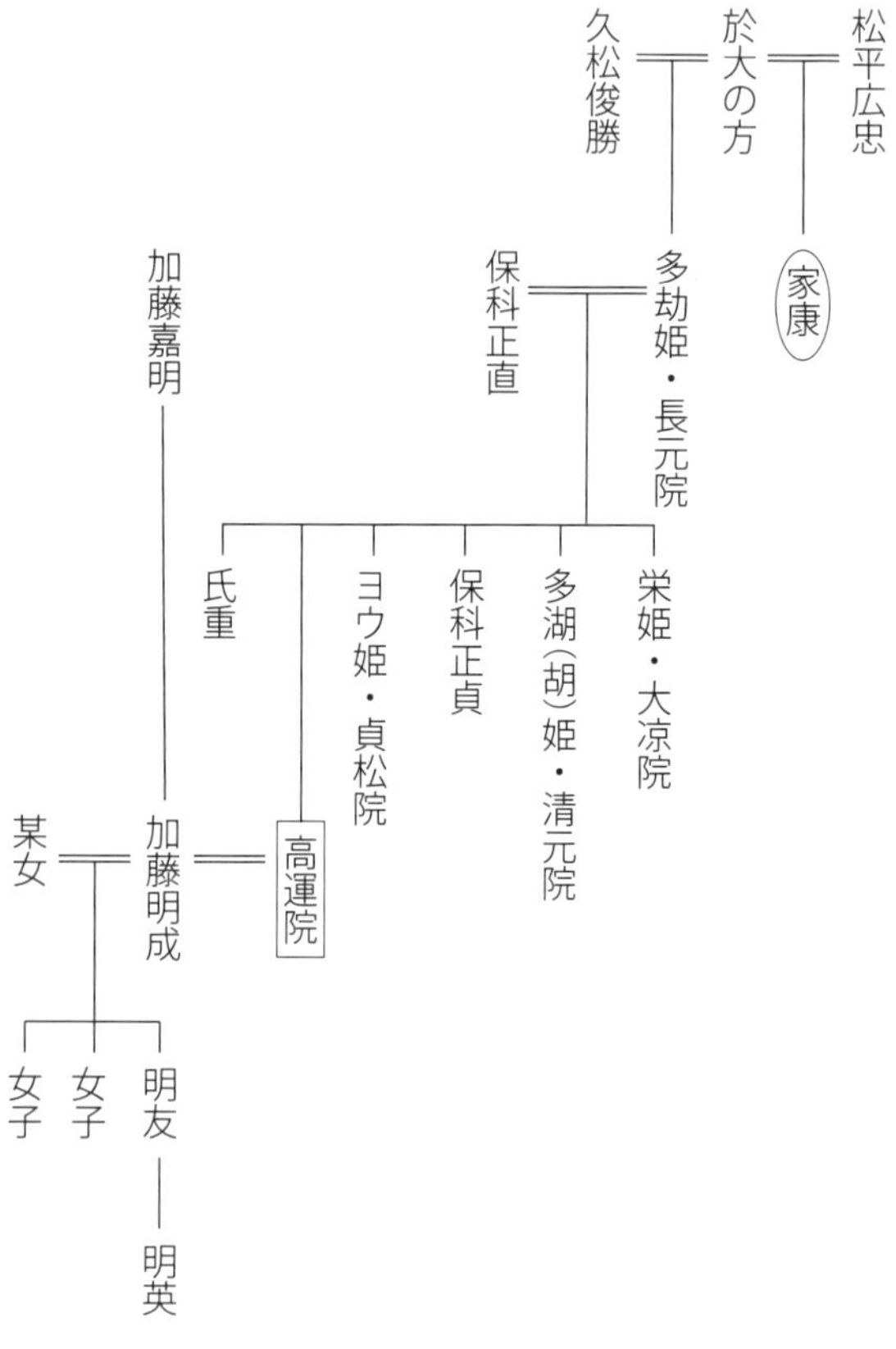

第五章

養女・家康の姪たちの結婚㊂

——他の異父弟、異父妹の娘たち

永禄三年（一五六〇）五月、尾張国知多郡桶狭間（愛知県豊明市）の戦で家康は今川軍の先鋒隊として大高城（愛知県名古屋市）に兵糧を運ぶ途中、尾張国阿古居（愛知県知多郡）城主久松俊勝と再婚した生母於大の方（伝通院）のもとを訪れ、三歳の時に別れてから十六年ぶりに対面した。この時、双子の兄康元・勝俊は九歳、定勝は生後四か月の乳児であった。この時三人の弟たちは松平の称号を許された。この戦いで今川義元は織田信長の奇襲にあって戦死した。家康は今川家十二年間の人質生活を終え岡崎城に帰城した。

定勝は天正三年（一五七五）の織田信長・徳川家康連合軍と武田勝頼の軍勢が戦った三河国長篠（愛知県新城市）の戦の後、家康の命で奥平信昌の養女たつ（松源院）と結婚した。二人の間に六男五女が生まれた。五女の内二女が家康の養女として各大名家に嫁いだ。家康、秀忠の家臣服部半蔵正就《まさなり》の妻となった長女松尾（嶺松院）も一説には家康の養女ともある。

家康の異父妹の竹谷松平家六代家清の室天桂院の娘や戸田（松平）康長の室松姫の娘たちも家康の養女としてそれぞれの大名家に嫁がされた。

一　松平定勝の次女阿姫・光照院：山内（松平）忠義の室

山内忠義と結婚

松平定勝の娘で「幕府祚胤伝」に家康養女として載るのは、阿姫《くまひめ》一人である。

御養女　実御姪
松平隠岐守定勝娘、慶長十年乙巳五月十三日、於㆓伏見㆒為㆓御養女㆒、松平土佐守忠義被㆑嫁、同十一年丙午四月、婚姻
寛永九年壬申二月廿三日、歿、年三十八、葬㆓深川霊巌寺㆒、光照院泰誉皓月大姉

阿姫は文禄四年（一五九五）、松平（久松）定勝と三河国日近（愛知県岡崎市）城主奥平貞友の娘たつの娘として生まれた。生地ははっきりしないが、家康の関東入りで定勝は下総国香取郡小南に三千石を与えられているので、同地で生まれたと考えられる。関ヶ原の戦いの翌年の慶長六年（一六〇一）、定勝は土佐国高知城主となった山内一豊の後を受け遠江国掛川（静岡県掛川市）に三万石を与えられ入封した。たつは掛川在城の時は二の丸で生活し二の丸殿と称した。

その年の十月、家康は伏見より江戸へ下る途上、掛川城を宿城とした。七歳に成長した阿姫は家康に謁見し、このころより家康は阿姫の嫁ぎ先を目論んでいたのであろう。

慶長十年四月、十一歳に成長した阿姫は家康の養女として伏見城で、土佐国二十万二千六百石領主山内一豊の養子国松（忠義）と婚礼の儀式を挙げた。阿姫の山内家入嫁に際し、家康は豊後国玖珠郡山田郷に千石の化粧料を与えた。この地は佐伯藩主毛利氏が代官として管理する幕府の蔵入地であった。遠地にあるこの蔵入地は実際には阿姫の妹万姫の嫁ぎ先の豊後国岡領主中川家に管理を引き受けてもらい、銀子で上納された。

阿姫は、一豊の妻で義母にあたる見性院とともに海路で土佐に向かった。一豊夫妻は阿姫に細心の心遣いをし、それまでの夫妻の居住であった高知城本丸御殿を若い二人に譲り渡した。

同年九月、一豊が六十一歳で世を去り、国松が遺領を継いだ。

慶長十四年（一六〇九）、阿姫は十五歳で高知城内において長男忠豊を出産した。翌年、夫国松は駿府で将軍秀忠より松平の称号と諱一字を与えられ忠義と改めた。

慶長十六年、阿姫は長女喜与（清）を、同十八年に次男忠直を出産した。このとき、阿姫はまだ十九歳の若さであったが、この後、子どもを産んでいない。次女佐与が生まれるのは阿姫没後であるので、忠義は阿姫生存中は側室を置かなかったのであろう。

駿府城修築や名古屋城築城、江戸下り、将軍参内の折の扈従《こしょう》、大坂の役出陣など、多くの役で城を留守にする忠義に代わって阿姫は城を守り、子の成長を見守る日々を送ったのであろう。将軍家の姫君の存在は城内の引き締めになった。

元和三年（一六一七）、京都に住んでいた一豊の妻見性院が六十一歳で世を去った。見性院は夫一豊没後、京都へ移住し一千石の隠居料を得て、山内家菩提寺の塔頭大通院のある妙心寺近くに住んでいた。見性院は代々和歌に造詣の深い家に育ち、母親から『古今和歌集』や『徒然草』を送られており、古典に親しんで日を過ごした。「土佐山内家宝物資料館」に見性院像が所蔵されてある。

元和八年、阿姫は深く帰依していた行基開基といわれる真言宗五台山竹林寺（高知市）に、家康の菩提を弔うため位牌や多くの什物を寄進した。

江戸での多忙な生活

翌年六月、阿姫は長女清と次男忠直、家光に京都で謁見するために上る忠義とともに、十八年間住み慣れた高知城を後にして江戸へ旅立った。京都では一豊夫妻の霊廟のある大通院に参拝したり京見物などもした。伊勢国桑名城に住む実父松平定勝にも面会したであろう。江戸に到着したのは三か月後の九月十八日であった。

江戸には続々と各領地から大名の家族が移住を始めていたので、阿姫は姉妹たちにも面会でき、江戸城にも登城したので、それまでの土佐での生活とは一変し、外出も増え何かと多忙な生活となった。

寛永元年（一六二四）夏には阿姫は九歳になった長女清を伴い登城して、前将軍秀忠とその室お江与の方に謁見した。

寛永八年九月、二十三歳の長男忠豊が因幡国鳥取城主池田光政の妹長（池田利隆と徳川秀忠の養女鶴姫の娘）と婚儀を挙げた。

翌寛永九年一月に前将軍秀忠が世を去った。その遺物分配として、阿姫にも金百枚が贈られた。

同年二月十三日、阿姫は山内家の安泰を見届けたのか、江戸鍛冶屋橋（千代田区）の土佐藩上屋敷で三十八歳の生涯を終えた。諡《おくりな》は光照院殿泰誉皓月大姉である。霊岸島の浄土宗道本山霊巌寺（現在は江東区へ移転）に葬られた。忠義と阿姫の築いた土佐藩は転封もなく明治の世を迎えた。

阿姫の化粧料が幕府に返上されたのは寛永二十年、阿姫没後十二年を経過していた。その間、繰り上げ算用され、銀子で幕府に上納するように命じられた。

阿姫の産んだ長女清（喜与）は陸奥国三春（福島県田村郡）藩主松下長綱に嫁いでいた。寛永二十年、本家筋の会津藩主加藤明成（嘉明《よしあきら》の嗣子）が四十万石の領地を返上し改易となった。翌年、長綱の母が加藤嘉明の娘という関係からだったのか、長綱の乱心という名目で三春藩も改易され、清夫妻は忠義にお預けの身となり、土佐国久万村（高知市）で余生を過ごした。

主な参考文献

『寛政重修諸家譜』第一　続群書類従完成会　一九六四
『山内家史料「忠義公紀」』第一編・第二編　山内家資料刊行会編　山内神社宝物資料館　一九八一
『松山市史料集』第二巻　松山市史料集編集委員会編　松山市　一九八七
『松山叢談』上巻　曽我鍛編　予陽叢書刊行会　一九三六
『家康の族葉』中村孝也　講談社　一九六五
「土佐山内氏豊後国化粧料について」渡部淳（「大分県地方史」第一五九号　一九九五）
「土佐山内家化粧料千石と粟野村庄屋森家について」甲斐素純（「大分県地方史」第一八一号　大分県地方史研究会　二〇〇一）
『三百藩藩主人名事典』藩主人名事典編纂委員会編　新人物往来社　一九八六

⑰ 阿姫・光照院（山内家など）略系図

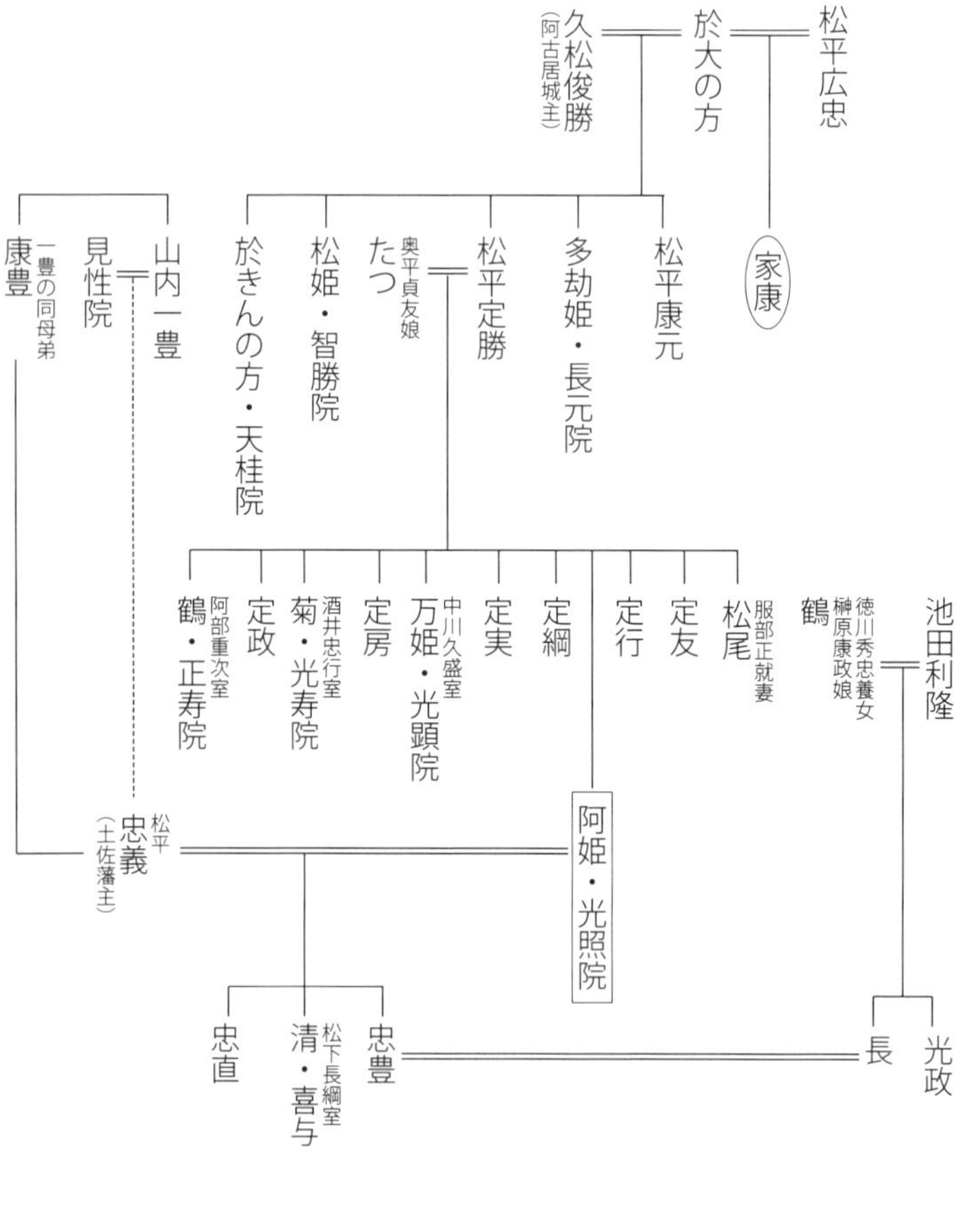

二　松平定勝の三女万姫・光顕院：中川久盛の室

七歳で婚家中川家へ

光顕院については「幕府祚胤伝」に掲載がない。

万姫は慶長七年（一六〇二）、遠江国掛川（静岡県掛川市）三万石城主松平定勝の娘として生まれた。母は姉の阿姫と同じ奥平貞友の娘たつ、姉の阿姫とは七歳違いである。定勝はその年加増があり、下野国小南（千葉県香取郡）より掛川三万石を与えられ従五位下隠岐守に叙任したので、万姫は幼児期を掛川で過ごした。

慶長十二年（一六〇七）、定勝は伏見城代となり、五万石の地を賜り伏見へ移住した。掛川は万姫の兄定行が藩主となった。万姫も家族とともに定勝に従って伏見へ移住した。その年、六歳の万姫は家康の命で豊後国岡（大分県竹田市）藩主中川秀成の嫡子十四歳の久盛と婚約した。

中川家も秀成の父清秀が秀吉の腹心の一人であったが、秀成は関ヶ原の戦いの折、豊後国の西軍の拠点であった臼杵の太田氏を攻め勝利を得て、父の遺領七万石を守り、豊後国最大の外様大名となった。

万姫婚約の翌年早々、駿府の家康のもとに、結納が届けられた。万姫もまた、姉阿姫と同様に家康の養女として中川家に輿入れした。花嫁の一行がどのようなルートで岡城に入ったかは不明であるが、参勤交代もまだ行われておらず、道路も完備されていない悪路を伏見から遠く豊後国の山に囲まれた竹田の地へ赴く七歳の少女万姫は、守本尊薬師如来を両手に抱き、乗り物に揺られ長旅をしたのである。父母に別れた寂しさ、長旅の苦労などは測りしれない。

今なお、岡城への道は遠い。谷から突き上げられた城壁で囲まれた城跡に立つと、見渡す限り山また山である。はるか下に白滝川が流れ、流れの音すら耳に届かない。自然の要害に建っていた城は孤立し、熊本城や伊予松山城と合わせて日本の三堅城と呼ばれたこの地で、万姫はどんな日々を過ごしたのであろうか。

今は、滝廉太郎作曲の「荒城の月」のメロディが生まれた土地として記念碑が建っている。

義祖母性寿院梢や義伯母天龍院糸との生活

慶長十七年（一六一二）、御隠居様と呼ばれていた秀成の母梢《やや》（性寿院）が六十七歳の生涯を終えた。性寿院は熊野田（大阪府豊中市）の領主小野資利の娘で、性寿院が中川家に嫁いだ縁で、小野（熊田）氏は代々中川家の家老職に就いた。性寿院はおそらく万姫を実の孫のように可愛がり、中川家のしきたりや城主の妻としての心得などを教え導いたに違いない。

大坂に住んでいた秀成の妻洞仙院（虎）はすでに二年前に世を去っていた。洞仙院は織田家宿老佐久間盛政（玄蕃）の娘である。盛政は賤ヶ岳の戦いで中川隊と激戦し、中川清秀は討ち死にした。盛政は敗走後捕えられて、豊臣秀吉により死刑となった。この戦いに逸話がある。父清秀の戦死を聞いた二人の息子たちは戦場に駆けつけ、秀吉に捕えられた盛政に面会した。盛政は兄弟に向かい、我が身をどのようにしてもいいと申し出たが、兄弟は「勇を戦場に争うや死生命あり、何の恨みかこれあらん」と答えた。盛政は感動し、我が娘を妾にしてもらえば「死もまた憾なし」と言ったという。兄の秀政はすでに織田信長の次女鶴と結婚していたので、後に弟の秀成と結婚した。しかし洞仙院は父を敵とする中川家に嫁いだため、清秀の室性寿院や中川家家中に遠慮して、夫秀成の領地に向かわず、終生畿内で暮らした。京都の浄土宗法雲山大善寺に肖像画が残る。母性寿院の後を追うように二か月後に秀成が世を去り、岡城は一入《ひとしお》寂しくなり、火が消えたようになった。

元和元年（一六一五）、大坂城が落城した。二年前に藩主となった久盛も冬の陣では天満口に参戦した。同年、側室の安井忠右衛門の娘が久盛の嫡子津久（久清）を伏見屋敷で産んだ（『寛政重修諸家譜』第五では母は「定勝が女」とある）。

その年の暮、岡城ではまたも寂しい別れがあった。久盛の伯母に当たる糸が亡くなった。中川家では天龍院、池田家では大義院と謚した。天龍院糸は秀成の姉で、天正十年前後に美濃国大垣城主であった（まもなく岐阜城主となる）池田輝政のもとに嫁いだが、嫡男利隆の出産後、健康が優れなかったため、保養のためという理由で中川家大坂屋敷に引き取られていた。その後、利隆のもとに引き取りたいとの再三の申し出があったが、輝政はすでに家康の娘督姫を後妻に迎えており、督姫は輝政没後も権勢を振るっていたので、秀成は「世情静かならず、此方に留置き奉り然るべし」と承知しなかった。この幸薄い義理の伯母糸は万姫が入輿する年に母性寿院と共に万姫一向より一足早く岡城に入り、万姫と七年間を岡城でともに過ごした。岡城では糸は岐阜様と呼ばれ皆に慕われていた。糸は築城や戦いに城を空ける甥久盛の若い妻万姫に温かい情を注いだであろう。糸もまた、十代で、自らの意思でなく池田家に嫁がされ、秀吉の全国統一の合戦に参戦して城を留守がちであった夫輝政、そして一子利隆を置いて婚家を去らねばならなかった若い日々を思うと万姫が不憫に思えただろう。

周りの人々が次々と去っていき、万姫は寂しい日々を過ごしていたが、元和二年三月、久盛は帰城し、久々に岡城に滞在した。四月に養父家康が逝去した。

十二月、久盛が江戸へ向かった。その後数日して万姫は女子を出産し、十五歳で母親となった。女子は仙と名づけられた。その後、万姫は子を産んでいない。もっとも、側室からもその後子は生まれていない。寂しかった岡城も明るくなり、万姫も誰に気兼ねもなく手元で仙を育て母親として、城の女あるじとして成長していった。

大坂の陣の直後、幕府は「武家諸法度」を公布して諸大名の統制を明文化した。参勤交代制度は二十年後に確立されるが、久盛は自主的に早くも参勤御礼を申し上げ、上意を賜った。武田より江戸まで三十余日の行程は、なみなみならぬ費用であったが、久盛は将軍家に対する忠誠心を何かにつけて示すよう心がけた。

江戸へ移住

元和八年（一六二二）、久盛は妻子を江戸に引っ越しさせる願いを幕府に提出した。早速返書が届き、来年は将軍が上洛するので当年中に引っ越しするがよかろうとの返答であった。急ぎ用意を整え、返書を受け取って二十日後の九月十九日、この年二十一歳の万姫は七歳の娘仙を伴い、供の家老以下二十五名と医師や女中大森氏ら一行で急ぎ出発した。岡領の萩原（大分市）から船に乗り瀬戸内海を上り、十月十日、摂津国神崎に船を着け、それより有馬温泉に向かい、十三日に有馬温泉に着き、二十八日まで湯治をした。この十五日間は万姫にとってもっとも心休まる穏やかな日々であったであろう。

晦日に伏見に到着した。十一月十二日に伏見の屋敷を発ち、十六日に万姫の実父松平定勝の居城桑名城に入り、その月いっぱい逗留して種々のもてなしを受けた。十二月一日に桑名を出発して、その月の十四日に万姫一行は江戸に到着した。ほぼ三か月の旅は初めてで最後の仙との楽しい旅であった。

翌年、秀忠と家光が前後して上洛し、家光の三代将軍の譲位が行われた。

江戸での万姫の生活は比較的穏やかな日々であった。久盛は領地と江戸を往き来し、肥後国熊本加藤家の改易による城受け取りのための熊本城番を命じられるなどの公務に励み座の温まる暇はなかった。

寛永十二年（一六三五）、二十歳に成長した娘仙は、三河国吉田（愛知県豊橋市）藩主水野忠清の嫡子忠職《ただもと》と婚儀を挙げた。また嫡男久清と近江国膳所《ぜぜ》（滋賀県大津市）七万石藩主石川忠総の娘種との縁談も調い、幕府の許可も下った。

伊香保湯治の旅

一安心したのか、万姫はその年の八月十五日から九月二十四日まで上野国伊香保に湯治に出かけた。万姫三十九歳の年である。武蔵野の千草の花を愛で、中山道の神社仏閣に参拝し、伊香保逗留中は榛名山に参詣し、また月見の歌会などを開いた。

万姫によって綴られたこの十数日間の旅日記は「伊香保記」と題され、江戸期の女性の代表的な紀行文として高い評価を受けている。『近代文芸叢書　女流文学全集　第三巻』の緒言にも「文よく意をつくし、歌また見るべし。徳川時代の初期にありては、めづらかなるもの丶一なり」と、江戸期の初期の数少ない優れた見聞記として評価されている。

その一文を掲げておこう。

総社を立出て行く程に　水澤といふ所になりぬ　これに観音たゝせ給ひて　山水のながれも殊におもしろければ　休み居て眺めけるに　山は御堂の軒をきしり　白雲山の腰をめぐりて　草刈る童どもは　たゞ雲の中をなん行通ひける　雲行客の跡を埋むとは　かやうの事ならんと　めずらかにてながめつゝ

しらくもに見えみ見えずみ水澤の山路こえゆく遠のさとびと

群馬県渋川市伊香保町水沢にある天台宗五徳山水沢寺の本尊は、木造の千手観音菩薩像で平安時代末期に造られ、古来より多くの参拝者でにぎわった。五間堂の御堂に水澤山が迫りきて良い眺めとなり、草刈の童たちの姿が見え隠れする。和漢朗詠集の「雲」の部にある作者不明の漢詩「山遠雲埋行客跡」（人は山遠く去り、その跡をただ白雲が埋める）を思い浮かべて文を綴る教養を、当時の武家社会の女性たちは持ち合わせていたのである。

嫡母として

寛永十六年（一六三九）、久清の婚儀が挙げられ、その翌年には孫の久恒が誕生し、中川家は世継ぎに恵まれた。だが、翌年、久清の妻種が二十三歳の若さで死去した。以後、血こそ繋がらないが、万姫は母親代わりとなって孫久恒を慈しんだことであろう。

承応二年（一六五三）、久盛が六十歳で病死した。四十二年にわたる治政であった。この年五十二歳の万姫は剃髪して光顕院と称するようになった。

以後、光顕院は嫡母として「中興の英主」と呼ばれた久清の後見をしたと考えられる。明暦三年（一六五七）、世に言う明暦の大火で江戸城本丸が焼失し、芝口の中川家上屋敷も類焼した。その年、孫の久恒が元服し、翌年、備前国岡山三十一万五千石城主池田光政の娘佐阿との婚礼が行われた。事実上の嫡母の役を務めてきた光顕院は、大藩の娘との婚礼は気苦労も多かったであろう。

晩年の生活——念仏と旅

寛文三年（一六六三）、光顕院は久清とともに熱海湯治願いが幕府から許可され、十月二十一日、光顕院は一足先に江戸を発ち、鎌倉を見物し、大山不動にも参詣し、二日遅れで江戸を出た久清と熱海で合流した。久清は十一月二十日まで逗留し、光顕院は六日遅れて江戸へ帰った。六十二歳の嫡母と四十九歳の息子はほぼ一か月の湯治中、何を語り合ったのだろうか。

二年後、目黒の屋敷の普請が完成すると光顕院はそちらに移住し念珠を離さず念仏の日々を過ごした。寛文六年、久清は隠居し、久恒が家督を継いだ。

寛文九年、六十八歳の光顕院は信濃国諏訪の内和田への湯治願いを幕府に提出し、八月二十一日、江戸を発った。念願の信濃国善光寺に参詣し、浅間の湯本で十日ほど湯治をした後、この旅のもう一つの目的であったと思われる娘仙の嫁ぎ先である松本城へ立ち寄った。大坂城代などを務めた仙の夫水野忠職が、前年、五十六歳で世を去ったため、その供養と仙への悔やみを述べ、慰めのために松本を訪問したかったのであろう。また、一人娘への今生の別れも密かにしたのであろう。十七日には江戸へ帰った。

天和元年（一六八一）、久清が六十七歳で岡城に没した。

仙へ永の別れを密かに告げたであろう光顕院ではあったが、貞享三年（一六八六）、仙に先立たれた。

長生きしたゆえに多くの人々を見送った光顕院は仙に三年遅れた元禄二年（一六八九）、江戸芝新馬場の下屋敷で八十八歳の生涯を終えた。目黒で火葬され、三田（港区）の浄土宗池寶山大増寺に葬られた。法号光顕院殿心蓮社専誉普照伝大禅定尼が贈られた（明治十七年改神祭霊号久松万姫命）。

万姫は少女期に他家へ嫁がされ、十五歳で娘仙を出産するまでは他人の中で過ごし、以後八十八歳の生涯で仙以外の肉親を持つことはなかったが、義理の祖母や伯母、久盛の姉妹たちに育まれ、将軍家の養女ということもあって大切に見守られて生涯を終えたのではなかろうか。他に抜きんでた文才から見ても、古典に親しみ、歌を詠み文章を綴る楽しみも日々の生活を豊かにしたであろう。また、久盛存命中の城主夫人時代の三十歳代で伊香保へ、城主の嫡母時代の六十歳代で熱海へ、さらに嫡祖母時代の七十歳に程近い年齢で諏訪へ湯治保養目的の長旅に出て善光寺にも参詣している。万姫は比較的幸せな生涯を送ったといえよう。

中川家は岡城七万石を守り続け、明治の世を迎えた。その草創期に万姫が徳川家の養女として岡城に入り、三代の藩主の治政を見守り続けたことを忘れてはならないだろう。

主な参考文献

『新訂寛政重修諸家譜』第一、五　高柳光寿ほか編　続群書類従完成会　一九六四
『中川史料集』北村清士校注　新人物往来社　一九六九
「伊香保記」『近代文芸叢書　女流文学全集　第三巻』（『江戸時代女流文学全集』改訂版第三巻　日本図書センター　一九七九）
『二豊小藩物語』上巻　狭間久　大分合同新聞社　一九七五
『松山叢談』上巻　曽我鍛編　予陽叢書刊行会　一九三六

⑱万姫・光顕院（中川家など）略系図

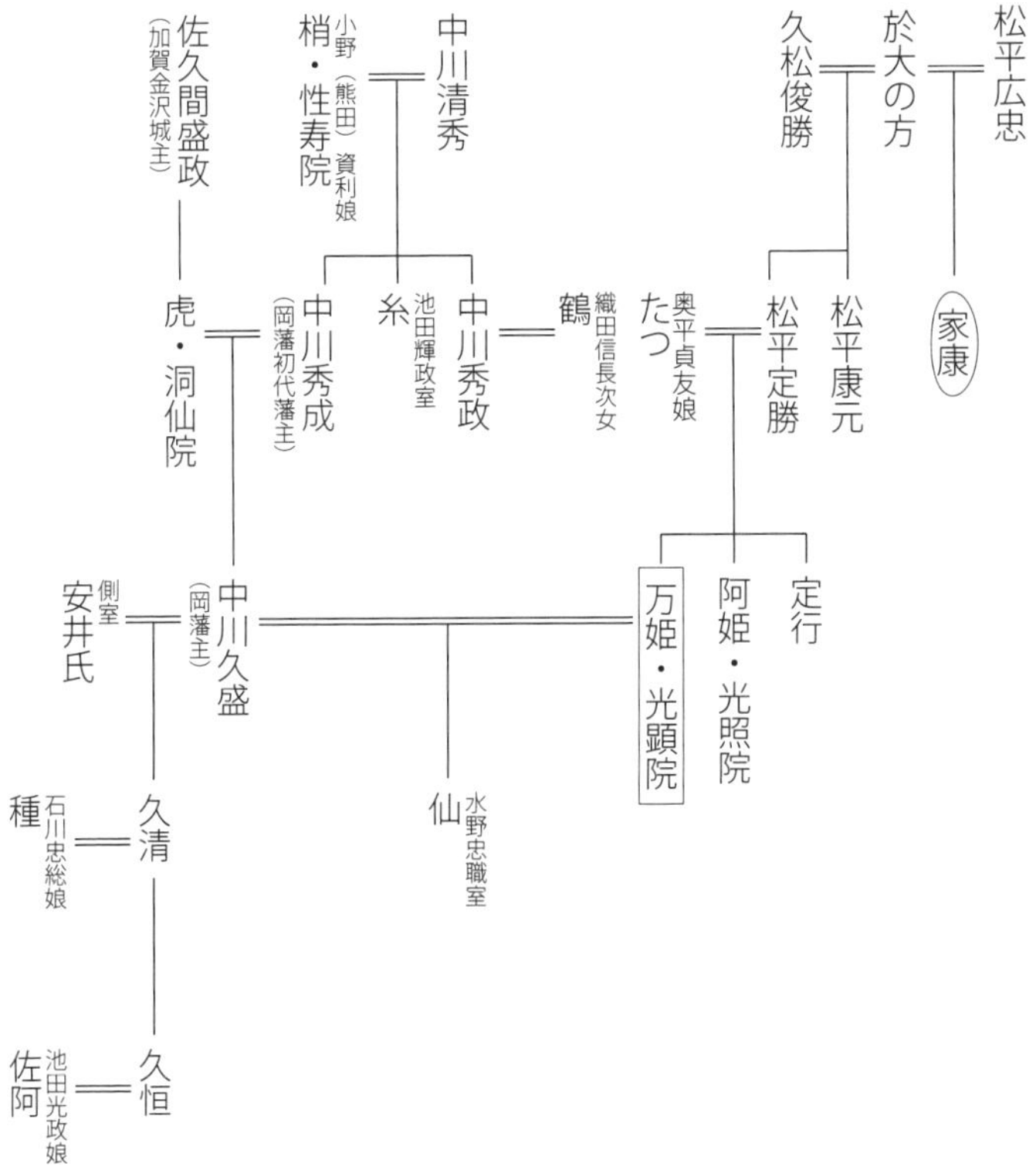

三　松平（竹谷）家清と天桂院の娘台雲院：浅野長重の室

家清の長女は「幕府祚胤伝」には記載がない。だが『徳川実紀』に次のようにある。
（慶長）七年、松平玄蕃允家清が娘は御姪女なるを。養せられて長重に配せられ御待遇浅からず（「東照宮御実紀附録巻八」）

十代半ばに満たぬ夫婦

台雲院は『寛政重修諸家譜』では松平（竹谷）家清の側室から生まれたとある。家清の側室とは家清の弟清昌の生母鵜殿光正の娘であろう。事実であれば家康の血縁の姪ではないことになる。

家康の異父妹家清の室天桂院は天正十三年（一五八五）に忠清を生んだ。同十八年、家康の関東入りに際し、家清は武蔵国児玉郡（埼玉県本庄市）に一万石の所領を与えられ、八幡山城主となった。この国替えの途上で天桂院は女子を出産したが、身重での長旅が無理であったのかまもなく二十二歳で世を去った。

この時生まれた女子は『寛政重修諸家譜』によると成長後本多康紀に嫁いだことになっ

ているが、女子が台雲院と同じ年に生まれていることや天桂院の埋葬された小田原の福巌寺に豪華なテーブルクロスを寄進したのが長重の室であることなどから、この女子が台雲院と推測される。現に系図の中には家清の長女を浅野長重の室とするのもある。

慶長七年（一六〇二）、十三歳に成長した台雲院は下野国真岡《もおか》（栃木県真岡市）二万石藩主浅野長重に嫁いだ。夫となった長重は、このとき十五歳であった。

長重は豊臣秀吉の五奉行の筆頭浅野長政の三男である。長政は石田三成らに讒言《ざんげん》を受けたこともあって早くに領地を長男の幸長に譲り、関ヶ原の戦いでは家康を支持した。後、江戸へ移り家康と親しくし碁敵でもあった。長政は長重を家康の御家人にしたいと望んでいたが、長重は十三歳から秀忠に仕え、関ヶ原の戦いには十五歳に満たないとあって参戦できなかったが、浅野一族の戦功により翌年、下野国真岡に二万石を与えられ外様大名となったのである。

台雲院は結婚後八年目に嫡子長直を江戸屋敷で出産した。続いて二人の女子を出産した。慶長十六年、長重は父長政の遺領常陸国真壁五万石を継いだ。大坂の陣で功績のあった長重は元和八年（一六二二）、常陸国笠間五万石に転封となった。

寛永四年（一六二七）、台雲院は三十八歳の生涯を終えた。長重は五年後の寛永九年、四十五歳で世を去った。ともに墓は後に赤穂藩主となった長直が、両親の菩提寺として建立した赤穂の曹洞宗台雲山花岳寺（赤穂義士の墓所として有名な寺）にある。

正保二年（一六四五）、嫡子長直は播磨国赤穂郡（兵庫県赤穂市）ほか三郡に五万三千石の領地を与えられて入封した。赤穂城築城、城下の上水道の設備、赤穂塩開発などを行い、藩政の基礎を固めた。寛永二十年（一六四三）に六万石以下の大名から十六家を選び、新たな火消役を設け「大名火消し」の制度が生まれたが、赤穂藩は大名火消しとしても評判が高く、長直自らが陣頭指揮を執った。

二人の娘のうち、長女は広島藩の支藩であった備後国三次《みよし》藩（広島県三次市）の初代藩主浅野長治に嫁いだ。その娘阿久里が赤穂事件で有名な赤穂藩主浅野長矩の正室瑤泉院である。

台雲院にとって瑤泉院は孫であり、浅野内匠頭長矩は曽孫にあたる。長重の曽孫の内匠頭長矩が元禄十四年（一七〇一）、江戸城大廊下で刃傷事件を起こしたことにより、赤穂浅野家は断絶した。

主な参考文献

『新訂増補国史大系　徳川実紀』第一巻　黒板勝美編　吉川弘文館　一九二九
『寛政重修諸家譜』第一、五　続群書類従完成会　一九六四
『藩史大事典』第二巻、第五巻　木村礎ほか編　雄山閣　一九八九
『家康の族葉』中村孝也　講談社　一九六五

⑲台雲院（浅野家など）略系図

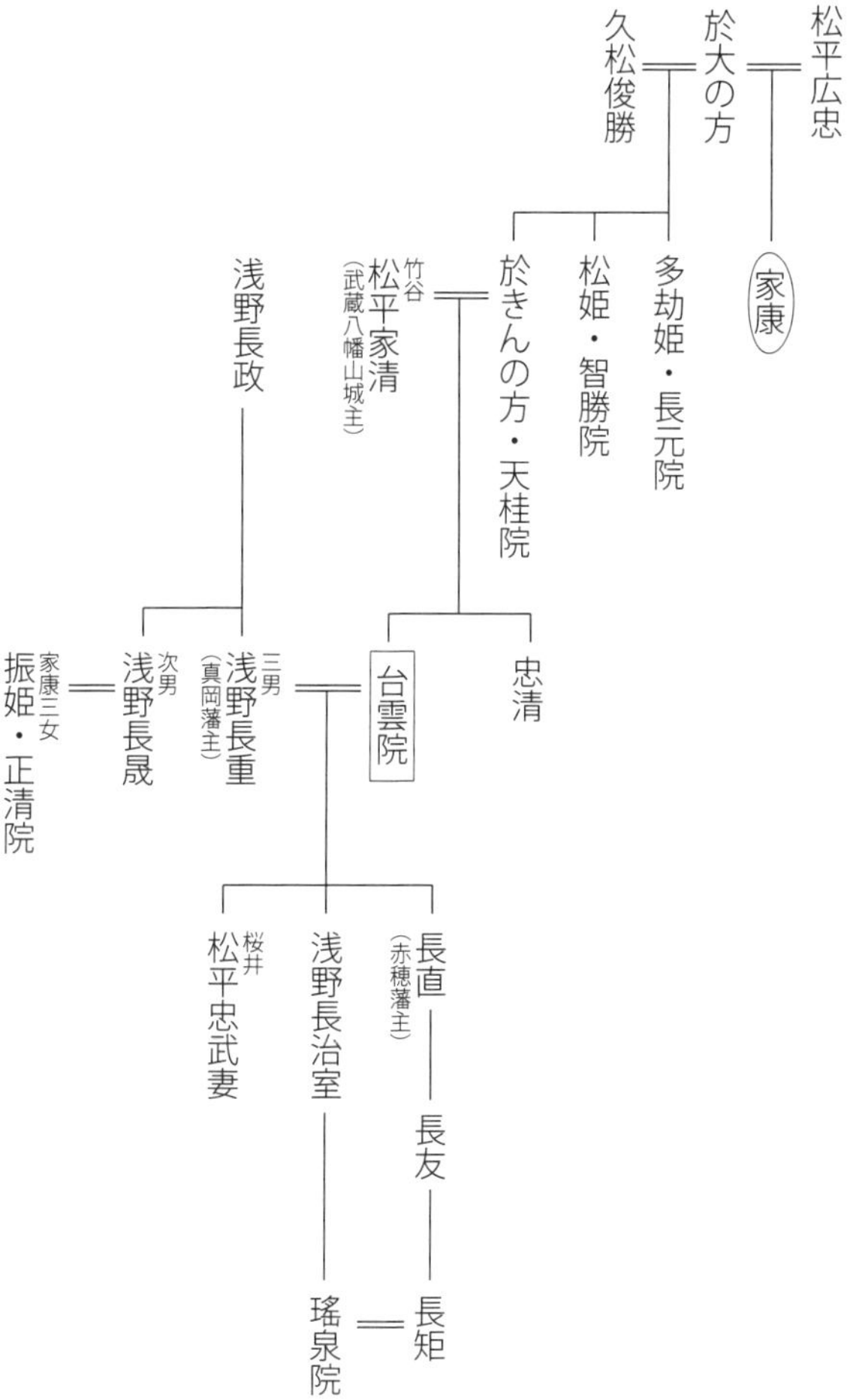

四　戸田（松平）康長と松姫の長女諷姫：戸田氏鉄の室

「幕府祚胤伝」には「御養女　戸田采女正氏鉄室」とのみある。

諷姫は三河の有力国人戸田康長の長女として、天正十一年（一五八三）に三河国二連木（愛知県豊橋市）で生まれた。母は家康の異母妹松姫である。永禄十年（一五六七）、家康は六歳の康長に三歳の松姫を嫁がせることを決め、同時に松平姓を下賜した。これが他家への賜姓松平の初めという。

天正十八年（一五九〇）、家康の関東入りの際、康長は武蔵国深谷（埼玉県深谷市）に移っているので、諷姫は幼児期を深谷で過ごしたと思われる。

慶長元年（一五九六）、諷姫は十四歳のとき、武蔵国高麗《こま》郡鯨井（埼玉県川越市）五千石領主戸田一西《かずあき》の嫡子氏鉄《うじかね》に嫁いだ。氏鉄は七歳年上であった。氏鉄にとって諷姫の父康長は宗家に当たる。

慶長四年、諷姫は十七歳で長男氏信を出産したが、その前に長女を産んでいる。次々と子に恵まれ、諷姫は五男三女の母となった。その間に側室二人から男子二人、女子一人が生まれている。

氏鉄の父一西《かずあき》は慶長六年、近江国大津三万石領主となったが、大津城は要害の地ではないとして家康は一西に新城構築を命じ、翌年、膳所へ移されたものの、慶長八年、一西は死去した。氏鉄は父の死により遺領を継ぎ、膳所三万石藩主となった。膳所城は「勢田の唐橋唐金擬宝珠、水に映るは膳所の城」と歌われたように、天守閣の一部が湖上に突き出して建てられ、遮るものがなく湖面を望むことのできる風光明媚な湖畔の城である。諷姫も子どもたちとこの美しい眺めを楽しんだことであろう。

氏鉄は大坂の陣では二度ともに居城を守った。元和三年（一六一七）、二万石加増で摂津国尼崎に転封となり、大坂の西を固める拠点としての新尼崎城を築いた。新城は旧城の十倍にもなる大城であった。同九年、将軍家光は上洛の折、尼崎城を台覧し、氏鉄に呉服白銀を与え、諷姫や子どもたち、家臣らも物品を賜った。

氏鉄は二十八年間尼崎の城主として治政の後、寛永十二年（一六三五）、美濃国大垣十万石領主として転封となった。氏鉄と氏信はともに八十代までの長命な生涯を送り、その時代に大垣は新田開発、治山・治水事業、家臣団編制、文教政策などに努め、大垣藩の基礎を築き、以後幕末まで戸田氏が領有した。諷姫が家康の養女として氏鉄に嫁いだことにより、戸田宗家松本藩六万石を凌ぐ譜代大名家となった（諷姫の没年や菩提寺は不明であるが、夫氏鉄の墓が大垣市の浄土宗旭光山圓通寺にあることから同寺に葬られたかと思われる）。

主な参考文献

『寛政重修諸家譜』第十四　続群書類従完成会　一九六五

『三百藩藩主人名事典』二　三百藩藩主人名事典編纂委員会　新人物往来社　一九八六

⑳ 諷姫（戸田松平家など）略系図

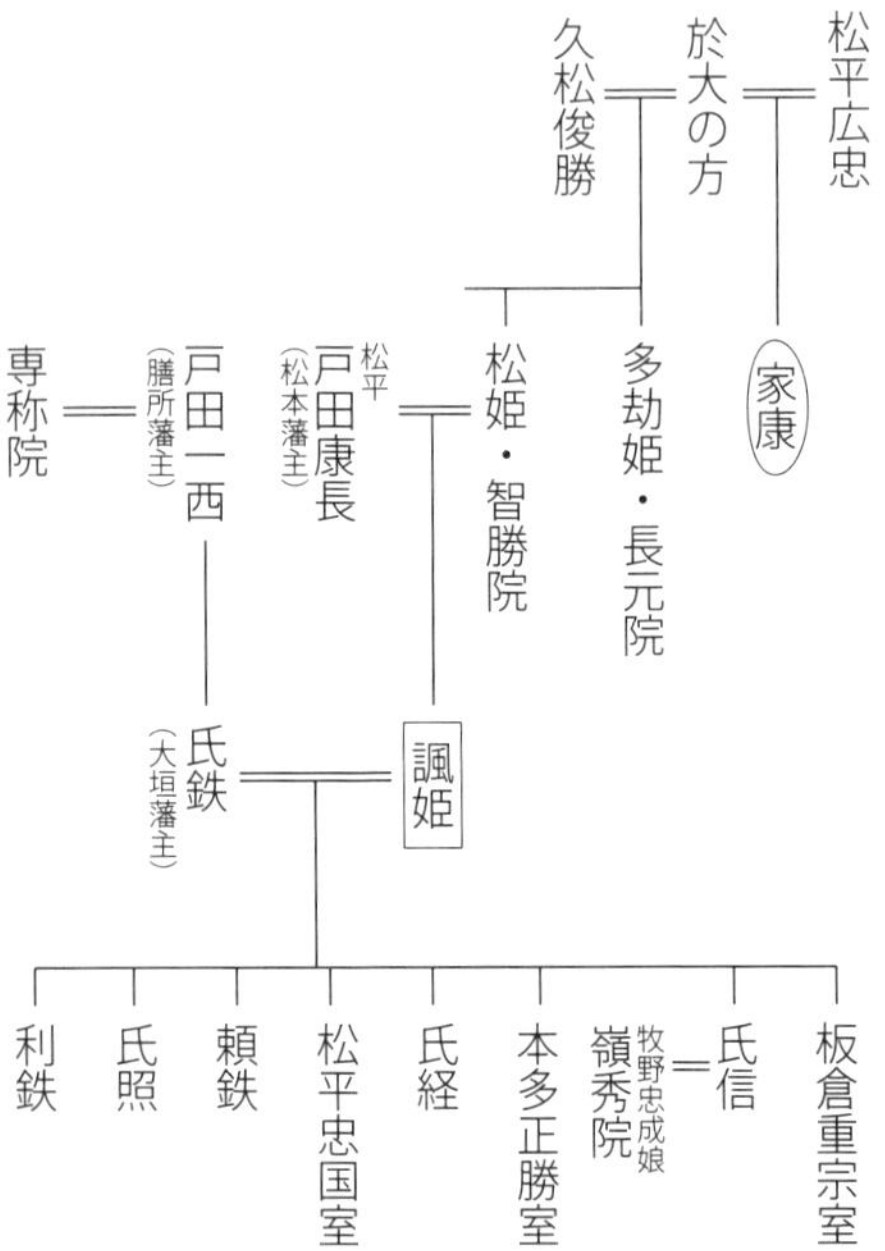

第六章　養女・家康の孫娘たちの結婚

家康が養女として大名家へ嫁がせたのは、姪たちばかりではなかった。孫娘さらには曽孫娘にまで及んだ。孫娘や曽孫娘たちの世はすでに二代将軍秀忠、三代将軍家光の時代になっている。彼女たちの嫁ぎ先での生活は、家康の養女となった姪たちの生活とどう変化したのだろうか。

一　松平信康の長女登久姫・峯高院：小笠原秀政の室

近親者との死別

登久姫について「幕府祚胤伝」には「御養女　岡崎信康君女、小笠原秀政室、出㆓岡崎殿下㆒」としか記されていない。同書の信康の女子の項ではやや詳しい経歴が述べられている。

登久姫は天正四年（一五七六）、家康の長男信康の長女として岡崎城で生まれた。母は織田信長の長女徳子である。翌年、妹の熊姫が生まれた。家康の正室で姉妹にとっては祖母にあたる築山殿も岡崎城に一緒に住んでいた。そのころは、築山殿は浜松城に住む家康とは別居状態にあった。

天正七年、登久姫が四歳の時、信康は武田家と内通しているとの嫌疑を受け、信長の命で遠江国堀江城（静岡県浜松市）、後に二股城（浜松市）へ監禁された。家康は築山殿を浜松に呼ぶことにし、築山殿の殺害を企てた。築山殿は信康の弁明のこともあり急ぎ家康の住む浜松城へ向かった。その途上、築山殿は遠江国冨塚（浜松市）で殺害された。築山殿にも武田家内通の疑いがかけられていたからだ。いずれ信康の切腹は免れず、その前に築山殿の殺害が実行された。そのころの家康の胸中は「我今乱世にあたり強敵の中にはさまれ、たのむ所はたゞ織田殿の助を待つのみなり」（「東照宮御実紀」巻三）というものであった。先祖から伝えられた家を守るためには妻や子を犠牲にしても、織田信長の命に背くことはできなかった。

信康切腹、築山殿殺害の事件については、家康と信康、家康と築山殿、信康と徳子らの不仲による説など、当時の資料にもさまざまな説が書かれている。

登久姫姉妹は祖母と父を同時に亡くしてしまった。母徳子は二十一歳で未亡人となり、姉妹を残して織田家へ帰った。後、生母である信長の側室生駒氏の実家の丹羽郡小折（愛知県江南市）にしばらく住み、その後京都へ移住した。京都では烏丸近辺で侘び住まいをし、寛永十三年（一六三六）、七十八歳で没した。法名は見星院香岩寿桂大姉で、本能寺の変で倒れた信長の菩提を弔うために豊臣秀吉が建立した大徳寺内総見院（京都市北区）に埋葬された。

小笠原秀政との結婚

登久姫は天正十七年（一五八九）、十四歳のとき、家康の養女として、小笠原貞慶の信濃国深志城（松本城）を継いだ嫡子秀政と婚を結び、翌年輿入れした。七歳違いの夫婦であった。

小笠原氏は武田信玄に敗れ、放浪の身となり信長にも一時近寄るなどしたが、信長没後、貞慶は徳川氏の家臣になるため秀政を家康のもとに人質として差し出したものの、後、貞慶は秀吉のもとに走った。家督を継いだ秀政は秀吉の仲介で天正十七年、家康と和睦し家康の孫娘にあたる登久姫と婚を結んだのである。

登久姫が輿入れした年、秀政は小田原の陣に参戦し功を立てた。しかし貞慶が秀吉の怒りを買って改易させられると、父子は再び家康の家臣となり、家康から下総国葛飾郡に三万石の領地を与えられ、古河城（茨城県古河市）に入った。秀政はこの地で十年余り治政をしいた。秀吉により破却された古河城を修築し、登久姫の意思によると考えられるが、義父信康の菩提を弔うため浄土宗大蓮山隆岩寺を創建した。

登久姫は古河城において十七歳で長女万姫、十九歳で長男忠脩《ただなか》、慶長元年（一五九六）には秀政の跡を継ぐことになる忠真、その翌年には次女千代姫、その二年後には三男忠知を産んだ。

関ヶ原の戦いの翌年、秀政は二万石加増で信濃国伊那郡に移封となり飯田城を賜った。その後も登久姫は三人の男子を産み、六男二女の母として家族には恵まれた。

慶長十二年（一六〇七）、登久姫は三十二歳で世を去った。「台徳院御実紀」（巻六）に「この日（慶長十二年十月十八日）小笠原兵部大輔秀政の妻痘なやみうせらる。こは岡崎三郎君の御女にて大御所の御孫なり」と記されている。法名、峯高寺殿高月峯誉智廓大禅定尼。飯田に峯高寺が建てられ埋葬された。後年、寺は小笠原家移封に伴い豊前国小倉

（福岡県北九州市）に移された。

慶長十八年、秀政は八万石に加増されて信濃国松本藩主となった。しかし、二年後の大坂夏の陣に長男忠脩、次男忠真と参戦し、忠脩は戦死し秀政は戦傷により死去した。

忠真は元和三年（一六一七）には播磨国明石十万石、さらに寛永九年（一六三二）には豊前国小倉藩十五万石として入封した。この年、同時に秀政の三男忠知が豊後国杵築藩（大分県杵築市）四万石、四男松平（能見）重直が豊前国龍王藩（大分県宇佐市）三万七千石、秀政長男の忠脩の遺児長次が中津八万石で入部し、豊前国を譜代大名の小笠原一族で治めた。外様大名の多い九州に譜代大名が進出し、徳川幕府も全国に基盤を固めた。

登久姫の産んだ二女のうち、長女万姫は家康の養女として阿波国徳島領主蜂須賀至鎮《よししげ》の室に、次女の千代姫は秀忠の養女として忠真が入部する前の豊前国小倉藩主であった細川忠利の妻となった。

登久姫の産んだ子や孫のこうした業績を登久姫は知る由もなかったが、祖母の徳子は京都で聞き知ったであろうか。

主な参考文献

『徳川実紀』第一篇　黒板勝美編　吉川弘文館　一九二九
『新訂寛政重修諸家譜』第三　高柳光寿ほか編　群書類従完成会　一九六四

『家康の族葉』中村孝也著　講談社　一九六五
『藩史大事典』第七巻　木村礎ほか編　雄山閣　一九八八

㉑ 登久姫・峯高院（小笠原家など）略系図

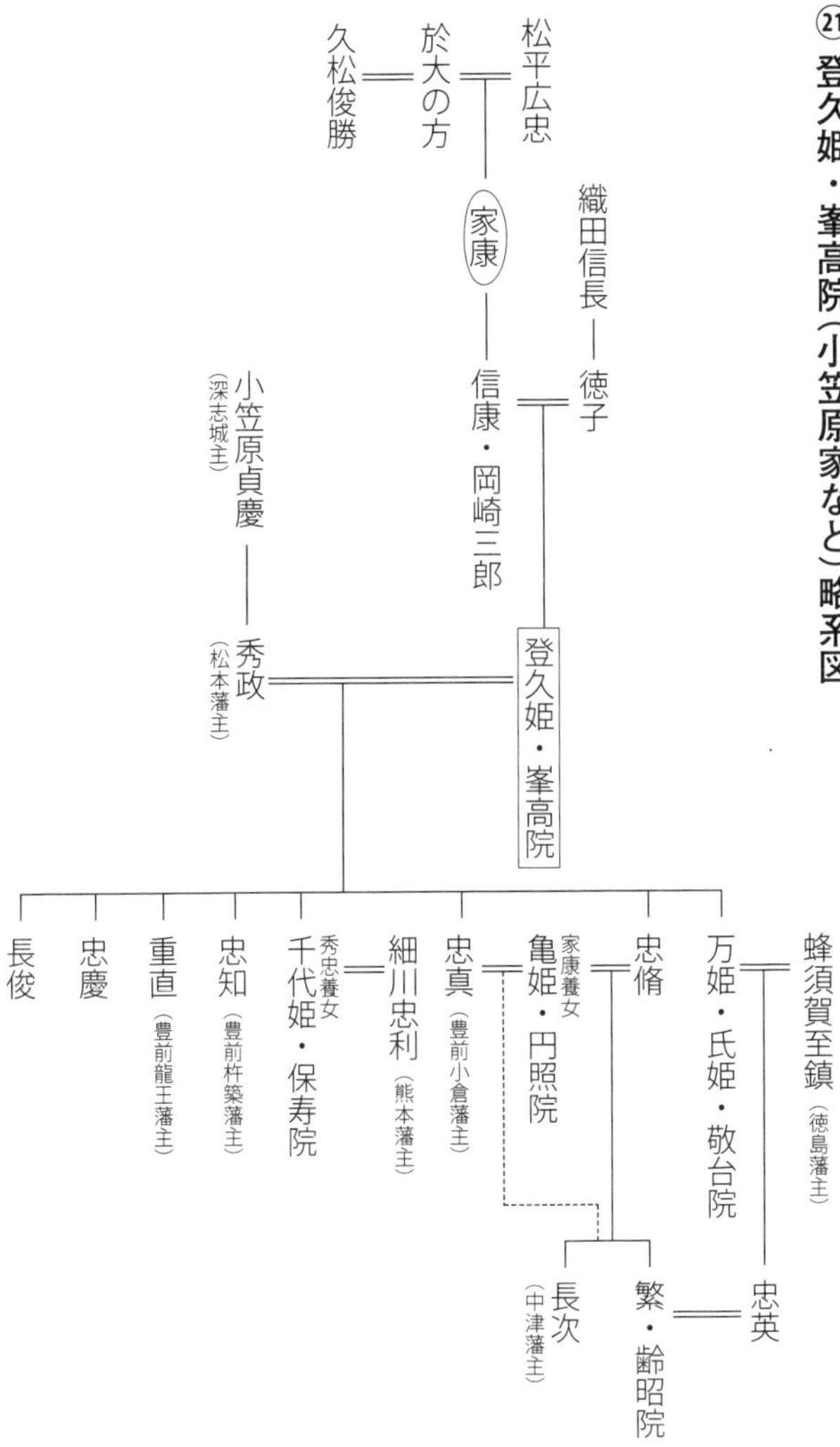

二　松平信康の次女熊姫・妙光院：本多忠政の室

本多忠政と結婚、大多喜城での生活

熊姫《ゆうひめ》は松平（岡崎）信康と徳子の次女であり、登久姫の一つ違いの妹である。登久姫もその娘たち二人も熊姫の二人の娘たちも皆将軍家の養女として各大名家に嫁いでいるが、なぜか熊姫だけは家康の養女と記されたものは見当たらない。「幕府祚胤伝」にも記載がない。しかし、さまざまな事情から家康の養女として本多家に入輿したと考えられるので、熊姫の生涯にも触れておこう。

熊姫は天正五年（一五七七）、岡崎城で生まれた。父信康が二十一歳で自害させられたために姉妹は二人だけである。姉妹は織田信長・徳川家康の孫にあたる。

天正十八年、十四歳の熊姫は神谷新左衛門ら三人の家臣を付けられて上総国大多喜十万石領主本多忠勝の嫡子忠政のもとに輿入れした。夫忠政は二歳年上の十六歳であった。

本多忠勝は三方ヶ原・長篠の戦などに参戦し、本能寺の変では家康の伊賀越えに従った譜代大名で、家康の関東移封に際し大多喜城（千葉県夷隅郡）を与えられた。関ヶ原の戦いの功績により翌年の慶長六年、忠勝は大多喜城を次男忠朝に継がせ、伊勢国桑名（三重県桑名市）十万石の新領地へ長男忠政とともに移封した。熊姫も、文禄四年（一五九五）

に生まれた長女国姫、慶長元年（一五九六）に生まれた長男の忠刻、慶長二年に生まれた次女亀姫、慶長五年に生まれた次男政朝のいずれも大多喜城で生まれた四人の子どもたちを連れて桑名へ移住した。

桑名城での生活、そして千姫を迎える

忠勝は早速大規模な町割りを行い、城郭の増改築にも取りかかり三年後には桑名城の天守閣を建築した。熊姫は桑名に移住した翌年、二十五歳で三男忠義を産み、その後は子どもを産んでいない。熊姫の産んだ子どものほかには忠政には子どもがいないことから、忠政は側室を置かなかったと思われる。仲むつまじく五人の子どもの成長を楽しんだのであろう。

忠政は慶長十五年（一六一〇）、父忠勝の死により遺領を継ぎ、三十六歳で桑名十万石二代目藩主となった。

大坂の陣には二十一歳に成長した長男忠刻も父とともに参戦し、父子ともに大いに功を挙げた。この元和元年（一六一五）夏の陣で秀頼と母淀君は自害し、豊臣氏は滅んだ。このとき十九歳であった秀頼の室千姫は大坂城から助け出され、伏見城に入った。まもなく千姫は江戸へ帰ることになり東海道を下った。その途上、大坂城の講和交渉にあたった家康の側室阿茶局の率いる千姫一行は桑名城に立ち寄った。熊姫と長男の忠刻は、一行を歓

待した。熊姫は阿茶局とも顔なじみであった。同じ家康の孫同士、傷心していた千姫が同じ年ごろの忠刻と語り合ううちに、明るさを取り戻した様子をそばで見ていたであろう熊姫は、将軍秀忠の娘千姫を本多家に迎えることを思いついた。

翌年一月、家康は駿府国田中（静岡県藤枝市）に鷹狩に出かけ、同行した「京の三長者」と言われた幕府の御用商人茶屋四郎次郎清次が勧めたそのころの上方の珍品「鯛をかやの油にてあげ、そが上に韮をすりかけし」（「東照宮御実記附録巻十六」）を食べて腹痛をおこし、一時よくなって鷹狩りに興じたが再び体調が悪化して病床にあった。熊姫は家康を見舞うという理由で、忠刻を伴い駿府に出向いた。熊姫は千姫と忠刻の婚姻を家康に願い出て、承諾を得た。「台徳院御実紀巻四十三」に「忠政が妻は岡崎三郎君の御女也。此北方先に　大御所御病のさまうか丶はんとて駿府におはしけるとき。御病床にまいり懇に此事こはせ給ひ御ゆるしありとぞ」と記されている。その年の四月、家康は七十五歳の生涯を終えた。

家康の他界で千姫の輿入れは延び延びになっていたが、その年の九月、千姫を無事桑名城に迎えることができた。

姫路城での生活

新夫婦の桑名での生活は一年足らずで、翌元和三年（一六一七）、忠政は五万石を加増され十五万石藩主として播磨国姫路へ移封となった。忠刻は部屋住みのままであったが千姫の化粧料として十万石を与えられ、ともに姫路城に住んだ。

池田輝政の築いた、世に「姫路百万石」といわれた豪壮な美しい城ではあったが、忠政は幕府の許可を得て西の丸に忠刻夫妻の居館、三の丸の西南台地に自分たち夫婦の居館を増築した。

忠政の移封と同じくして次男政朝が上総国大多喜から播磨国龍野五万石へ、次女亀姫の夫小笠原忠真が信濃国松本から二万石を加増されて播磨国明石に十万石で入部し、本多一族で四十万石の領地を治めることになり、世に「播州本多」と嘔われた。

これは熊姫や千姫の存在を抜きには考えられないことである。熊姫にとってこのころがもっとも幸せな時期であった。そうした感謝の気持ちもあったのであろう。熊姫は神仏を深く信仰し、城内にある総社《そうしゃ》（射楯兵主神社《いたてひょうずじんじゃ》）の屋根を葺き替えたり、龍野町の石薬師の堂などを建立した。忠政も総社の鳥居や神橋を再興し社領三十石を寄付し、また、高砂神社の社殿を造営し社領として二十石を寄進するなど、方々の神社の修復や増築に努めた。これらも信心深い熊姫の意思が大いに働いたと推測できる。

元和四年、忠政は幕府の許可を得て姫路城を修復した。その年、千姫は長女勝姫を出産し、続いて翌年、長男甲（幸）千代を産んだ。その年は幸運なことが続いた。将軍秀忠から忠政は軍船大安宅《あたけ》船を預けられた。これは池田輝政時代に海上防備のために建造され、代々池田家に受け継がれていたが、光政の時代に秀忠に献上されたものである。忠政はこれを期に一家の繁栄を祝福するため八月十四日、月見を兼ねて「船」を題詠として連歌《れんが》の会を催した。珍しい一家の連歌の会であるので、歌を掲げておこう。

題　船

いさきよき心やたむる菊の水　忠政
　池のしつかに月うつる庭　於熊
初秋の風を簾にまきとりて　忠刻
　軒はにおほふ竹の葉の露　お千
しくれつる跡もや霧のふりくらん　お千代
　またきにくるゝすゑの山きは　お亀
かりすてゝあかぬもかへるともおひて　政朝
　かた〳〵にしも駒いはふ声　お千代
広き野や村よりむらをかけぬらん　忠義
　つゝくけむりにしるき江の水　お金
松陰もきしのかくれも明はなれ　お勝
　船さし出る袖あまたなり　幸千代

忠政・熊姫夫妻、忠刻・千姫夫妻、次のお千代は熊姫の長女国姫であろうか。お亀は次女で小笠原忠真の室である。忠政の次男政朝・お千代夫妻、忠政の三男忠義・お金夫妻である。二歳の勝姫と生まれてまもない甲千代の歌は代詠であろう。二人の孫と直系の家族の団欒は、熊姫にとってどれほど大きな喜びであっただろう。このとき、熊姫は本多家の安泰を確信したに違いない。

しかし、そうした喜びも長くは続かなかった。その二年後、孫の幸（甲）千代は三歳で夭折した。一家の悲しみは測りがたい。その後、供養のためか、神社の修復や施財が忠政、熊姫、千姫によって行われた。

元和九年（一六二三）、秀忠は将軍職を退き、千姫の弟の家光が三代将軍に就いた。

本多家の不幸はさらに続いた。寛永三年（一六二六）、忠刻が藩主の座に就くことなく、三十一歳の若さで姫路城において病死した。熊姫の落胆は想像を絶するほど大きかったのか、忠刻の後を追うように、その五十日後に五十歳で世を終えた。妙光院快誉裕慶大姉と諡され、御前山で荼毘、姫路城下に父松平信康追悼のために熊姫が建立した曹洞宗妙光山久松寺に埋葬された。孫忠平のとき、転封に従い、大和郡山（奈良県大和郡山市）へ移された。

熊姫は血のつながりの最も近い男たちと縁が薄かった。父の信康は二十一歳で自害、息子の忠刻は三十一歳で病死、嫡孫の幸千代は三歳で夭折した。熊姫は三歳で父の非業の死に遭い、母と別れて日を送り、幼いときから悲哀な日々を過ごした。熊姫にとって唯一の喜びは多くの子どもたちに恵まれたことであっただろう。そして華やかな城の女あるじとして十年間を姫路城で過ごしていたが、嫡孫の夭折でつかの間の喜びも薄れ、嫡子の死により生きる望みも失ってしまった。熊姫は、自分と千姫はともに家康の孫であり、それを背景に忠刻の出世を期待し、ゆくゆくは将軍家に次ぐ権力を握り、せめても父信康の無念を晴らしたかったのではなかろうか。

京都でひっそりと暮らす熊姫の生母徳子は娘の死を知り、夫信康や父信長の供養とともに熊姫の供養をしたことであろう。熊姫の没後、十年を長生きして寛永十三年、七十八歳で世を去った。大徳寺内総見院に埋葬された。

主な参考文献

『千姫考』橋本政次　神戸新聞総合出版センター　一九九〇

『姫路城史（上巻・下巻）』橋本政次　姫路城史刊行会　一九五二

『徳川実紀』第一篇　黒板勝美編　吉川弘文館　一九二九

『新訂寛政重修諸家譜』第十一　高柳光寿ほか編　続群書類従完成会　一九六五

㉒熊姫・妙光院（本多家など）略系図

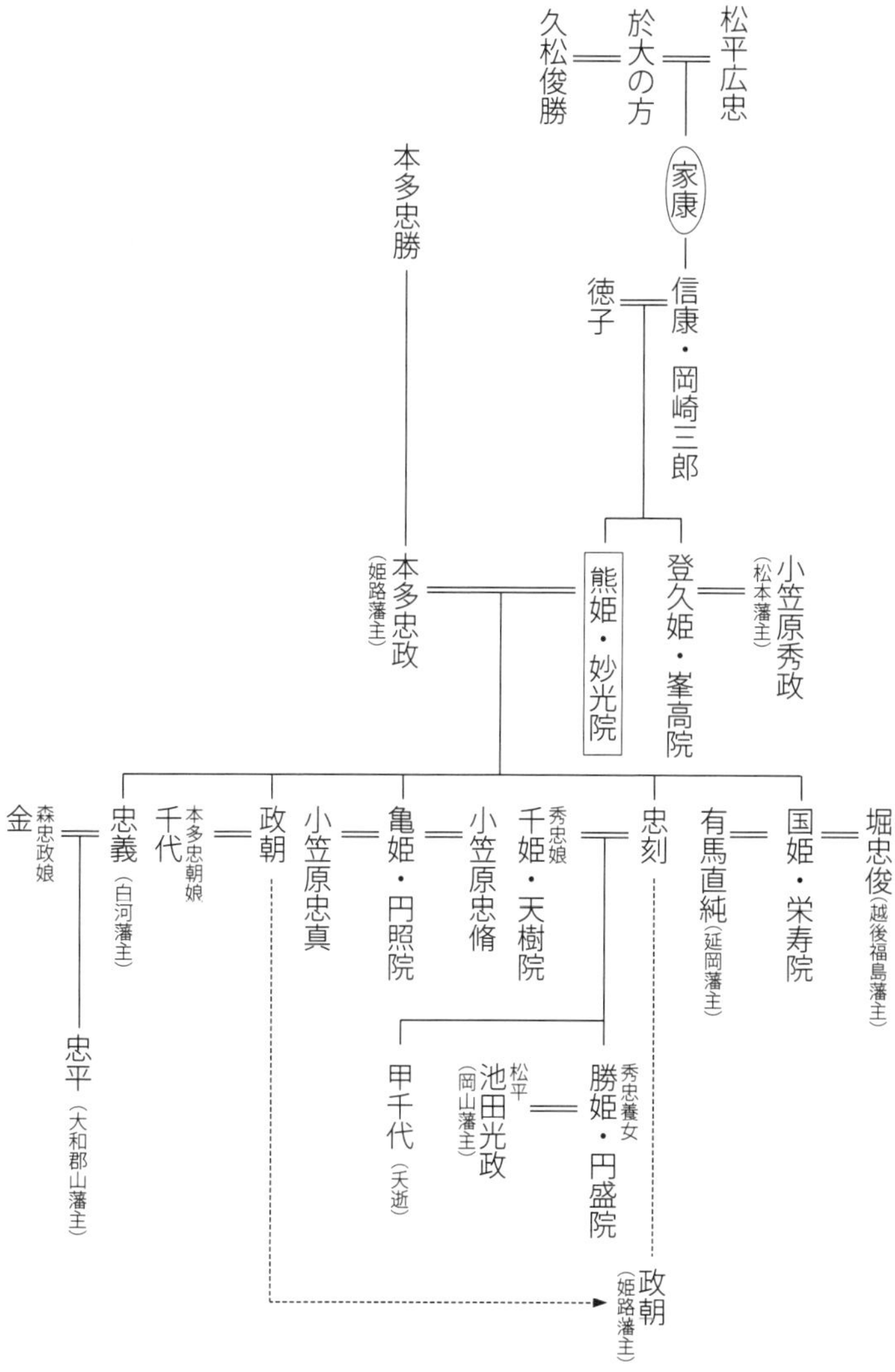

三　奥平信昌と亀姫の娘千代姫（千姫）・永久院：大久保忠常の室

千代姫は天正十年（一五八二）、三河国新城で生まれた。奥平信昌と家康の長女亀姫との間に生まれた一人娘である。千代姫は家康の養女として、小田原六万五千石城主大久保忠隣《ただちか》の嫡子忠常《ただつね》に嫁いだ。

忠隣は家康に仕え、姉川、三方ヶ原、長久手の戦いなどに参戦し、文禄二年（一五九三）には秀忠の老職となり、翌年父忠世《ただよ》の遺領を継いで小田原城主となった。忠隣は家康、秀忠の寵任深く、家康が世嗣ぎを決める折にも家康は忠隣と本多正信の意見を聞いた際、家康の次男秀康を押す正信に対し忠隣は「天下をおさむるにいたりては文武兼備にあらずしてはよくし難し」（『新訂寛政重修諸家譜』第十一）と秀忠を押し、結局忠隣の意見が取り入れられた。家康が将軍職を秀忠に譲って大御所として駿府城に入ってからは二人は秀忠の老中として仕えたが、硬骨で武功派の忠隣と知略術策に長けた吏僚派の正信とは対立的になることもしばしばであった。

忠常は十一歳のとき、小田原征伐で秀忠に供奉し、十五歳で秀忠の御前において元服し、諱字を賜り忠常と名乗った。上杉征伐では父に代わって参戦し、石田三成反逆が伝わるや上田城の真田昌幸を攻めた。関ヶ原の翌年、武蔵国騎西《きさい》（埼玉県北埼玉郡）二万石を与えられた。千代姫も忠常とともに騎西城に移住したと考えられる。三人の女子を出産の後、慶長九年（一六〇四）、二十三歳で長男忠職《ただもと》を産み、大久保家は安泰かと思われた。

ところが、慶長十六年、忠常は三十二の若さで小田原城で病没した。この時、千代姫は三十歳であり、遺領を継いだ忠職は八歳であった。忠常は家康、秀忠に寵愛され、人格広大で心優しく、かつ勇猛であったので多くの人々に慕われた。家康は江戸へ向かう途次の忠常死去前日、小田原城に宿泊して、ねんごろに常忠の病床を見舞った。

「眷寵ふかく権勢ならぶかたなかりしが。天性温順にして慈愛深かりしかば。時人呼んで賢人とす。諸人したしみしたひ。其死を聞て諸士官長へも訴へず。小田原へはせ参るもの引もきらず」（「台徳院殿御実紀巻十七」）、「御当代無双之出頭人ニテ其恩恵を蒙る人余多有之」（「慶長見聞録案紙」）など各書に忠常の人望の深かったことが書き連ねられている。忠常の恩恵を蒙った人は多かったため、その死は人々を驚かせ「今度死去を聞て驚支配方頭々へも不連して小田原ェ馳行者数百人道もさりあへぬ程なり」（「慶長見聞録案紙」）と支配頭にも連絡せず弔問に駆けつけた者がいかに多かったかを述べている。許可なく江戸を出たために咎めを受け閉門を仰せつかった人々も数多くいたというほどの騒ぎとなった。小田原の葬儀に参列した幕臣らを閉門にするなどの処置を取ったなどは尋常ではない。忠常の死は二代将軍秀忠の側近として権威をふるった譜代武功派の大名忠隣と家康の信任の強かった才気にとんだ智謀家の新参譜代大名本多正信との秀忠宿老の権威争いが大久保家に影を落とし始めたといえよう。

婚家・大久保家の改易

忠隣は悲嘆のあまり、幕府への出仕も怠りがちになった。四人の子どもを抱えた千代姫の悲しみははかり知れない。千代姫は忠常を信頼し敬愛していたに違いない。忠隣のように悲嘆にくれてばかりはいられなかった。子どもの成長と、何より城主となった幼い忠職の後見として騎西城を守らねばならなかった。

気弱になった忠隣のまわりに不穏な空気が流れ始めた。忠隣が大久保の姓を与え、後見人となって幕府の代官で石見銀山など金鉱発掘にかかわり権勢を振るった大久保長安の没後、生前に私財を肥やしていたことを摘発され遺子七名が死罪、他にも多数の処刑者が出た。忠隣が養女を幕府の許可なく常陸国牛久城主山口重政の子重信と婚儀を結ばせ、私婚の禁止に違反したという理由で重政は改易された。忠隣が忠常の死を悲しんで幕政を怠ったと非難された。長安事件の連繫者として身柄を小田原城中に預けられていた武田氏の遺臣が、忠隣を豊臣に心を寄せ謀反の志があると密告した。たしかに忠隣は豊臣姓を下賜され、秀吉没後も秀吉恩顧の西国大名とも親しかった。こうしたことが原因となったのか、忠常が世を去って二年後、忠隣は京都のキリシタン弾圧の命を受け、翌年一月上京し、キリシタン弾圧中、突如京都所司代板倉勝重を通じて改易処分を言い渡された。忠隣はわずか四名の従者を連れ近江国栗太郡中村に五千石を与えられ蟄居の身となった。忠隣の妻石川氏（妙賢院）は城北谷津の地で月奉二百人扶持を宛がわれ、姑の忠世の妻近藤氏に仕え、幼少の六男、七男を養育しながら閑居生活を送った。谷津に日向屋敷という地名があったが、そこが閑居したところだという。石川氏が美濃国大垣藩主石川日向守家成の娘であったので、日向守からそう呼ばれたといわれる。

嫡孫である忠職は幼年であるという理由で恩恵を受け、領地騎西二万石は安堵されたが、蟄居の身となった。この寛大な処置は将軍家の養女である母の千代姫や家康の長女である祖母の亀姫が大きくかかわっていたと考えられる。おそらく千代姫は忠職のもとで同様に蟄居生活を送ったのであろう。蟄居が放免となったのは三代家光の将軍職就任の翌年の寛永二年（一六二五）で、十一年もの長い年月が流れた。忠職は二十二歳に成長した。大久保家の家督は忠職が継ぎ、その養子で忠職の従弟忠朝《ただとも》の時に小田原藩主として復帰した。

元和二年（一六一六）、家康の逝去の知らせを受けた忠隣は、剃髪して道白と号し、その後、佐和山城下の石ヶ崎に移り仏門に入った。寛永五年（一六二八）、その地で七十六歳の生涯を終えた。

大久保家の再興

忠職は寛永九年、美濃国加納城五万石城主として入部し家門再興がかなった。

この地は千代姫にとっても懐かしい土地であった。母亀姫が関ヶ原の戦い後移住し、加納御前と呼ばれて長く住んだところである。忠職の入部もそうしたことに関連していたと考えられる。

千代姫もこの地へ移ったのであろうか。寛永十一年には譜代大名の妻子を江戸に置く制度ができたので、千代姫が加納に移り住んでいたとしてもそう長くはなかったであろう。

忠職に千代姫の弟松平忠明の娘梅子を迎えた。

千代姫は寛永二十年（一六四三）、江戸屋敷で六十二歳の生涯を終えた。永久院殿梅陽栄玉大姉と諡され、江戸浅草の臨済宗霊雲山桃林寺（台東区）に埋葬された。桃林寺は永久院の生母亀姫の位牌所であり、奥平家は桃林寺の大旦那であった。

千代姫の生涯は大久保家受難の時代といえよう。おそらく千代姫は蟄居中の義父忠隣の無実の訴えを幾度も義兄秀忠にしたのではないだろうか。

大久保家が小田原に転封されたのは忠職の養子・忠隣の三男教隆《のりたか》の次男忠朝《ただとも》治政の貞享三年（一六八六）である。以後大久保家は十一万石の大名として寺社奉行や老中など重職に就き、幕末まで小田原を領地とした。

本多家は元和八年（一六二二）、正信の嫡子正純の宇都宮藩主時代、本丸の幕府への届なしの石垣修理などの理由で出羽国秋田藩佐竹家に預けられ、大名本多家は改易となった。

主な参考文献

『小田原市史料　歴史編上巻』小田原市編集・発行　一九六六
『新訂寛政重修諸家譜』第一、第十一　高柳光寿ほか編　続群書類従完成会　一九六四、一九六五
『徳川大名改易録』須田茂　崙書房　一九九八
「慶長見聞録案紙」下　中神守節手校本　内閣文庫

㉓千代姫（千姫）・永久院（大久保家・奥平家など）略系図

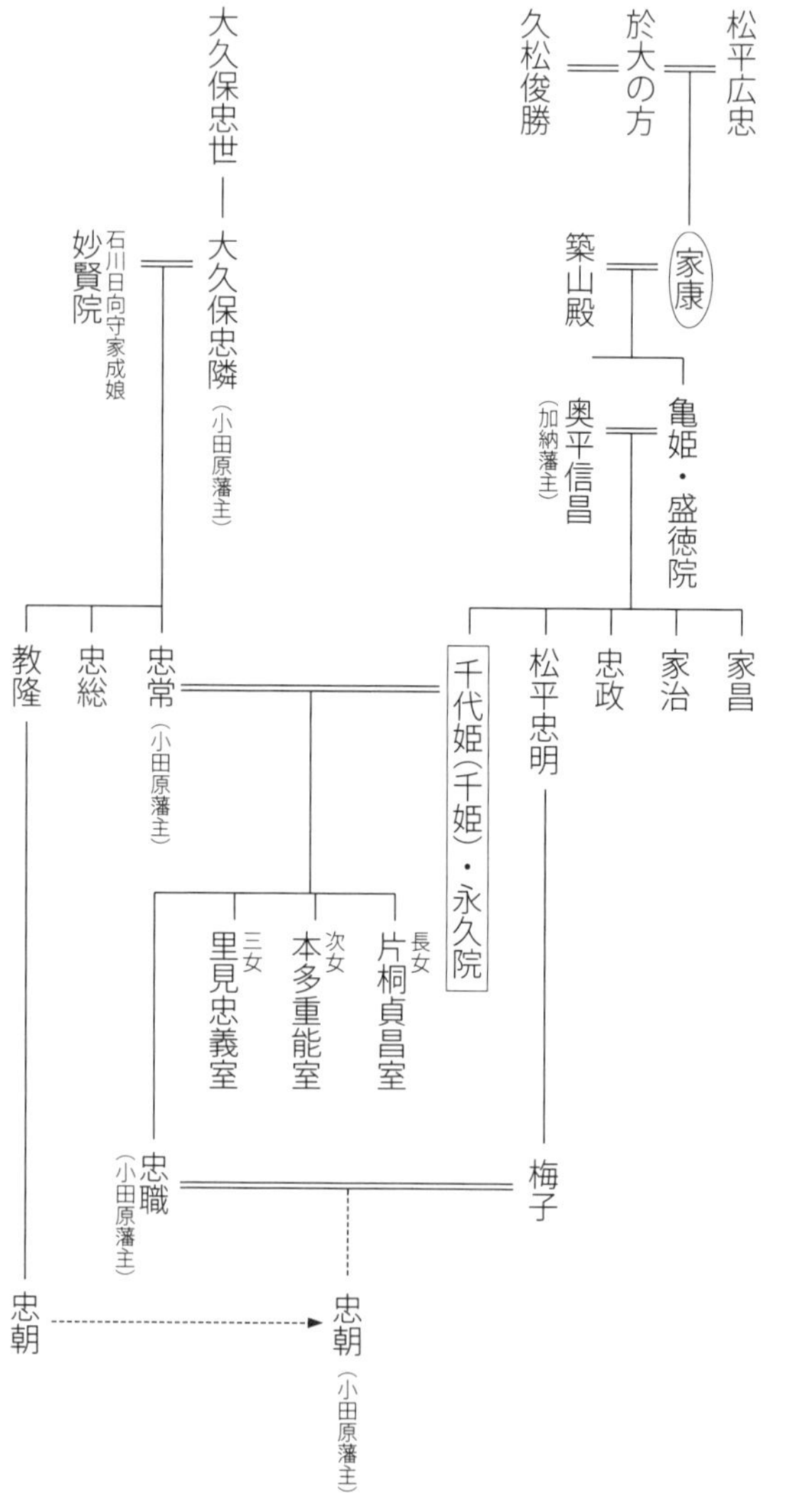

第七章　養女・家康の曽孫娘たちの結婚

家康が養女として主として外様大名家へ嫁がせたのは、妹や姪や孫だけではなかった。孫の娘、つまりは曽孫にまで及んだ。

家康の養女となった孫娘や曽孫娘はすべて、織田信長の命によって自害させられた家康の長男信康の血を引く女たちであった。

曽孫たちは年齢は十歳にも満たず、少女時代に見も知らない人々の中で将軍の養女として特別な境遇の中での人生であった。

一　小笠原秀政と登久姫の娘万姫（氏姫）・敬台院：蜂須賀至鎮の室

氏姫九歳で蜂須賀至鎮と結婚

万姫について「幕府祚胤伝」には「御養女　実御曽孫　称㆓万姫㆒、小笠原兵部大輔秀政女（略）為㆓化粧料㆒三千石　被㆑遣㆑之　寛文六年丙午正月四日、逝、葬㆓阿州敬台寺㆒、法名敬台院妙忍日紹大姉」などやや詳しく書かれている。しかし、生年、その他に疑問な点が多い。

万姫は文禄元年（一五九二）、下総国葛飾郡古河（茨城県古河市）三万石領主小笠原秀政の長女として生まれた。氏ともいい、また虎とも称した。母は家康の長男松平（岡崎）信康の長女登久《とく》姫である。登久姫の母は織田信長の娘徳子である。したがって万姫は家康と信長の曽孫にあたる。

万姫の生まれた年、父秀政は朝鮮出兵で豊臣秀吉の供をして、肥前国名護屋に出陣した。慶長四年（一五九九）、万姫八歳のとき家康の養女となり、阿波国徳島城主蜂須賀家政の嫡男十四歳の至鎮《よししげ》と婚約した。婚約に際し、日蓮上人を宗祖とする日蓮の六人の弟子の一人である日興上人により、富士山麓の大石ヶ原（静岡県富士宮市）に開創された大石寺《たいせきじ》（現・日蓮正宗総本山多宝富士大日蓮華山大石寺）への信仰と外護《げご》を行うことを条件としたという。八歳の万姫にそうした信仰の深さがあったとは考えがたい。万姫付きの女中で家康の旗本鈴木勘解由の妹が法華宗信者であり、その影響という説がある。

翌年一月、安芸国広島城主福島正則の媒酌のもとに、伏見城を出て大坂玉造（大阪市中央区と天王寺区）の阿波蜂須賀家の屋敷に入輿した。江戸期には、女子が婚家に入る際には名を変えることが多く見られるが、万姫も氏姫と変えたようである。

この年九月、関ヶ原の戦が始まるや家政は阿波国十七万六千石を豊臣家に返上し、剃髪して蓬庵と改名し高野山に身を潜め、中立の立場を取り、家康のもとに至鎮を送った。家康は戦の後、改めて至鎮に阿波国十八万六千余石を与え、至鎮は初代徳島藩主となった。

同八年、家康が征夷大将軍に任ぜられたとき、至鎮は江戸へ祝賀に向かった。氏姫も代理の女使を立て賀を祝した折、粧田を頼んだところ、置塩領板野郡（徳島県板野郡）二十三か村一万石のほかに粧田として一千余石が与えられた。家康は同十年には将軍職を秀忠に譲り、同十二年には駿府に築城して移住した。

同じ年、十六歳の氏姫は実母登久姫を亡くし、長女三保を産んだ。四年後には嫡男千松丸（忠英《ただてる》）を産み、村上正氏の母が乳付を仰せつかった。元和元年（一六一五）には次女万姫を産んだ。その年の大坂夏の陣で豊臣家は滅び、同時に実父小笠原秀政と弟忠脩を戦場で失った。一方、至鎮は前年の大坂冬の陣の功績により松平の姓を授けられ、続いて夏の陣の功績で淡路国七万石を加増され、二十五万七千石の大大名となった。

夫至鎮と死別

元和二年（一六一六）、養父家康が七十五歳の生涯を終えた。その年、六歳の千松丸は初めて江戸へ向かい登城して将軍秀忠に御目見した。以後千松丸は氏姫の元を離れ江戸住まいとなった。同じ年、十歳の長女三保が三十一万五千石の岡山藩主池田忠雄《ただかつ》のもとに輿入れした。十二月の寒い日、三保は船に揺られて岡山へ旅立った。

このころから至鎮は体調が優れず、同三年、氏姫を伴って摂津国有馬温泉（兵庫県神戸市）に湯治に出かけた。将軍秀忠からも見舞品として鷹狩りの雲雀《ひばり》が届けられた。同五年になっても至鎮の腫れ物は一向に治らず、伊香保の湯治や京都での名医の治療を受けていた。このころ至鎮の父家政は京都要法寺の二十二代の日恩上人に帰依し隠居寮を建立し寄進した。同五年、至鎮は城を無届けで改築したとの理由で改易された福島家の広島城受取の御用を仰付られ病身を押して広島に向かい役目を果たした。

同六年、氏姫は京都より徳島に鎮痛処置のための医師らを呼び寄せ至鎮の治療に当たらせたが甲斐なく、至鎮は桜の季節を待たず三十五歳の若さで世を去った。後世の学者は胃がんとも労咳（肺結核）による死亡説を挙げているが、若くして世を去った至鎮に対し毒殺説が伝わっている。氏姫が毒茶を進めたという俗説があるのは、福島正則をはじめ、秀吉恩顧の外様大名たちがつぎつぎと改易させられており、蜂須賀家も潰されてもおかしくない立場にあったからであろうが、至鎮の長い病気や氏姫の厚い看病の様子などからして氏姫の手による毒殺など考えられない。氏姫に付随してきた付き人の中には藩の監視と事によっては藩主殺害という役をおおせつかった幕府の隠密的役割を負った人がいたことは考えられるが、氏姫がその役を果たすなどあり得ない円満な夫婦であった様子が窺える。

至鎮は元和四年（一六一八）に徳島藩の祖法となる「御壁書二十三箇条」を制定するなど、家臣統制と地方支配の体制を固めた。吉野川の治水事業や塩田開発や藍の生産など、多くの開発を自ら率先して行うなど善政を積んだ名君としての逸話が数多伝わっている。家臣を大事にし、多くの書に親しみ、和歌や俳諧を嗜み風情を愛する文化人でもあった。観梅の寺として名高い吉野川左岸上に位置する千光寺の臥竜梅《がりゅうばい》を至鎮は殊のほか好み、家臣らとともに徳島城の内堀である助任川《すけとうがわ》から船を出し、吉野川をさかのぼって名田《なだ》の湊に上がり観梅を楽しんだ。そうした文武両道に長けた至鎮を氏姫は敬愛していたであろう。

二代藩主忠英の後見役として

二十九歳で未亡人となった氏姫は落髪し敬台院と称するようになった。至鎮の遺領を継いだ十歳の忠英《ただてる》を支えて徳島藩を見守っていかねばならなかった。もはや徳川家を強固にする、あるいは事あらば藩を取り潰す隠密的役割に甘んじている立場ではなかった。若い藩主を守り、二十年苦楽をともにした相愛の夫に代わって徳島藩を安泰させ、内政と幕府の圧力を防がねばならなかった。そのために隠居していた義父の蓬庵（家政）を後見役として城内西の丸に迎えた。実父母も養父も亡くしていた敬台院は以後、何事につけても家政の力を頼った。それに加えて神仏の力を頼み、敬台院は一層熱心な法華宗信者になった。

江戸へ譜代大名の妻子を人質として留め置くよう定められるのは寛永十二年（一六三五）の参勤交代制度の確立からであるが、外様大名たちは関ヶ原の戦前後から自主的に妻や母ら家族を江戸へ住まわせた。夫を亡くした敬台院も幕府と藩を取り持つために、遅くとも元和八年（一六二二）までには、江戸へ移住したと考えられる。移住後、敬台院は江戸居住の挨拶に登城した。これより敬台院は将軍家より毎年白銀五十枚と綿百把、米千俵を与えられるようになった。

元和九年六月、秀忠が将軍職を引き、家光が三代将軍の座に就いた。十三歳に成長した忠英は秀忠の御前で元服し、秀忠の一字を賜り忠鎮と改め、後に忠英と改名した。

このころより敬台院の大石寺門流の信仰が深まっていく。同年、敬台院は江戸屋敷内に、実母峯高院（登久姫）の十七回忌法要に際して鏡台山法詔寺を建立し、了玄（富士大石寺十七世日精上人）を初代開基住職とした。敬台院と了玄との出会いは、明治二十一に書かれた「舊明細誌」によると、了玄が若いころ、大石寺の江戸における重要な拠点であった江戸下谷常在寺に身を寄せていて能書家として名が広まっていたのを敬台院が聞き知り、了玄を招いて白衣に妙法蓮華経八軸の書写を依頼したことが縁だとある。

元号が改まり寛永期に入るとなぜか敬台院の身辺があわただしくなった。寛永二年（一六二五）、敬台院の住んでいた中屋敷が火災に遭い、秀忠や家光から夜具や呉服の見舞品が届けられた。同四年、次女万姫が備後国福山（広島県福山市）藩主水野勝成の三男で旗本三千石の成貞に嫁いだ。万姫は、徒党を組み、奇抜な髪型や異装をし男伊達を気取って無頼な行動をとる初期のころの旗本奴の一人であった成貞を目にして、自ら望んで結婚したという説もある。

同六年には藩主忠英が、敬台院の姪にあたる故小笠原忠脩の娘で忠脩の弟忠真の養女繁（齢昭院）を迎え、徳島城で祝儀を挙げた。翌年には早くも長男千松丸（後の三代藩主光隆）が誕生した。同じ年、池田忠雄の妻となった長女三保も長男勝五郎（後の鳥取藩主池田光仲）を出産した。二人の孫たちは後に三代将軍家光に光の一字を賜り、大藩の大名となる。

敬台院の身辺で慶事の続いた翌年、多宝富士大日蓮華山大石寺の諸堂が焼失した。翌寛永九年（一六三二）は敬台院にとって公私ともにあわただしい年となった。一月に長女三保（芳春院）が次男仲政を出産後、乳飲み子を残して三十歳で世を去った。その三か月後、三保の夫の岡山藩主池田忠雄も三十一歳で不審な死を遂げた。二月には敬台院の義兄にあたる大御所秀忠が五十四歳の生涯を終えた。敬台院は遺物として金百枚と銀千枚、忠英は銀三千枚を拝領した。敬台院の身辺から頼りとする人々が次々と世を去り、敬台院は一層信仰を深めていった。

法華経信者として

寛永九年は大石寺開祖日興上人の三百遠忌にあたり、また、二月には第十六世日就《にちじゅ》上人が入寂したため江戸の法詔寺を兼務しつつ日精上人が総本山に入坊し、三十三歳の若さで第十七世法主となった。さまざまなことが重なったその年の十一月、敬台院は大石寺の御影堂、正面十四間・奥行き十三間の大伽藍を、日精上人を願主として寄進再建した。棟札に「大施主　松平阿波守忠鎮公之御母儀敬台院日詔信女敬白　日精養母也」とある。忠英は正鎮《まさしげ》とも忠鎮《ただしげ》ともいった。日精上人は慶長五年に父は後陽成天皇、母は近衛前子(中和門院)との出生伝説があるが、系図にはない。しかし、多産であった近衛前子は日精上人誕生の前後に一年おき二年おきに子女を産んでいるが、日精上人誕生の前後四年間は子を出産していないことから判断すると、その間に日精上人を出産したと考えられないことはない。敬台院と日精上人の関係が判明しないが、「養母」とあるのは、諸堂を修理造営し宗門の再興をともにしていく上で大壇越《だいだんおつ》(大檀那《だいだんな》)として母子のような強い絆で結ばれていたのであろう。

翌寛永十年、敬台院は御影堂の裏に、高さ一丈六尺五寸の逆修塔(生前に来世の追善菩提を願うために建てる石塔婆)を建立し、傍らに長女芳春院の五輪供養墓を建てた。

この年蜂須賀家の土台を揺るがせるようなお家騒動が起き上がった。江戸家老益田豊後父子らが知行地海部郡を、阿波から分離し一藩とする運動をおこし、幕閣に働きかける賄賂の資金のために藩の所有林を無断で伐採するなどしたため、公職と領地を没収され幽閉された。益田豊後らはそれを恨み、騒動の最中の寛永十五年に後見役の蓬庵（家政）が死去すると藩が武家諸法度に違反していると幕府へ讒訴《ざんそ》したため、藩主忠英は出仕をはばかって蟄居した。松平信綱ら老中は、益田豊後と徳島藩仕置奉行長谷川越前（貞恒）を呼び出し対決させた。その結果、長谷川越前の申し開きが認められ、益田豊後一族はお預けの身となり、忠英は許された。この事件の解決には敬台院が老中らに働きかけ、大きく寄与した。

この十三年におよぶ「海部騒動」「益田豊後事件」と呼ばれる御家騒動は、徳島藩はもとより幕府の政治体制にも大きな影響を与えた。

寛永十三年には、敬台院は相模国鎌倉の仏日庵領大徳寺屋敷を三十両で永代購入して鏡台寺を建立した。寛永十四年には敬台院の推挙により、日精上人は公儀の年賀に乗輿《じょうよ》を許可された。また、敬台院は大石寺朱印状下付の件を幕府の勘定奉行伊丹康勝に依頼した。伊丹康勝宛ての敬台院の書簡の写しが大石寺に残されている。そこには、翌年娘芳春院の七回忌を大石寺で行い、大石寺は敬台院自身も菩提寺にするので、老中の執り成しの朱印状下付に力添えを頼むという切なる気持ちが綴られている。伊丹康勝は家康、秀忠、家光の三代に仕え佐渡奉行も兼ね、勘定奉行の身ながら老中並みに幕閣の中枢に参与し権力を持ち専横が目立つようになったため、一時期失脚をさせられたがすぐに復職し、長く勘定奉行を務めた。敬台院の嘆願状がかなえられるのは四年後である。失脚後の伊丹康勝の力が弱くなったのか、大石寺の朱印状下知が難しかったのか、将軍家光の厳しい査定なのかは判断しかねるが、将軍家の養女として外様大名家へ嫁がせるということがほとんどなくなった家光時代の将軍家養女としての威力の衰退も考えられる。

翌年、敬台院は大石寺基金として七百四十一両を寄進した。このときの力強い敬台院自筆の「鏡台院　日詔」と署名のある寄進状「大石寺重物《じゅうもつ》に渡す金子《きんす》の事」が大石寺に残されている。そこには次の二項目が書かれている。

一、金子五百両を代々のご法主上人方々の賄いの費用の基金として渡すが、これを檀家檀那中の才覚によって貸付け、その利息分を毎年取り立て当主の上人に差し上げ、庫裏の維持費とすること

二、金子二百四十一両は、大石寺の茅葺替えの費用として檀那中へ預け、貸米の基金とすること

寄付金五百両の具体的な使い方を述べ、基金の永続的な運用法を指示した興味深い書状である。

この年の暮れ徳島藩成立以前から徳島領の治政に大きく寄与してきた至鎮の父家政（蓬庵）が八十一歳で永眠した。

寛永十八年、敬台院と藩主忠英の働きかけにより、大石寺は願いの通り幕府から六十六

石八斗余の寺領を安堵する朱印状が与えられ、これにより大石寺は領地の所有権が保障され、年貢などが免除された。

翌十九年、敬台院は、江戸法詔寺二代住職日感上人を願主として上総国細草（千葉県大網白里市）に細草壇林（法雲山遠霑寺《おんでんじ》）を建立寄進した。後に書かれた「細草檀林建立縁起」に「護持施主　敬台院日詔信女」とあり、並んで「助縁壇越」の筆頭に「金子拾両　水野出雲守内儀信女」と敬台院の次女正徳院万の名がみえる。細草檀林は、明治五年（一八七二）の学制発布により廃檀するまで二百三十年余り、大石寺の学僧たちの勉学・修行の道場となった。その年、敬台院は大石寺にも広布資金として百両を供養《くよう》した。

正保二年（一六四五）、敬台院は夫至鎮の菩提を弔うため、江戸浅草鳥越にあった法詔寺を徳島に移転することを幕府に願い出た。大滝山（徳島市眉山町）にあった臨済宗観音院を移転させた跡に心蓮山敬台寺を建立した。江戸から招いた法詔寺の日重を初代住職とした。徳島藩から二百石の扶持米が与えられた。広大な敷地八千余坪に十四間四方の本堂のほか書院、方丈、土蔵、御霊屋などさまざまな建物が建てられ、書院の壁には金銀珠玉がちりばめられていた。開創当時の敬台寺旧境内図が残されてあり、図の中に「敬台寺殿御夢想之御歌并発句」として敬台院の歌と発句がある。

年ふれハは我が黒髪ハ白川の水は汲まて老にけるかな　　氏女

涼しさハ幾とせか見む宿の春　　氏女

敬台院の人生の実感をしみじみと思う気持ちが伝わってくる歌と句である。

同じ時期に家康の征夷大将軍就任の折に拝領していた矢《や》上《かみ》村内（徳島県板野郡）にあった禅宗寺院正岡寺《しょうこうじ》を、敬台寺末寺の正法寺として女人成仏を説く法華宗に改宗、再建するとともに領内の領民すべて改宗させるという大難事を果たした。

同四年には、敬台院は庶民教化のために富田浦（徳島市）に同じく敬台寺の末寺として本玄寺を開基した。

慶安四年（一六五一）四月、三代将軍家光が四十八歳で逝去し、家光の嫡男家綱の世となった。

徳島へ帰国

承応元年（一六五二）、敬台院六十一歳のとき、二代藩主忠英が四十二歳で没し孫の二十二歳の光隆が三代藩主の座に就いた。敬台院は徳島への帰国許可を幕府に願い出て、その年の十二月二日に江戸を発ち二十日間の旅を終え二十二日に徳島に到着して西の丸へ入った。

翌年、敬台院はかつて忠英が正法寺の寺領として三石余を与えていたのに加えて、新たにほぼ五石を追加寄進した。そのときの寄進状が正法寺に残されている。

領分阿波国板東郡矢上村正法寺

内高三石二斗四合并竹木等之証文先年
忠英被出置可被任判形候右之外野
地高四石九斗七升七合為寺領と付置候
永代可有寺納候附諸役放免之状
　　　　　　　　　　　　　如件
　　　　　　　　　　　敬台院
　　　　　　　　　　　　　日詔　印
承応弐歳七月五日
　　正法寺意真坊

万治元年（一六五八）四月、六十七歳の敬台院は船で摂津国有馬温泉へ湯治に出かけ、三か月を過ごした。翌年九月にも出かけ、その後も寛文元年（一六六一）、七十歳のとき、三度目の湯治に出かけた。有馬温泉はかつて至鎮の治療に供をして出かけた思い出深い土地であった。

寛文二年（一六六二）、孫の光隆は敬台寺裏の岩山に石灯籠を建立した。この灯籠は後々敬台院の命日に灯がともされ、時々の藩主たちは城内から灯籠に向かって手を合わせ敬台院の冥福を祈ったという。秀吉恩顧の多くの外様大名たちが改易や転封となった中、敬台院あっての徳島藩存続であり、そのことを代々の藩主たちが敬台院に敬意を払ったのであろう。

寛文四年、敬台院の次女万の長男水野十郎左衛門成之が蜂須賀家三田屋敷にお預けの身となった。成之は父成貞以上の旗本奴で江戸市中を異装で闊歩し、悪行・粗暴のかぎりを尽くしていた。七年前には、男伊達を競い合い対立していた大者町奴の幡随院長兵衛を殺害した。成之はこの件に関してはお咎めなしであったが、出仕を怠り、なにかと行跡怠慢なため母の実家蜂須賀家にお預けの身となった。翌日評定所へ呼び出された際、月代を剃らず着流しの伊達姿で出頭し、あまりにも不敬不遜であるとして即日切腹となった。三十五歳の若さであった。わずか二歳の長男百助も翌日誅された。敬台院は孫と曽孫の切腹にどれほど辛い思いをしたことだろう。この時五十歳の万は二十四歳になる成之の弟又八郎(光丘)とともに蜂須賀家の国もとへお預けとなり、徳島へ下った。この処置も敬台院の尽力によると思われる。

寛文六年一月四日、敬台院は七十五歳の生涯を閉じた。敬台寺に葬られ「敬台院殿妙法日詔大姉」と墓碑銘された旧墓と平成六年(一九九四)に開創三百五十年記念として建立された新墓が、敬台寺の裏山の登り口にたたずんでいる。総本山大石寺の御影堂裏には敬台院と娘芳春院(池田忠雄の室三保)、孫の現寿院(稲田主税妻)の墓が並んでいる。

敬台院は生涯を徳川幕府と徳島藩草創期に生き、幕藩体制確立に尽力した。力と頼る父母や子どもたちに先立たれ、大石寺門流に深く帰依し、同流のためにも尽力した。特に徳島における大石寺門流は敬台院なくしては流布しなかったであろう。敬台院の生涯を振り返ると、おかれた環境の中で精一杯多くのことをやり遂げた。政事にもかかわり、化粧料として与えられた土地の領民たちを法華宗に改宗させ、領民の教化にも尽くした。再三幕府の要人にも働きかけ、徳島藩草創期の三代の藩主とともに長い期間にわたって徳島藩を強固なものにし、徳島藩は国替えもなく明治の世を迎えた。

正法寺には敬台院の位牌と肖像画が所蔵されている。絹本着色のもので片膝を立て茶の法衣を纏い気高さを感じさせられる坐像である。

主な参考文献

『日蓮正宗心蓮山敬台寺開創三百三十年誌』日蓮正宗心蓮山敬台寺　一九七五
『日蓮正宗心蓮山敬台寺　法華講三百五十年史』上巻　法華講敬台寺支部３５０年史編纂室編纂　法華講敬台寺支部発行　一九九七
『日蓮正宗心蓮山敬台寺　開創三六〇年記念出版』法華講敬台寺支部制作・発行　二〇〇五
『敬台院殿の生涯と信仰』総本山大石寺監修　宝物殿展示実行委員会編　大日蓮出版　二〇一五
「阿波年表秘録」（『徳島県史料』第一、二巻）徳島県史編さん委員会編　徳島県　一九六四
『新編　阿波叢書』上巻　阿波叢書編集委員会編　歴史図書社　一九七六

『公家譜』蜂須賀家

『徳川実紀』第一、二篇　黒板勝美編　吉川弘文館　一九二九、一九三〇

「鎌倉鏡台寺の興廃をめぐって――敬台院万姫と法華信仰――」長倉信祐（『印度學佛教學研究第六十一巻第一号』）二〇一二

「江戸法詔寺の興廃をめぐって――敬台院万姫と法華信仰――」長倉信祐（『印度學佛教學研究第六十二巻第一号』）二〇一三

㉔ 万姫（氏姫）・敬台院（蜂須賀家・小笠原家など）略系図

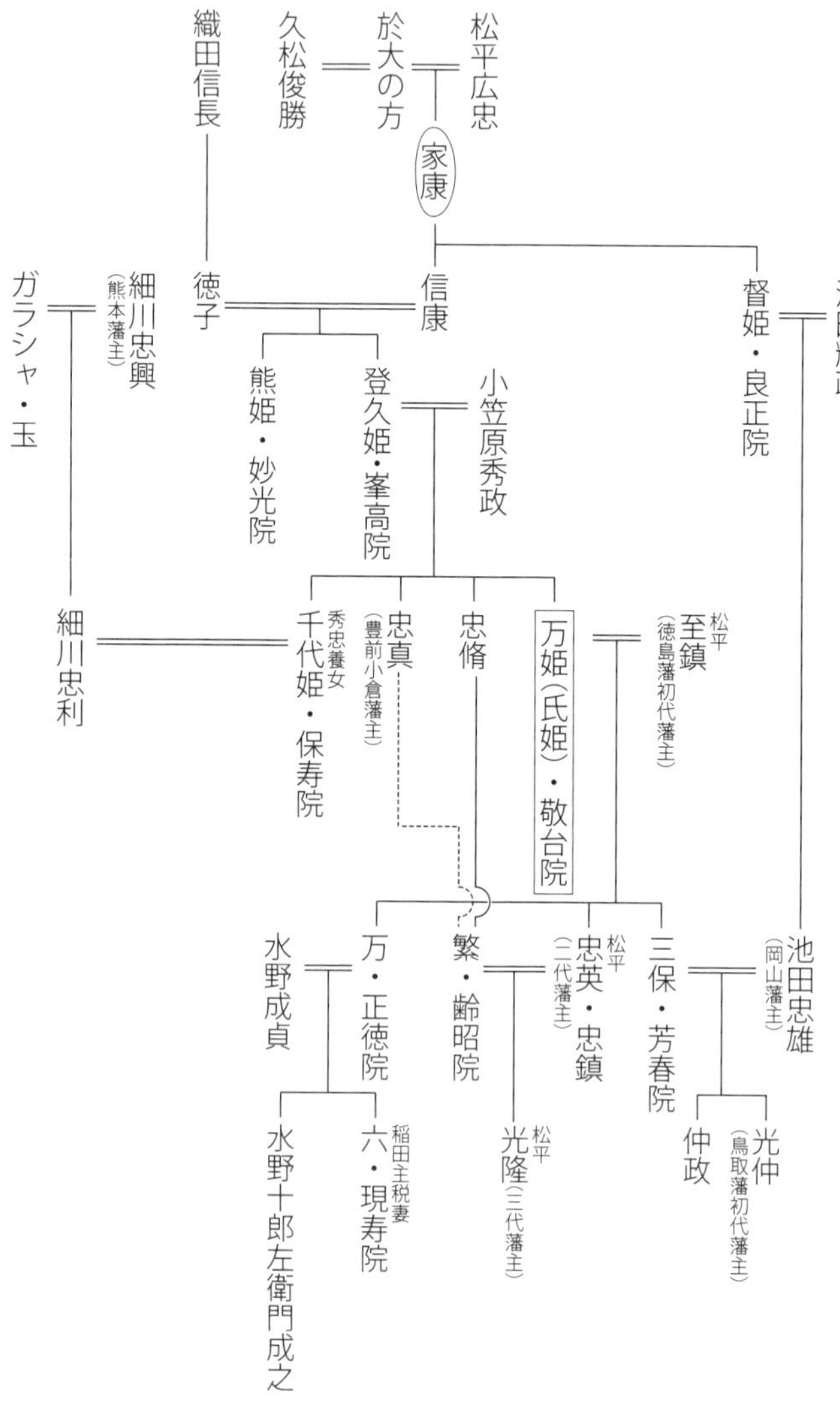

二　本多忠政と熊姫の長女国姫・栄寿院：堀忠俊の室・有馬直純の室

十一歳で堀忠俊に輿入れ

栄寿院について「幕府祚胤伝」に家康の「実御曽孫女」とあり、堀忠俊との結婚、離婚、有馬直純との再婚、有馬家の転封、将軍秀忠の御遺金、没年、埋葬地、法名など、生涯の大きな出来事が短い文章ながらやや詳しく述べられている。

国姫は徳川家創業の四天王の一人本多忠勝の嗣子忠政を父に、家康の長男松平（岡崎）信康の娘熊姫を母として、文禄四年（一五九五）に上総国大多喜城で生まれた。織田信長、徳川家康は曽祖父にあたる。

国姫は慶長十年（一六〇五）、十一歳のとき、家康の養女となって、越後国春日山（新潟県上越市）城主堀忠俊に嫁いだ。堀家時代の国姫は百合姫と呼ばれた。大規模な福島城建設に取りかかり、完成を待たずに三十一歳で世を去った秀治の遺領を継いだ忠俊は十一歳の少年であった。遺領を継ぐにあたり、将軍秀忠から松平の称号と偏諱《へんき》（名の一字）を与えられ松平越後守忠俊と称した。

堀氏は元来、織田・豊臣取立大名であった。忠俊の父秀治のとき、越前北ノ庄から四十五万石領主として春日山城に入った外様大名である。秀治は慶長五年に起きた「上杉遺民一揆」と呼ばれる、家康の会津上杉景勝包囲作戦に対抗した土民による越後一揆を平定したことにより家康、秀忠から感状を与えられ、一族は徳川方に属した。

翌十一年、越後国で最初の近世城郭となった越後福島城へ移った。同十三年、家老堀直政が没すると直政の子の異母兄弟で福島藩の家老職をめぐっての争いが起きたため、慶長十五年、忠俊は書状を携えて江戸と駿府に訴え出た。後日関係者を江戸に呼び寄せ対決させられた結果、「大国を封ずる器にあらず」と所領を没収され、忠俊は陸奥国磐城平（福島県いわき市）城主鳥居忠政に預けられ、春日山藩は秀治、忠俊二代で廃藩となった。堀家は豊臣家の有力大名だったので、家康にとって堀家を改易する好機となった。忠俊は元和七年（一六二一）、二十六歳にして配流地磐城で没した。

国姫は、春日山城での五年間をどんな気持ちで過ごしていたのだろう。少年ながらも政務に翻弄される夫忠俊と仲むつまじく過ごす時間はほとんどなく、淋しい日々であったのではなかったのだろうか。国姫は駿府の家康のもとに引き取られた。国姫は家康の孫の岡崎君と呼ばれた母熊姫の面影を残す美人であったので、家康に殊に可愛がられたという。家康は熊姫の父で岡崎城主であった長男信康の自害を常に胸の奥深くで痛み続けていたであろうから、国姫を見るたびに幸せな結婚を望まずにはいられなかったに違いない。

キリシタン大名有馬家へ再嫁

忠俊と離別した年の秋、国姫は肥前国日之江（長崎県南島原市）四万石城主有馬晴信の嫡子直純と婚儀が調った。

有馬氏は中世より日之江城に居城し、戦国期には島原半島から肥前西部一帯を所領していた。城に近い口之津港は外国船の入港に都合がよく、外国貿易が盛んで宣教師も上陸し、半島一帯はキリシタン王国となった。晴信は天正期の初めごろ佐賀の龍造寺氏と争いを繰り返していたが、その間、イエズス会から武器や食料の援助を受け続け、侵略された領地を取り戻すことに成功した。それ以来、キリシタン信者となり、巡察師ヴァリニャーノによって洗礼を受け、ジョアン・プロタジオの洗礼名を受けた。天正十年（一五八二）には大友宗麟らとともに少年使節をローマに派遣した。また、浦上をイエズス会に寄進するなど宣教師に援助したが、秀吉の宣教師追放令により城下から次第にキリシタンの姿が消え、外国貿易も下火となっていった。文禄元年（一五九二）には秀吉の命により小西行長軍に所属し、朝鮮に出兵した。

関ヶ原戦で、西軍方の立花宗茂攻撃の功により家康から本領を安堵され、外国貿易も復活させた。口之津港は再び外国貿易の拠点となったが、まもなく幕府の取り締まりで貿易の道も途絶えた。ところが慶長十四年（一六〇九）、幕府から高砂国（台湾）の内情視察と家康より占城（チャンパ、ベトナム中部にあった海上貿易の要地、インドシナ半島南東部のチャム人の建てた国）での伽羅《きゃら》（香木）購入を依頼されたので、貿易復活のチャンスと占城に船を出したが、途中でマカオに寄港した際、乗組員がポルトガル人と紛争を起こし、乗組員五人が殺害された上、銀子なども奪われ船も破却された。報告を受けた晴信はすぐさま家康に報告した。家康は激怒し、ポルトガル船が日本に寄港したら討ち取るよう命じた。その年の秋、ポルトガル船マードレ・デ・デウス号が長崎に入港した。晴信は自らデウス号に乗り込んで火薬庫に火をつけ撃沈させた。晴信はその経過を駿府の家康に直直報告したところ家康は気をよくし、翌年の新年の拝賀に再び駿府を訪れた晴信に功を称え名刀を与えた。いわゆるデウス号事件である。

しかし、事件はこれだけではすまなかった。この事件により晴信は領内のキリシタンの不信を買うとともに外国商人との取り引きもなくなり財政難となった。そのため幕府に旧領地の返還を望んだ。その斡旋を駿府付の年寄本多正純の与力岡本大八が申し出た。大八は以前、長崎奉行長谷川藤広に属していたキリシタンであったので、晴信とは相知る仲であった。晴信は大いに喜び多額の運動資金を大八に贈り続けたが、いつまで経っても沙汰はなく、不審に思った晴信は正純に問いただしたところ、何も知らない正純は驚き慶長十七年二月、当事者同士を対決させた。結果、大八の賄賂着服が判明し、大八は町奉行に引き渡され投獄された。同年三月、大八は牢より出され駿府市街を引き回された上、安部川の川原で火刑となった。晴信や大八らはキリスト教にたぶらかされ奸悪な挙動をしたということで、幕府はキリスト教禁断の命を出した。晴信は領地を没収され、甲斐国初鹿野（山梨県甲府市）に流され、二か月後、斬罪に処せられた。『新訂寛政重修諸家譜』第十二では自殺とある。

徳川の姫を正室にしていたため直純にはお咎めもなくお家断絶を免れ父の領地を継いだ。キリスト教禁止の発端となった「岡本大八事件」は国姫や直純の人生にも大きくかかわることになった。

有馬直純との結婚事情

国姫と直純の結婚に関しては、有馬家の歴史書「国乗遺文」などにいくつかのエピソードが伝えられている。直純十五歳のとき、関ヶ原の戦で東軍についた晴信の名代として小西行長の肥後宇土城攻撃に出陣し、同年冬父晴信とともに大坂で家康にはじめて御目見えし、すぐさま家康に召し抱えられ駿府で小姓として仕えるようになった。

家康が国姫の婿選びを、長崎奉行長谷川藤広の伯母で家康に仕えていた伊知井に相談したところ、直純の人となりは卓越で奇特であり、国姫の相手にふさわしいと答えた。

ある日、家康が家臣らと駿府城の苑で蹴鞠の遊戯を行っていたとき、国姫はひそかに直純の蹴鞠をするところを見て心を寄せるようになり、さらに猿楽の催しがあり、直純の舞を見て恋心をつのらせ、その後、草書を学ぶごとに直純の姓名を写したとか。そのことを伊知井が家康に伝え、二人の婚姻が許されたという。直純の和歌や書や鷹画に賛の入った六曲屏風などが延岡市の個人宅に残されていることを考えると、直純は文武に長けた武将であったと思われる。逸話が真実とすれば、この結婚は当時としては珍しく家康の政治的な意図のない、女性側の想いのかなったものであった。家康は二人の婚姻を祝福し「今年の内もろともに伏見まで登り、明春所領肥前有馬へともなひまかるべし」と領地への入部を急がせた。一日も早く楽しい新たな生活につかせたいという養父としての温かい思いやりの気持ちであったのだろうか。

国姫と直純の婚儀がいつ行われたのか、異説がある。「国乗遺文」第三巻によれば慶長十六年秋とも十七年ともあり、駿府城で祝言を行った後、江戸屋敷に入り、翌年直純の帰国と一緒に領地に向かったとある。『当代記』五巻には、十五年、駿府で直純が家康に見参の後、ともに駿府より伏見に向かったが、迎えの船が冬期ゆえに容易に手配できず、翌春まで伏見に逗留したという。おそらく慶長十八年春に直純が藩主として初めての領地への入国に際し、国姫も一緒に日之江城へ入ったのであろう。

婚儀に際し、家康は直純に備前長光の刀と馬を与えた。国姫にはすでに堀家に嫁ぐとき吉光の小脇差を与えていた。化粧田として美濃国北方（岐阜県揖斐郡）に千百石が与えられたが、家光の時代に、不便な土地であるとして大和国窪田村と岡崎村（奈良県生駒郡）に所替えさせた。

ところが直純が国姫と結婚する前に、直純には妻や子がいた。肥後宇土（熊本県宇土市）城主でキリシタン大名小西行長の姪マルタとも肥前国大村（長崎県大村市）城主大村喜前《よしさき》の娘メンシアともいわれているが、ともに婚約でとどまっており、実際に結婚したのは有馬家の家臣皆吉《みなよし》絡純の娘マルタであり、直純とマルタとの間には女子よし子がおり、成長の後家臣の有馬純親に嫁いでいることが皆吉家の系図や『新訂寛政重修諸家譜』（第十二）から知ることができる。直純はこのマルタを離縁して国姫との結婚に踏み切ったのである。国姫はこのマルタに辛くあたり、マルタを再婚させようとしたが応じなかったので山間部の藁作りの小屋に追放した（『日本切支丹宗門史』）という。

慶長十七年三月、晴信が「岡本大八事件」で甲斐国に配流された際、直純には何の咎めもなく有馬領を継ぐことを許された。と同時に家康は領内のキリスト教禁止のために江戸より幡随意上人を派遣し、仏教により民を教化することを命じた。直純は幼少のころ洗礼を受けドン・ミカエルの洗礼名を持っていたが、おそらくは自分の意思でなく父や周囲の影響によるものであったのだろう。直純は棄教し、仏教徒であった国姫とともに幡随意上人の力を借りキリシタン弾圧に乗り出した。国姫の残虐な弾圧ぶりがイエズス会史料に書かれているが、大いに誇張された報告書であろう（『日本切支丹宗門史』）。

日向国延岡へ国替え

慶長十八年（一六一三）、国姫は嫡子大助（康純）を産み、継室の座を堅固なものにした。キリシタン弾圧は過酷な火刑をものともせず勇敢に死に立ち向かう信者たちの姿に多くの群衆は感動し、弾圧は効果を得なかった。弾圧の困難なことを憂えた家康は島原に二人を置くことをよしとせず、同十九年、直純は一万三千石を加増されて日向国の四郡五万三千石の藩主となり、延岡城（宮崎県延岡市）に移り住んだ。このとき、直純に従った家臣は少なく、キリシタンであった家臣の多くは旧領にとどまった。

延岡では日向御前と呼ばれた国姫にとって、思いの丈を発揮できた日々となった。直純との誰はばかることもなく仲もむつまじく、大助に続けて一男三女を産み、側室の影も見えない。

元和二年（一六一六）、国姫は四歳になった大助を連れ、外様大名の妻子が江戸移住をしたのに習い、江戸へ向かった。その途次、国姫と大助は駿府の家康のもとにしばらく滞在した。このとき、家康は「日向、日向」と国姫をかわいがり、大助に向かい「此児奇相アリ、長トナラバ即チ壮ナラン」（「国乗遺聞」）と大助の成長後の活躍を予言し、諱の康の一字を与え、この時より大助は康純と称した。ほどなく国姫は康純を伴い江戸へ向かったが、それが家康と国姫の永の別れとなった。その年の四月、家康は駿府で七十五歳の生涯を終えた。すぐさま、国姫夫妻は駿府の大喪に向かった。その後、秀忠は二人に三年間江戸の藩邸に留まることを命じ、国姫に八十口の俸禄を与えた。

元和四年、国姫と直純は延岡へ向かった。六歳の康純を江戸の藩邸に残し、証人（人質）とした。本来は大名の妻も江戸へ残るのであるが、国姫は直純と離れて暮らすことを拒み、ともに領地へ帰った。秀忠室お江与の方は国姫在府中、何かと心遣いをし待遇を厚くしたので、国姫は帰国後、年始や節句の祝いごとに献上物をしたところ、秀忠自筆の礼状や時服が贈られてきた。秀忠没後、三代将軍家光もまた国姫に懇篤《こんとく》にし、夏は帷子《かたびら》、冬は小袖を各五着毎年贈ってきた。

寛永十五年（一六三八）の島原の乱では、直純は嫡子康純とともに出陣し松平信綱に従って功労を立てた。同十八年、直純は五十六歳のとき、参勤交代の途上大坂で死去した。国姫は浄土宗江戸四か寺の一つ光明山天徳寺（港区）で戒を受け栄寿院と称した。その八年後の慶安二年（一六四九）、国姫は江戸で五十五歳の生涯を終えた。天徳寺栄寿院に葬られた。法名、栄寿院長覚秋岳祐円大姉。後に直純の眠る延岡にある代々有馬家の菩提寺の浄土宗二岸山白道寺《びゃくどうじ》に合葬された。白道寺は栄寿院の孫清純の越前国丸岡（福井県坂井市）への移封にともない丸岡へ移された。

国姫の人柄を偲ぶ

国姫の人となりを「国乗遺聞」に「剛毅ニシテ技撃（芸）ニ達シ、容貌壮麗ニシテ胸毛アリ、起居動静真ニ大丈夫ノ如シ」とある。胸毛があるというのは大げさな表現であるが、物事に屈しない強い性格や行動は立派な武士のような風格があるというのは、国姫の日々の動静や性格をよく伝えており、数々のエピソードを納得させるものがある。

国姫の郷土雑誌などに伝えられるエピソードを一つ二つ拾ってみよう。

かつて、国姫が駿府の家康の膝元で暮らしていたころ、家康が国姫の再婚相手を選ぶため若い大名たちを呼び集めたことがあった。国姫は若い大名たちが頭を下げ礼をしているところを、扇で頭をたたいて回った。一同は驚いたが大御所家康の面前であるためその曽孫の姫の行動をとがめることもできなかったが、直純は国姫が扇を振り上げたとき、さっと体をかわして国姫の腕をつかみ「いかに将軍の姫君たりとも武士たるものの頭をたたくとは、拙者承服なり申さぬ」と叱りつけた。国姫は「わらわの夫たる人はこの人のほかにはない」と言い、直純を再婚相手に決定したという。

延岡城の南に二百五十メートルほどの愛宕山の頂上に建てられた愛宕神社は女人禁制であったが、国姫は「女でも人間である、男が登れて女が登れない山はおかしい」と、自ら禁を破って愛宕神社に参詣した。現代女性にも劣らない勇気のある行動である。その際、鳥居に奉納した笠木は、今なお現存している。延岡では「お前は日向御前のゴッある」と言われるのは気性の荒いお転婆娘を意味するという。

国姫にかかわる遺物や遺跡も残されている。有馬康純以後の菩提寺天台宗日曜山高岳寺の跡に移築された城影寺にある池の水は、裏の山からの清冷な水で国姫が参詣したとき化粧の水に使ったといわれ、御前化粧の水と呼ばれている。日蓮宗彗日山《えにちざん》本東寺の本堂に安置されている鬼子母神は国姫の遺品であり、なぜか同寺には境内に笠だけ地上に出た国姫の墓があり、今は紛失したが愛用の数珠が伝えられていた。また遺品として土地の豪族であった土持家には国姫が有馬家に嫁ぐとき、家康から贈られたと伝わる手水鉢が今なお庭に置かれている。有馬家が越後に国替えの際、土持家に遺されたものという。

将軍家の姫や養女の中で国姫の生涯は、自分の意志の定まらない少女期の最初の結婚は別として、二度目の結婚以後はあらゆることにつけて自らの意志で行動をし、幸せであったと思われる。直純を自ら生涯の伴侶として選び、常に最愛の夫直純と行動をともにして暮らした。肥前国から日向国に国替えとなり、直純は家康の意向にしたがってキリスト教を棄て国姫とともに、豊臣秀吉の九州平定の際に破壊された神社仏閣を次々と復興した。国姫は江戸と延岡の遠距離を再三往き来した。当時の女性の旅としては費用や体力的にも容易ではなかったはずである。キリシタン信徒側からは性質陰険だとか妖婦であったとか批難されてはいるが、キリシタン大名家に嫁ぎ、キリシタン追放という幕府の使命を遂行する任務を果たすことも自覚していた。

国姫の孫清純治政の元禄三年（一六九〇）、領内の臼杵郡山陰村の領民が大挙して年貢減免要求をし高鍋藩に逃散《ちょうさん》する事件が起きた。幕府の取り調べを受け、清純は責任を問われ、翌年、越後国糸魚川（新潟県糸魚川市）に五万石で移封となった。しかし、四年足らずの治政の後、国姫の遺徳により越前国丸岡藩に五万石で転封となった。丸岡二代藩主有馬一準《かずのり》の時代、正徳元年（一七一一）に外様大名から譜代大名へ格上げされた。後世の丸岡藩主から若年寄、老中など幕府の要職に就任し、有馬家は丸岡城主として幕末まで七代続いた。

主な参考文献

「国乗遺聞」一、二、三巻　市立図書館蔵
『肥前有馬一族』外山幹夫　新人物往来社　一九九七
『宮崎の神話・伝説』柳宏吉編　宮崎日日新聞社　一九八〇
「有馬直純と日向御前」（「延岡春秋」一九七三年二月号）松田仙峡　延岡新聞社
『郷土史囀乃聞書』甲斐勇著・発行　一九八九
「延岡城主有馬公三代と日蓮宗本東寺」（手書き原稿）筆者不明　延岡市立図書館蔵
『日本切支丹宗門史』上巻　レオン・パジェス著　吉田小五郎訳　岩波文庫　一九三八
『新訂寛政重修諸家譜』第十二　高柳光寿ほか編　続群書類従完成会　一九六五

㉕国姫・栄寿院（有馬家など）略系図

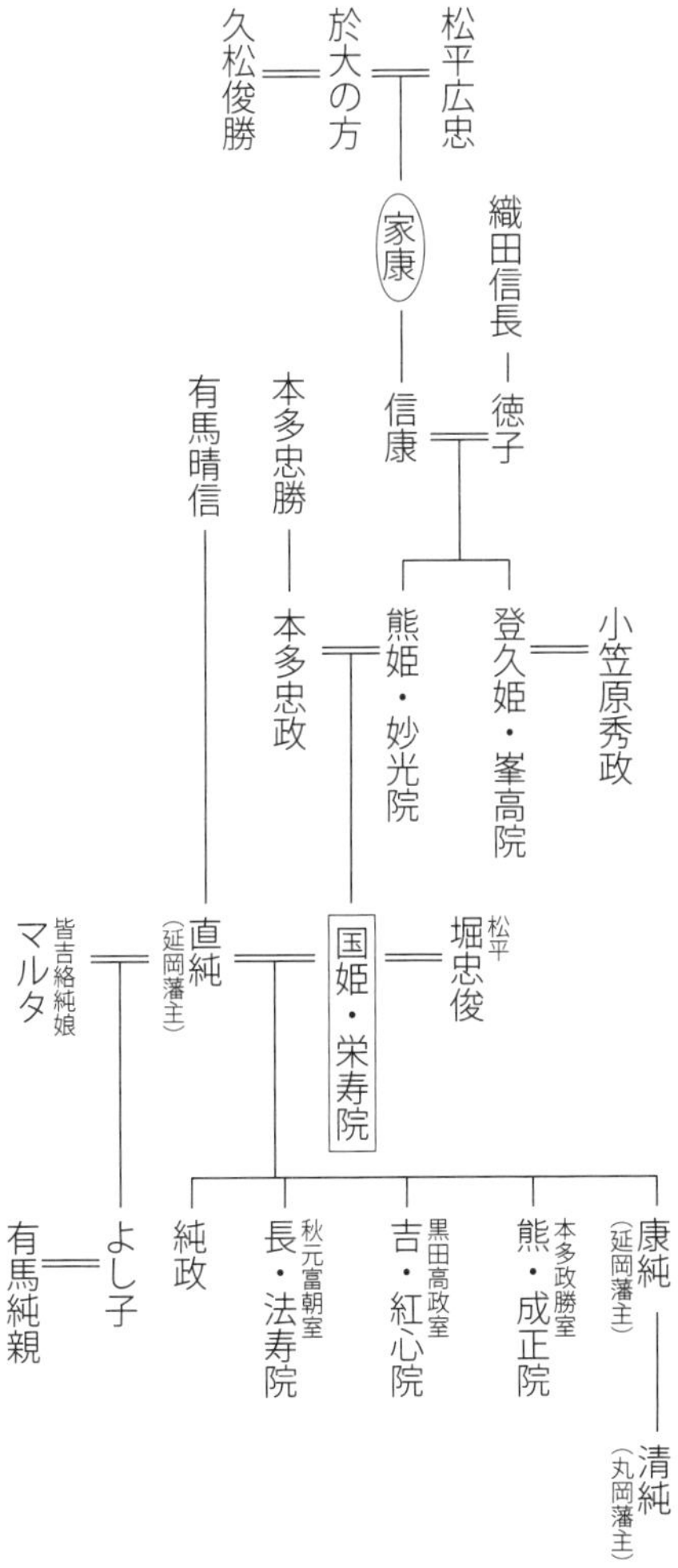

三　本多忠政と熊姫の次女亀姫・円照院：小笠原忠脩の室・小笠原忠真の室

亀姫について「幕府祚胤伝」には次のように書かれている。

実御曽孫女　本多美濃守忠政女、御養女年月未レ詳　元和二年丙辰一二月、小笠原右近将監忠政（忠真）被レ嫁　寛永二十年癸未十月十八日、逝、七十二歳、葬二浅草海禅寺一、円照院華陽宗月大姉

亀姫は慶長二年（一五九七）、本多忠政と家康の長男松平（岡崎）信康の娘熊姫の次女として生まれた。姉の国姫とは二歳違いである。十代の半ば頃、母方の家康の養女として信濃国松本八万石城主小笠原秀政の嫡男忠脩《ただなか》に嫁ぐ。忠脩の母は登久姫であり、亀姫にとって忠脩は従兄にあたり、ともに家康の曽孫である。まもなく亀姫は長女繁（蜂須賀忠英の室。齢昭院）を出産した。

慶長二十年（七月に元和と改元）の大坂夏の陣に秀政は忠脩と次男忠真《ただざね》をともなって出陣し奮戦したが、秀政、忠脩父子は戦死した。忠真も七か所の痛手を負ったが幸いに死をまぬがれた。時に忠脩は二十二歳の若さであった。ほどなく生まれた長次は父の顔を知らないまま育った。

先夫の弟との再婚

翌元和二年（一六一六）、十九歳の亀姫は、家康の命で父秀政の遺領を継いだ忠真（忠政）と再婚した。忠真には家臣三好氏の娘との間に長男忠増がいたが、亀姫が正室の座についた。忠脩の二人の遺児は、叔父の忠真に引き取られて育てられることになった。

同三年、忠真は二万石を加増されて播磨国明石十万石領主として転封となった。翌年、将軍秀忠の命で新城築造に取りかかり、亀姫の父である姫路藩主本多忠政の援助の下に西国街道と明石海峡の要地人麿山に明石城を築き、港を開き城下町を建設した。亀姫は忠真との間に元和四年に次男長安、寛永四年（一六二七）に次女市松を、同八年には三男長宣《ながのぶ》を産んだ。亀姫にとって明石の生活は幸せな日々であった。

元和九年（一六二三）、忠真は三代将軍家光の上洛に従い、参内に供奉し、また二条城の石垣の普請をつとめるなど重要な役を果たした。寛永三年（一六二六）の二度目の将軍上洛や参内にも忠真は十二歳の幸松丸（長次）を連れて供奉し、二条城に召されて長次に播磨国龍野に六万石の領地を賜った。亀姫にとって先夫の子長次の藩主就任は何よりありがたい沙汰であったであろう。

寛永九年、忠真は五万石加増されて十五万石藩主となり豊前国小倉（福岡県北九州市）に転封となった。同時に長次もまた二万石加増されて豊前国中津（大分県中津市）に八万石の藩主となった。妻や母が将軍家康の養女であり曽孫であることが大きく作用していたことは間違いない。亀姫は市松と長宣を連れ、船で明石を出帆し小倉に上陸した。

寛永十一年（一六三四）、幕府は譜代大名の妻子を江戸に置かせることを命じた。これより先、元和八年（一六二二）には、外様大名の妻子を江戸に置かせるよう命じていた。このため譜代大名である小笠原家も江戸へ人質として亀姫を送ることになり、亀姫は信頼できる侍女藤も供につけて寛永十一年に小倉から江戸までの長旅をした。その二年後には江戸屋敷で三女兼を、さらに四年後の寛永十七年には同じく江戸屋敷で四女鍋を産んでいる。亀姫は多産型であり二人の夫との間に三男四女を産んでおり、出産期は二十七年間にもおよんでいることから四十歳を過ぎても出産していると考えられる。

亀姫の江戸の生活は十年足らずで終わり、寛永二十年（一六四三）、江戸の上屋敷で死去した。享年四十七歳。円照院華陽宗月大姉と諡され、江戸浅草の臨済宗大雄山海禅寺に葬られた。

亀姫の亡き後、亀姫の若い侍女藤が忠真の側室となった。藤の父那須重治は龍野藩主になった長次に召し抱えられ、藤が亀姫に仕えていた。藤の残された遺品から見て、仏法に深く帰依し、手芸などにも造詣が深かったので、仏教を重んじ武事に努め文事を好んだ忠真の愛を受けるにふさわしい女性であり、亀姫もまた深い信頼を寄せていたであろう。

藤は亀姫没後、領地の小倉に帰り、三年後に長真（後の忠雄）を産み、さらに一男一女の三人の子をもうけた。

寛文七年（一六六七）、忠真が七十二歳で没すると、忠雄が小倉藩二代藩主の座に就き幕末まで続いた。亀姫の産んだ次男長安は病身ということで廃嫡となり、三男長宣は父に先立って世を去った。中津藩主となった長次の系統は享保期にいったん無嗣廃絶となったが先祖の功績ということで、播磨国安志《あんじ》藩一万石を立て幕末まで続いた。小倉、安志の両藩は密接につながり、嗣子がいない場合には、両藩の間で互いに養子を出し合った。あたかも亀姫が藤を信頼していたかのように、互いの子孫はしっかりと組み合って幕末まで善政を行った。

藤は忠真の没後、永貞院と称し、忠真より三十四年を生きながらえ、八十五歳の生涯を終えた。京都嵯峨の黄檗宗直指庵の月潭が賛をした永貞院の肖像画が、忠真の創建した小倉の広寿山福聚寺《ふくじゅじ》に保存されている。

大きく身分の異なる二人の女性から生まれた男たちが、とかく藩の存続が困難な時代にあって争いもなく二百年以上の年月を互いに助け合ってそれぞれの藩を持続させたことは、二人の女性への敬愛の思いが深かったからであろう。

主な参考文献

『北九州市史　近世』北九州市史編さん委員会編　北九州市　一九九〇
『新訂寛政重修諸家譜』第三　高柳光寿ほか編　続群書類従完成会　一九六四

㉖ 亀姫・円照院（小笠原家など）略系図

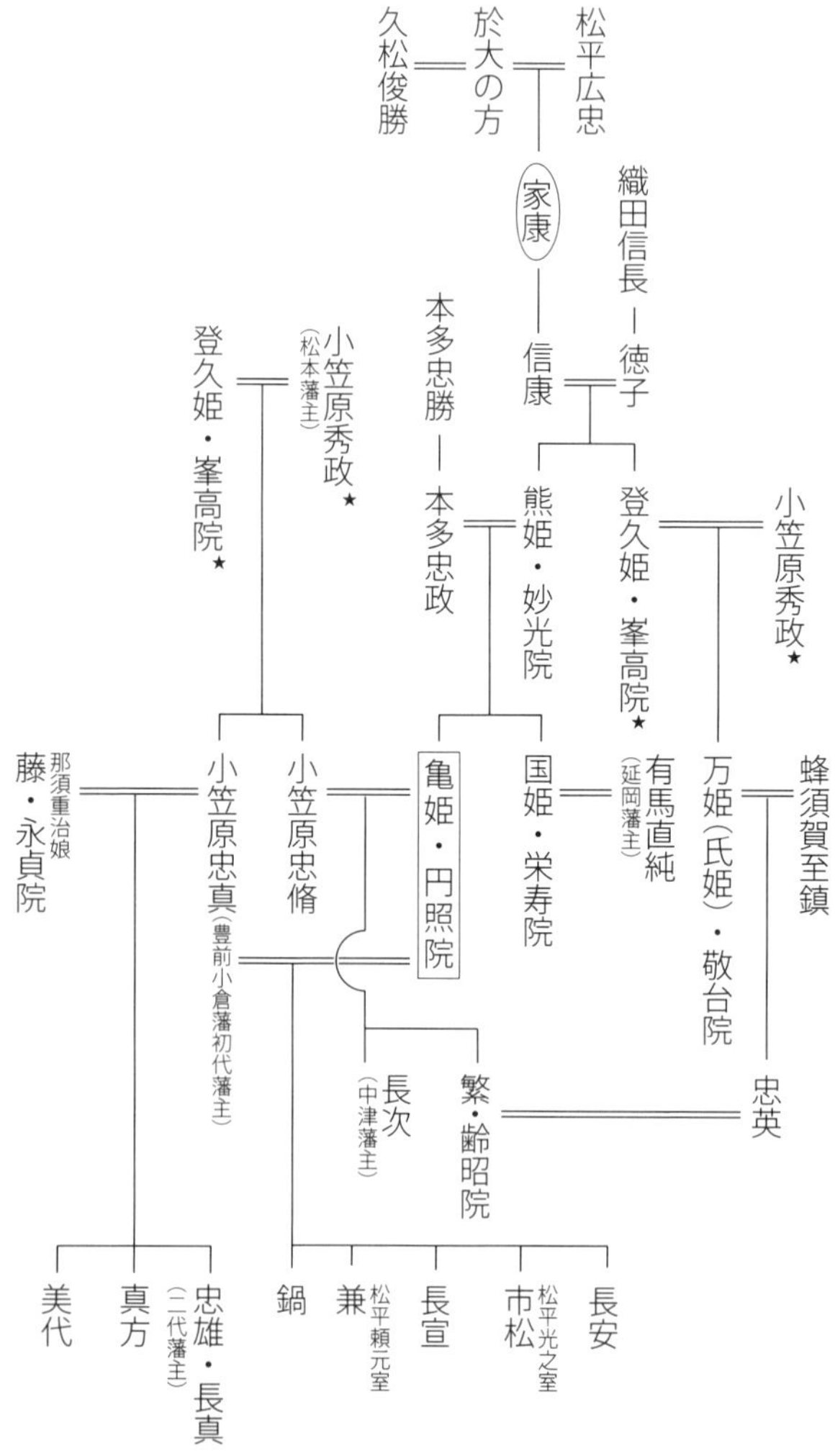

第八章　養女・家康の重臣や松平支族の娘たちの結婚

家康は、姪や孫娘のほか重臣の娘たちや松平支族の娘たち、さらには従姉妹をも養女として大名家との婚姻をはかり、大名統制を行った。家康の姪たちはほとんど養女にされたが、孫娘や曽孫娘は長男信康の系統以外にも大勢いた。にもかかわらずなぜ直系以外の重臣の娘たちや松平支族の娘たち従姉妹まで養女にしたのだろうか。家康にとっては、一家を成した直系の孫娘たちより、ともに戦場を潜り抜けた家臣や、父親に早く死別した孫娘や松平支族の娘たちの方が、不憫さも加わって自由に嫁がせやすかったのであろうか。

一　本多忠勝の長女小松姫・大蓮院：真田信之の室

真田信之との結婚

家康とともに幾多の戦場を駆けめぐった家康四天王の一人本多忠勝の長女いねは天正元年（一五七三）、三河に生まれた。母は能見《のみ》松平の一族松平玄鉄《げんてつ》の娘とも『新訂寛政重修諸家譜』では阿知和《あちわ》右衛門某が女ともあるが、どういう女性かはっきりしない。天正期（一五七三〜一五九二）、忠勝は長篠の戦をはじめ高天神城の戦い、本能寺の変の際の伊賀越え、小牧・長久手の戦いと、家康とともに戦に明け暮れしていたので、いねは父の姿を身近に感じることなく成長した。

天正十一年、真田昌幸は武田家の旧領信濃国上田（長野県上田市）に築城を始めた。この旧領をめぐって徳川、北条、真田の三家が争うことになった。

同十三年、徳川家康軍は上田城を攻撃するも、真田方の巧みな戦術に大打撃を受け撤退したが、秀吉の命で和睦となり、その際、いねを家康の養女として昌幸の嫡子信之（信幸）に嫁がせるという懐柔策がとられた。

いねが小松姫として信幸のもとに輿入れしたのは、年月がはっきりしない。「大蓮院殿御事蹟稿」にも十五歳か十七歳かとしながらも、没年から考慮して十四歳を「必定」と記している。しかし別の項で「大蓮院様は天正十四年二月十六日上刻　御入輿　同日御婚礼」ともあり、天正十四年であれば小松姫は十五歳である。十四歳、十五歳とすれば「小松姫は江戸城西の丸より幕臣高力摂津守の輿添えで入輿した」とある入輿先は上田城となる。松代藩士河原綱徳の「綱徳家記」にも「天正十四年丙戌　信幸（信之）公之ご簾中大蓮院殿御婚礼本多弥八郎正信御伴ニテ　上田ノ城へ御入輿」と記されている。

信之にはすでに伯父の真田信綱の娘清音院を正室としていたが、小松姫之入輿により清音院は「家女」とされ側室待遇とされた。この時、二人の間には長男信吉がいた。

天正十八年（一五九〇）、北条氏滅亡により沼田城が真田家に安堵され、信之が入城した。このとき十八歳の小松姫もともに沼田城へ移った。

関ヶ原の戦の真田家の分裂

慶長五年（一六〇〇）、関ヶ原の戦が火蓋を切ったとき、信之は会津上杉討伐で秀忠に従い宇都宮にいた。父昌幸も弟信繁（幸村）も上杉討伐に従い下野国小山にいたが、石田三成挙兵の密書が届くと反旗を翻し三成に与することを決心し、上田城に立て籠もるため徳川の陣を出た。昌幸と三成は妻同士が姉妹であり、信繁の妻は三成の最大の同志大谷吉継の娘であった。信之は父に従わず秀忠のもとを離れなかった。

上田城へ引き返す昌幸父子は沼田城に立ち寄る予定であった。しかし、城の守りを預かった小松姫は、城中より使者を義父昌幸のもとへ遣わし、固い決心を告げた。

今父子別心のうへは　まみゆることなりがたし。況城中に入む事おもひもよらず　はやくこの地をさりたまふべし。しかるうへにも猶入らむとならば　われみづから幼児を刺殺し　その身も亦自殺して忽ち城に火を放つべし（『新訂寛政重修諸家譜』第十一）

父子が別々の道を選択した今、お目にかかることはかなわぬことでございます。ましてや城の中にお入れするなど思いもよらないことでございます。どうか一刻も早くこの地をお離れくださいませ。どうしてもご入城なさるおつもりならば、私の手で幼児たちを刺し殺し、私も自害し城に火をつける覚悟でございます。――この力強い言葉に昌幸は沼田真田家の安泰を感じ、上田城に向かい三成の援軍として備えた。

このことに関してのエピソードが他にもある。小松姫は沼田の法蔵山大蓮院正覚寺に義父昌幸一行のために宿を取り、酒などを出して温かくもてなし、武装した女たちに部屋を警護させて、そこで義父に孫たちを面会させたという。

信之は関ヶ原の戦の後、上野国沼田領や父の信濃国上田領などに三万石を加増され、合わせて九万五千石の藩主となり、小松姫や子どもたちと上田へ移住した。上田でも一つのエピソードが語られている。前田家から将軍家への献上品が上田を通過したとき、小松姫は将軍家に献上する品は家康の養女である自分にも貰う権利があるといって、押収したという。

一方、関ヶ原の戦後、昌幸の反逆の罪は死に値するとされたが、信之の深い忠誠心を汲み取った二代将軍秀忠は信之の助命嘆願を受け入れ、昌幸を高野山麓の九度山に蟄居させた。小松姫は昌幸を気遣い文に添え、毎年信州の四季のものなどを届けた。信之の助命嘆願の繰り返しの中、昌幸はその地で、その後九年を生き延び六十五歳で世を終えた。弟の信繁は父とともに九度山に蟄居させられていたが、慶長十九年（一六一四）、大坂冬の陣が起きるや豊臣秀頼の招きに応じてともに大坂城に籠もり、翌年の夏の陣で討ち死にした。

大坂の陣で息子たちを戦場へ

この冬の陣のとき、小松姫のものと考えられる貴重な書簡が「大蓮院殿御事蹟稿　下」に模写されている。

辺ゝ　せうくんさま（徳川秀忠）　昨日廿三おゑと御たちにて候　くわしくハ　うへより申承へく
候　ちきやう給候へく候
一いつ殿（真田信之）御めみへ候て　一たんのし合にて候　わつらい候まゝ　こなたにてようしや
う申候へく候　いつ殿ハ御ちんへ御たち候はす候
一かはち殿（真田信吉）・ないき殿（真田信政）ハかり御ちんへたち候し　廿七八日にハそつとたち候
一かみかた　いよ〳〵御てきれと申候　その外かり候事候ハす候　心やすく候へく候

一ようの事とも御座候は丶中参へく候　きもいり候て給候へく候
一ろし（路次）中きけんよくまいり候　心やすく候へく候
一さいもんのすけ（真田信繁）殿　大さかへ御入候よし申候　かしく
又々かわち殿さし物いそき候給へく候　てつやにあるへく候なと申候
十月廿四日（慶長十九年）　ゑとゟ《より》
久
とさ殿（木村綱茂）
同　かみへ参

編者の河村綱徳は、この文は大坂冬の陣のときのものだとしている。大坂冬の陣で将軍秀忠が遅ればせながら江戸を発ったのは文中にあるように、「台徳院殿御実紀」によるとまぎれもなく慶長十九年十月二十三日である。信之も二番手として秀忠に従い、家康のもとへかけ参じた。秀忠一行は十一月十一日、家康が滞在していた京都二条城で対面した。体調を壊していた信之は江戸へ帰り、養生の身となった。代わりに長男の信吉と次男の信政が十月二十七日か二十八日に内密に伏見に滞在の秀忠のもとに出発し、上田から家老の木村土佐守綱茂と同行し、十一月十五日の秀忠の伏見進発の二番手に加わった。

二十四日に書かれたこの文は、十八、十九歳の二人の息子のことをそれとなく土佐守へ依頼するものであり、土佐守の道中の無事を気遣い、また高野山に義父昌幸とともに蟄居していた信之の弟真田左衛門佐信繁が高野山を抜け出し大坂城に入ったことを知らせた文でもある。この文から戦国時代に生きた女性たちの大きな役目も見えてくる。戦場へ出た男たちの留守宅を守ること以外に、戦場と領地や江戸屋敷との情報交換や必要品の調達など、大きな役目を抱えていた。そのためには家中のことだけではなく、世情にも精通しなければならなかった。

小松姫のものと考えられる臨写されたもう一通の文が、「松代藩士鹿野惣兵衛泰敬文書」にある。

一ふて申候へく候　さて〳〵にハかの御ちんにて　したくもなりかね候へく候　よろつ〳〵しあハせともさそとすいりやう申　なに候ようの事候ハヽ　こヽろをきなくうけたまハるへく候　又かハち（信吉）との事ハわかく御入候まヽ　いつとのヽやうにハ候ましく候　そのうへはつと（法度）かたもきつく申候ハてハ　かなハぬ事にて候まヽ　なにをきつくおほせ候共　いつとのへめんし　御ちん中せいをいたし　ほうこうたのみまいらせ候　めてたくかいちんのうへ　かいふんとりあハせ候へく候　かろうしゆへものこらすみきのふんこヽろへ候てたまハるへく候　まことニすこしにてはつかしく候共　きんすこししんし候お　みなてまへよりうけとり候へく候　かしく

みなみうけたまハり

四月六日　（黒印）

さくさへもんとのへ

編者の綱徳の「此ふみ大坂夏ノ陣時ノ事ナルヘシ」とあるように、病床の父信之に代わって大坂へ出陣している長男信吉の身を気遣う嫡母小松姫からの細やかな思いやりのこもった文である。急の出陣で十分な用意もできず、さぞや困ったことであろう、何ごとかあれば、遠慮せず申し出れば承りますよ、厳しい法度も父に免じて、陣中精を出し奉公するように、と慰め励まし、金子まで添えての文はいつの時代にも変わらぬ母の言葉と愛情のこもった行動である。

小松姫の菩提寺

こうした文から、小松姫は大坂の陣の前には人質として江戸移住をしていたことが判明する。

元和六年（一六二〇）、小松姫は江戸屋敷で病を得、上州草津温泉に療養に向かう途中、鴻巣（埼玉県）で四十八歳の生涯を終えた。戒名は大蓮院殿英誉皓月大禅定尼。

信之は小松姫の死をひどく惜しみ「吾家の燈火消ゆ」と嘆息したという。墓は各所にある。沼田の浄土宗法蔵山大蓮院正覚寺には宝篋印塔がある。正覚寺は小松姫によって寺領が与えられ、生前小松姫から寄進されたと伝えられる「絹本著色地蔵十王図」が伝わる。小松姫が当寺の住職・円誉不残に帰依していた鴻巣の浄土宗天照山勝願寺に、信之により一周忌に分骨され墓碑が建立された。信之はさらに一周忌に上田の浄土宗松翁山芳泉寺に霊屋《たまや》を建立した。

元和八年、信之は松代移封に伴い、小松姫の菩提を弔うために大蓮院の三回忌に松代城下に大英寺を開基し、芳泉寺の霊屋を移転した。この霊屋は真田氏の霊屋の中では最も古く最大級のもので、寺には小松姫の遺品が多く残されている。

大蓮院に長く仕えていた局の一人は剃髪して蓮心尼と称し、大蓮院の霊屋の近くに閑室《かんしつ》を建て長く霊屋を守った。蓮心尼に扶持米として毎年百八十俵が与えられた。蓮心尼の死後は蓮寿院として残された。大蓮院に上田のころより仕えていたはつという女中の墓が霊屋構内の中にあるが、このはつと蓮心尼は同一人物と考えられる。

信之は小松姫の没後二年目の元和八年、信濃国松代藩（長野市）十万石を与えられた。九十一歳まで藩主の座にあり、嫡子信政に譲った二年後の万治元年（一六五八）、九十三歳の長い生涯を終えた。真田家はこの地で幕末まで続いた。

小松姫と信之の間に生まれた二女二男のうち、長女まんは成長の後、島原藩主高力忠房の室となった。次女千世は飯山藩主佐久間安次の嫡子勝次に嫁したが、二十二歳で夫に死別したため見樹院と称し、信之のもとに帰り終生父のもとで過ごした。見樹院は大慈悲者といわれるほど、その開基あるいは再建した寺院は十か寺におよび、母の菩提寺大英寺をはじめ多くの寺院に寄付を行った。

主な参考文献

『新訂寛政重修諸家譜』第十一　高柳光寿ほか編　続群書類従完成会　一九六五
「大蓮院殿御事蹟稿」（『新編信濃史料叢書』第十七巻）信濃史料刊行会編集・発行　一九七七
『松代町史』（上巻）大平喜間多編纂　長野県松代町役場　一九二九
『戦国大名閨閥事典』小和田哲男編　新人物往来社　一九九六
『校註　本藩名士小伝　真田昌幸・信之の家臣録』河原綱徳著　柴辻俊六・小川雄・山中さゆり翻刻・校訂　丸島和洋　校注・解題　高志書院　二〇一七
『正受老人とその周辺』中村博二　信濃教育会出版部　一九七九

㉗小松姫・大蓮院（真田家など）略系図

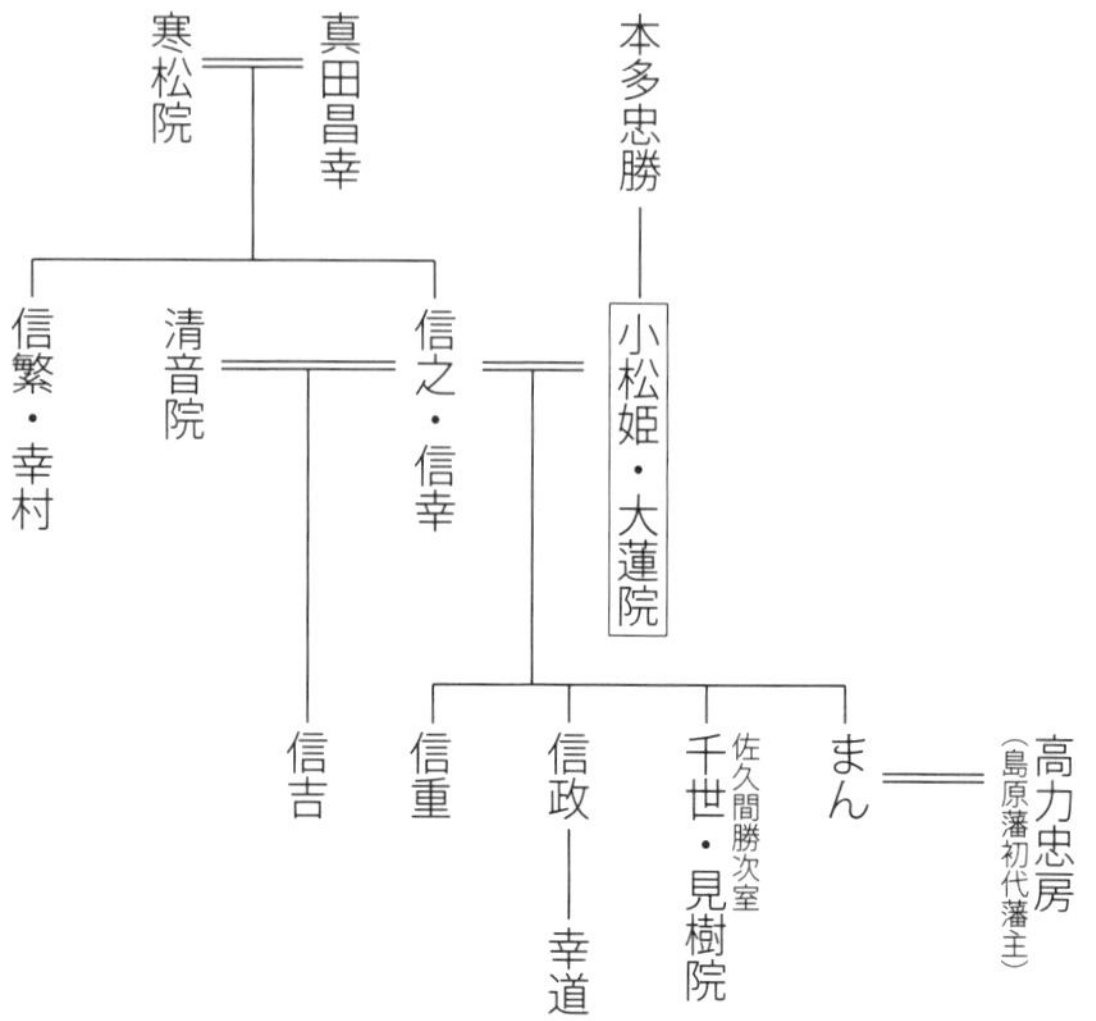

二　松平康直の娘連（蓮）姫・長寿院：有馬豊氏の室

化粧料七千石で有馬家へ

「幕府祚胤伝」には連姫について次のような記載がある。

蓮姫君　松平長沢上野介初源七郎康忠女　慶長七年壬寅七月十七日、有馬兵部卿法印卒時、嫡子玄蕃頭豊氏領丹州福知山六万石父領摂州有馬郡三田城二万石加賜之、此時為御養女被嫁、本多中務大輔及一位局司婚儀、御腰物御脇差賜豊氏、寛永九年、御遺金百枚、

慶安五年壬辰七月廿一日、歿、葬渋谷祥雲寺、長寿院普光宗照大姉

連姫（蓮姫とも）は、通称「十八松平」の一家である長沢城主松平康直（「幕府祚胤伝」にある康忠は康直の父）の娘として、天正十二年（一五八四）に長沢城（愛知県豊川市）に生まれた。母は家康の関東入国により上野国白井（群馬県渋川市）を与えられた本多広孝の娘である。連姫の祖母である松平康忠の妻矢田は松平広忠の娘で、家康の異母妹である。したがって祖父康忠は家康の義兄弟になる。康直は家康の関東入国に際し武蔵国深谷一万石を与えられ深谷藩祖となった。当然のことながら連姫も父に伴って深谷へ移住したと思われる。ところが入国三年後の文禄二年（一五九三）、藩政の確立の前に康直は二十五歳で世を去った。

甥康直の十歳の遺児連姫を不憫に思った家康は、連姫を養女として育て、化粧料五千石を与えた。成長の後、さらに二千石を加増し、慶長五年（一六〇〇）六月、遠江国横須賀三万石城主有馬豊氏に嫁がせた。婚儀は徳川四天王の一人本多忠勝と家康の側室阿茶の局が司った。時に連姫は十七歳で、豊氏は連姫の亡き父康直と同年生まれの十六歳年上の三十二歳であった。

豊氏は秀吉に仕えていたが、秀吉没後家康に接近した。

結婚したその月、豊氏は父則頼とともに家康に従って上杉景勝征伐に出陣した。その機会をねらって大坂城の奉行石田三成は家康打倒を諸大名に呼びかけ、美濃に兵を挙げることを企てた。それに先立ち大坂に居住している諸大名の妻子を大坂城中に人質にするため、諸大名の屋敷へ出兵した。有馬屋敷では留守を預かっていた家臣らは連姫の身を気遣い、航海に長けた辻三太夫と相談して豊氏の父則頼の居城である播磨国三木（兵庫県三木市）へ海路で移動することを考え、老女を通してそのことを連姫に申し出た。連姫は厳として答えた。

家臣の言素より軽率にはあらざるべし　然れども舅君法印殿の領地播州三木に至らんには通路悉く敵地なるを奈何せん　玄蕃頭殿の城下遠州横須賀は遠隔の地にして容易に達すべくもあらず　若し誤つて敵手に落ちんか　己一人の恥辱たるのみならず又夫君の面目を汚すこと大なり　されば我は此の邸に止まり決して他に出づることなかる

べし　若し奉行より強ひて入城を迫らば潔く自裁せんのみ（『久留米市誌』）

舅兵部卿法印則頼の播州三木はおろか、夫玄蕃頭豊氏の領地遠州横須賀は遠距離の地で容易に到達できるはずもなく、脱出の途中で敵の手に落ちたなら自分一人の恥辱だけでなく、夫豊氏の面目を大いに汚すことになりましょう。それゆえに私はこの屋敷に止まって決して他へは移動する気持ちはありません。もし石田三成殿が入城を強く迫るようでしたら潔く自害いたしましょう。

この思いは人質となることを拒否して三十八歳で自害した細川忠興の妻ガラシャと同じくするものであった。二十歳にもならない若い奥方の毅然とした言葉に髭面の家臣たちは慚死《ざんし》の思いにかられ、即、脱出の計画は中止された。ガラシャの自害により、三成は諸大名の妻子の人質を中止した。このときの言動により連姫は後々まで賢婦人、名婦と語り継がれた。

その年の九月の関ヶ原戦では大垣城の押さえとして赤坂に出陣して功を立てた有馬家は、同年十二月に則頼の旧領摂津国有馬郡三田（兵庫県三田市）二万石に移封され、豊氏は丹波国福地山（京都府福知山市）六万石を与えられた。居城を福知山へ移した豊氏に従って連姫も福地山へ移住した。その年は連姫にとって世の変動と重なり、居住地を幾度も変えることになった。二年後には豊氏は父の遺領二万石も与えられ、八万石の大名となった。

慶長八年（一六〇三）、連姫は福知山で嫡子忠頼を出産した。家康は男子誕生を喜び自ら吉法師と名付けた。吉法師は九歳のとき、将軍秀忠に謁見し、御前で元服式を挙げ一字を賜り忠郷と名乗り、後に忠頼と改めた。この式で幕府の重臣安藤重信が加冠し、水野忠元が理髪の役をし、家康の側室阿茶の局がお歯黒のことを務めた。四年後に信堅、さらに四年後に頼次と三男子を出産したが、出産の間隔が長いのは豊氏が江戸城増築、駿府城修築、禁裏修造などの役のために領地へ帰ることが難しかったからと考えられる。慶長十九年の大坂冬の陣の際も岡部長盛らと天満口を攻めて功をなし、翌年夏の陣にも供奉した。

筑後国久留米城での生活

元和六年（一六二〇）十二月、豊氏は十三万石加増されて筑後国に転封となり、翌年二十一万石の大名として御井《みい》郡（福岡県久留米市）の久留米城に移住した。この時三十七歳の連姫もまた山陽道、長崎街道を経て久留米城に入ったのであろう。

豊氏は若いころから禅に帰依し、傍ら儒学を学び、利休七哲の一人といわれたほど茶道にすぐれていた。仁慈に富んだ政治を行い、日常生活は質素を旨としたといわれているので、連姫もまた豊氏にならって茶道を楽しみ、質素な日常生活を送ったと推測される。

寛永十年（一六三三）、家光に仕えていた次男の信堅が二十七歳の若さで死去した。

寛永十四年に島原の乱が勃発するや老齢ながら、豊氏は忠頼ともども江戸より出陣し、領地久留米の家臣を大勢連れ、大いに功をなした。

寛永十九年、豊氏は七十四歳で世を去った。遺領は嫡子忠頼が継いだ。その十年後の承応元年（一六五二）、連姫は辰の口の上屋敷で六十九歳の生涯を終えた。豊氏と同じ江戸の臨済宗瑞泉山祥雲寺（渋谷区）に葬られた。戒名、長寿院普光宗照大姉。久留米の臨済宗江南山梅林寺に長寿院位牌廟が建立された。

その二年後、嫡子の二代藩主忠頼が参勤交代を終え領地へ向かう途上、備前国田浦の沖の船中で小姓兄弟により洗顔中に首を掻かれ死去したことを、連姫は知る由もない。忠頼は海軍を起こし基地を新設したり久留米藩の文教興隆の基礎を築いたり、治水・土木事業や土免制を採用して豊凶を平均化して貢租収奪をはかるなど藩政に務めたが、浄土宗本願寺の東西対立に関し西派を追放したり藩政に過酷な面も見られたりしたためであろうか。

しかし、久留米藩はその後、転封もなく幕末まで続いた。

主な参考文献

『新訂寛政重修諸家譜』第一、第八　高柳光寿ほか編　続群書類従完成会　一九六四、一九六五
『贈従三位有馬豊氏卿略伝』山田静雄著・発行　一九四一
『久留米市誌』（下巻）久留米市編・発行　一九三二
『久留米小史』（巻三）戸田乾吉編　一九五二
『久留米人物誌』（余話録）篠原正一　菊竹金文堂　一九八一

㉘ 連（蓮）姫・長寿院（有馬家など）略系図

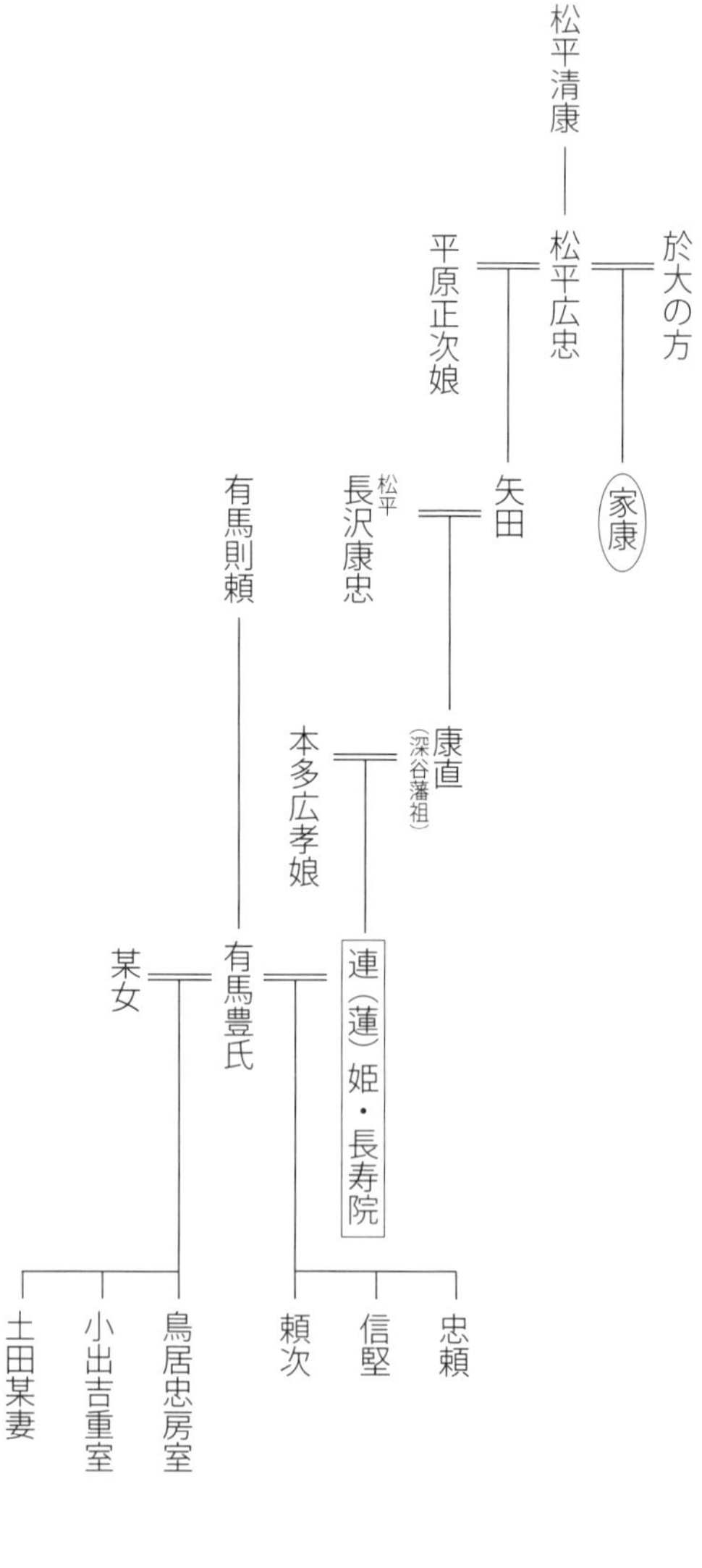

三　松平康親の娘花姫・唐梅院：井伊直政の室

松平康親の娘

唐梅院について「幕府祚胤伝」に簡単な経歴が載る。

松平桜井周防守始《初》名左近忠次康親女　為二御養女一　上州安中城主井伊兵部大輔直政被レ嫁
寛永十六年己卯七月三日、歿、葬二同所大泉寺一、唐梅院台誉崇玉大姉

康親《やすちか》ははじめ忠次を名乗り、幼少より家康に仕えた。永禄四年（一五六一）、吉良家の東条城（愛知県西尾市）を落とし、城主となった甥の松平家忠（東条松平家）の後見となり、家康の侍女・能見松平重吉の娘を与えられ松平の姓を賜った。

康親は元亀元年（一五七〇）の近江国姉川の戦や天正三年（一五七五）の三河長篠の戦でも勇名を馳せた。さらに康親は武田方の領地遠江国高天神への要路田中城の守りを中し出て家康を感動させ、諱の一字を賜り忠次を康親と改めた。田中城は牧野城と改められ以後七年間、武田勝頼の攻めにも落ちず守り続けた。天正十年、北条氏の備えとして三枚橋（静岡県沼津市）に城が築かれ、康親はその守りを命じられ、しばしば北条方と対戦し、北条方を脅かした。

花姫の母は、三河国吉良荘江原郡（愛知県西尾市）の領主江原政秀の娘で、康親の正室

である。政秀の娘は永禄十年（一五六七）ごろ、東条城で一人娘となる花姫を産んだ。同じころ、能見松平重吉の娘は東条で嫡子康重を産んだ。（家康の落胤ともいわれる）花姫と康重はほぼ同じころに生まれた母を異にする兄妹である。

井伊直政と結婚

天正十一年（一五八三）、年が明けると花姫は家康の養女として、二年前に婚約の調っていた、後に「徳川四天王」の一人に数えられる井伊直政に嫁いだ。直政二十三歳、花姫十八歳のころである。当時、直政は井伊谷の領主で、家康の寵愛を受け小姓として仕えていた。直政は家康の有力な家臣ではあったが、「三河譜代」ではなく、遠江国井伊谷に領地を持つ国人（在地の武士）で、今川家に従属していた。直政の父直親は謀反の疑いをかけられたために、異心のないことを申し開かんとして、駿府の今川氏真のもとに向かう途中、掛川の城主朝比奈泰能に討たれ二十七歳で命を落とした。時に直政は二歳であった。領地を没収された直政は、その後、家臣の妻や寺にかくまわれて成長し、天正三年（一五七五）、十五歳のとき、浜松で家康に出会い、それより家康に仕える身となり、先祖の旧領井伊谷の領有を認められた。同九年の高天神城攻めで軍功を挙げ、翌年の本能寺の変では家康に近侍していたため伊賀越えに従った。同年、北条氏と甲斐進出の和議の交渉などで活躍し、家康が武田家の領地を併合するにあたり、武田家の旧臣ら百十七人を配下に与えられた。その際、甲冑は赤で統一するように命じられ、「赤備え」と呼ばれた井伊隊が、その後の徳川勢の先鋒として活躍するようになった。

花姫が井伊家に入輿した同じ年、実家では父康親が三枚橋城（静岡県沼津市）で没し、兄康重が遺領を継ぎ、三枚橋の城主となった。

天正十八年（一五九〇）、直政は家康の関東入国に際して、上野国箕輪城（群馬県高崎市）十二万石を与えられ、さらに碓氷峠に関所を設置することを命じられた。更なる喜びは、この年、正室花姫に遠江国浜松で長男直勝（直継）が、側室印具氏（養賢院）に駿河国藤枝（中里・焼津市とも）で次男直孝が誕生した。側室印具氏は、松平康親の家臣印具徳右衛門の娘であり、花姫が直政に嫁ぐとき供として連れて来た侍女かと思われる。花姫はこの一、二年前に政子を産んでおり、政子は後に家康の四男松平忠吉に嫁ぐ。花姫は直勝の後にもう一人の女子亀を産み、亀は成長の後、仙台藩祖伊達政宗の長男で伊予国宇和島藩祖伊達秀宗に嫁ぐ。

直政は関ヶ原の戦で、東海道を西上する東軍の総大将松平忠吉に従い、先鋒の軍監として勝利を得、戦後処理にも大いに活躍した。その功により石田三成の旧領佐和山十八万石を与えられ、翌年、佐和山へ赴いた。しかし、関ヶ原戦での傷がもとで慶長七年（一六〇二）、四十二歳で死去し、十三歳の直勝が遺領を継いだ。

十数年の結婚生活で花姫はどのくらいの年月を直政と過ごしたであろうか。常に家康に従い、戦場で明け暮れした直政と夫婦としてゆっくり向き合う時間はほとんどなかったであろう。それまで、夫の留守を預かり、三人の子の生母として、また、側室の子直孝の嫡母として、さらには家康の養女としての格式を保つ生活であった。家康にいとまをもらってやっと佐和山に落ち着いた直政との生活が始まったばかりで、夫との永別となってしまった。

彦根城から安中城へ

慶長九年、佐和山の地はよろしからずということで、同国彦根に転封となり城を築いた。以後、家康と二代将軍徳川秀忠は上洛のとき、しばしば彦根城を訪れた。花姫は城の女あるじとして饗応接待に務めたことであろう。

慶長十九年、家康・秀忠の側近で小田原藩主大久保忠隣が本多正信との権力争いに破れ改易となり、彦根領内に配流された。花姫も何かと温かな心配りをしたと思われる。同年十月、大坂の陣が起きると、直勝は病を理由に参戦せず、代わりに弟直孝が参戦し奮闘した。

翌慶長二十年（七月に元和と改元）二月、直孝は駿府の家康のもとに呼ばれ、病気の兄に代わって直政の家督を相続し軍務を執ることを仰せつかった。直孝は「天倫の序をみだし、弟としてその家をつぐ事あるべからず」と再三固辞したが厳命に背くことはできず、結局直孝が近江国十五万石を領して彦根に住むことになり、上野国安中（群馬県安中市）三万石を直勝に分地して別家を立てた。安中はかつて家康の関東入国のとき、直政が箕輪城（群馬県高崎市）十二万石に封ぜられたときの所領であった。井伊家家督の交代は、公式には直勝の病弱が理由とされたが、そのころ井伊家は家臣団の内紛があり、嫡子直勝に家中を統制する器がないとされての井伊家分割であった。しかし、彦根城築城の人柱拒否の直勝の慈悲深い名君ぶりの逸話が残っている。井伊谷以来の家臣たちは直勝に付けられ宗家を追われる形となった。宗家を継いだ直孝には甲斐武田氏の遺臣などが配属された。直勝は母花姫と、尾張国清州藩主松平忠吉に死別した後彦根に帰っていた姉の政子（清泉院）を伴って安中へ下った。徳川家の養女として、直政の正室として井伊家に入った花姫は、宗家を出るとい不本意さをどのように受け止めたであろうか。さまざまな思いはあったであろうが、直政の後室や徳川家の養女という格式を捨て、心優しい実子直勝と実娘政子のもとで暮らすこの日々は、花姫にとってあるいは気の休まる老後生活であったのかもしれない。

安中に移って三年後に孫の直好が誕生した。寛永九年（一六三二）、直勝は藩主の座を十七歳の直好に譲り隠居した。

寛永十六年（一六三九）、花姫は世を終えた。七十三歳ほどの生涯かと思われる。唐梅院殿台誉崇玉大姉と謚され、浄土宗無邉山唐梅院大泉寺（群馬県安中市）に埋葬された。

直好の後、別家井伊家は三河国西尾、遠江国掛川、越後国与板と転封を重ね、与板で宗家から迎えた井伊直弼の四男直安の時代に幕末を迎えた。
一方、本家井伊家は一度の転封もなく七人の大老を出し、譜代大名の最有力者として徳川政権を支え、明治の世を迎えた。

主な参考文献

『新訂寛政重修諸家譜』第六　第十二　高柳光寿ほか編　続群書類従完成会　一九六四、一九六五
『藩史大事典』第二巻　木村礎ほか編　雄山閣　一九八九
「唐梅院　徳川四天王井伊直政正室西尾ゆかりの女性」齋藤俊幸（情報誌「みどり」九七号　エムアイシーグループ発行　二〇一七年春号）

㉙花姫・唐梅院（井伊家など）略系図

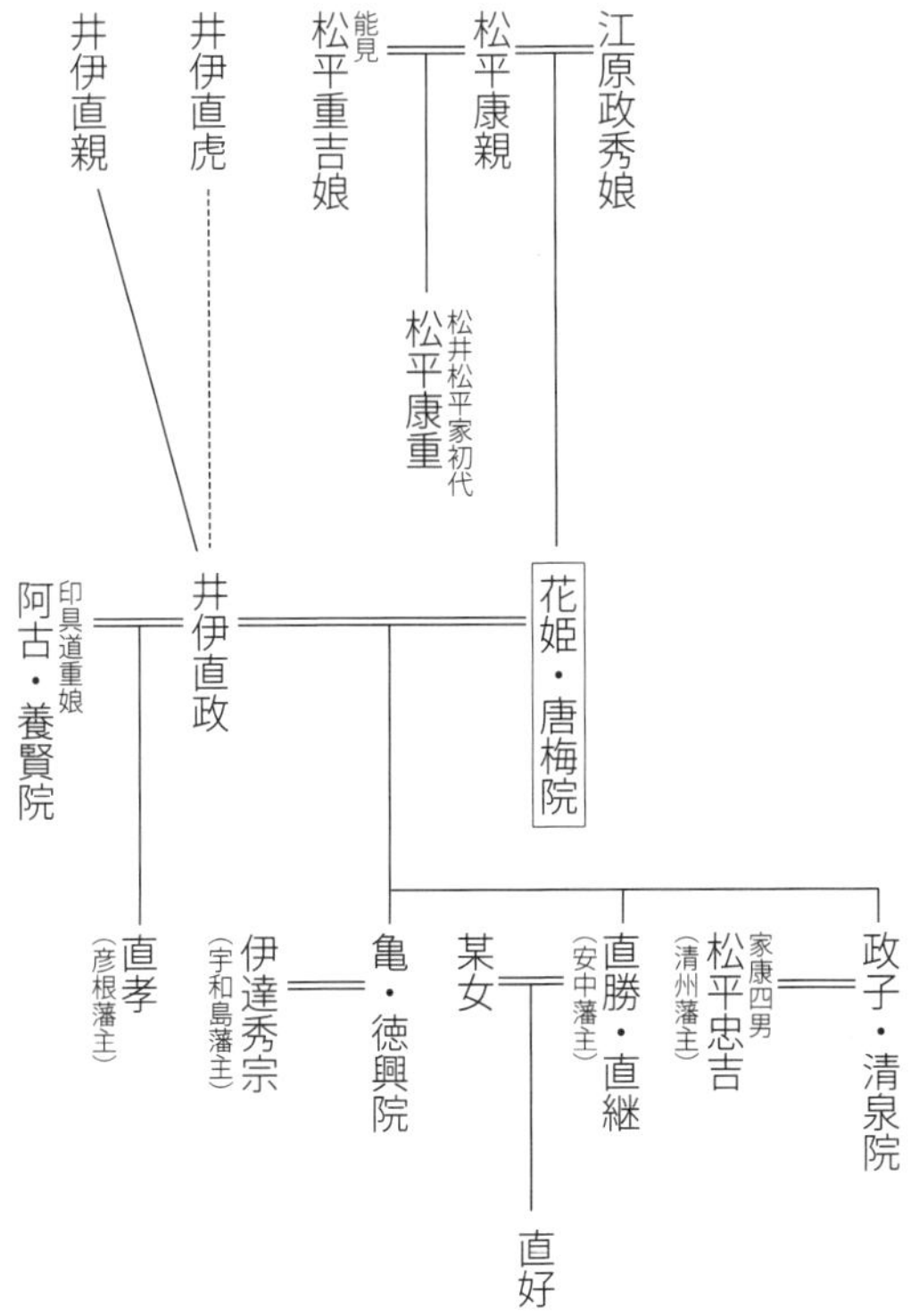

四　岡部長盛の長女菊姫・高源院：鍋島勝茂の室

高源院に関して「幕府祚胤伝」には次のように記されている。

　岡部内膳正長盛長女　慶長十年乙巳四月、為二御養女一　鍋島信濃守勝茂被レ嫁、寛永九年、御遺金百枚、寛文元年辛丑九月六日、歿、葬二麻布賢崇寺一　高源院乾秀正貞大姉

菊姫は天正十六年（一五八八）、駿河国清水で岡部長盛の長女として生まれた。茶々ともいった。長盛の父正綱は駿河国の国人で今川家、武田家に仕え、後に家康に仕えるようになった。菊姫が生まれたときには祖父は世になく、天正十二年、父長盛が遺領を継ぎ、その年の尾張国の長久手の戦や翌年の信濃国上田攻めで戦功を挙げた。

菊姫の母は家康の家臣で「十八松平」の一家である松平（竹谷）清宗の娘である。菊姫が三歳の同十八年、長盛は家康の関東入りに際して上総・下総国に一万二千石を与えられ、一族は下総山崎（千葉県野田市）に移住した。菊姫は幼児期に母と死別した。まもなく父長盛は家康の命で家康の姪である松平康元の娘（洞仙院）を継室として迎えた。菊姫は家康の姪の義理の娘となった。菊姫が十歳のとき、弟宣勝が生まれ、その後、二人の男子と四人の女子が次々と生まれた。

菊姫は康元の娘を嫡母として成長した。慶長十年（一六〇五）、菊姫は十八歳で家康の養女として肥前国佐賀領主鍋島直茂の二十六歳になる嫡子勝茂のもとに嫁いだ。その折、化粧料として豊後国日田《ひた》郡石井郷（大分県日田市）に千石を与えられた。

勝茂は十六歳の時、秀吉の養女で伊予国板島丸串城主戸田勝隆の娘を正妻として迎えていたが、勝隆の娘は慶長八年に死去した。

勝茂は関ヶ原の戦では西軍に属していたが、西軍敗北後、黒田長政らの仲介で家康に詫び、西軍の立花宗茂を討って領土を保持した。菊姫が嫁いで二年後、勝茂は藩主の座に就き、すでに着手していた佐賀城の築城、城下町の整備に努め、慶長十八年、勝茂は三十五万七千石を安堵された。

五十年以上を過ごした子だくさん夫婦

菊姫は慶長十二年（一六〇七）に長女市（米沢藩主上杉定勝の室）を、翌年、次女鶴（家臣多久茂辰の妻・天性院）を、慶長十八年には次男翁助（忠直）、元和元年（一六一五）には直澄（蓮池鍋島家初代）を出産した。

元和二年四月、家康が七十五歳の生涯を閉じた。遺物として勝茂に金子百枚、菊姫に銀子千枚が下賜された。

翌年には三女亀（家臣諫早茂敬の妻・宝乗院）を、元和四年には直弘（白石鍋島家初代）を、元和六年には四女伊勢菊（家臣神代《くましろ》常利の妻・性空院）を出産した。元和八年には直朝（鹿島鍋島家初代）を出産した。二か月後、菊姫は勝茂の参勤交代に同行して市と翁助を連れ江戸へ向かった。三月二十七日に佐賀を出発し二十八日伊万里に到着、日和が悪く四、五日逗留し四月四日伊万里から船で大坂に向かった。大坂からは先に出発した勝茂と別れ、後から菊姫一行は陸路を旅した。新居関で女改めがあったが家康の養女ということを申し出て改めはなく、お付きの女中たちは老婆による改めを受けた。

その年の暮、菊姫の産んだ十歳になる次男翁助は、人質として早くより江戸に住んでいた長男元茂を差し置いて、将軍秀忠より松平の姓を許され、秀忠の一字を賜って忠直と改名し嫡子となった。元茂は勝茂の長男とはいえ、母が側室小西氏岩であったため庶子とされた。

元和九年、菊姫は五女長（三河国刈谷藩主松平忠房の室・永春院）を江戸屋敷で出産した。

寛永元年（一六二四）、長女市が江戸で上杉定勝と婚礼の式を挙げた。翌年、菊姫は六女乙成（鍋島直広の妻）、同五年に七男（勝茂にとっては十一男）直長を出産、合わせて七男六女の子どもに恵まれた。

寛永六年一月、勝茂の生母陽泰院が八十九歳の長寿を全うした。肥前国の戦国大名龍造寺家の家老石井忠常の娘で直茂が見込んで迎えた聡明な慈悲深い女性で家臣や領民から慕われた。陽泰院の死去に際し、幼少期に命を救われ長年陽泰院に仕えた田尻善右衛門をはじめ八十八歳まで仕えた妙精や三位卿妙珠ら女性四名を含む八名が追腹を切った。殉死が禁止されたのは寛文三年（一六六三）、四代将軍家綱の時代であり、このころは殉死は常であった。上杉家へ嫁いだ長女の市が二十九歳で死去した際にも、男女それぞれ三名が後を追っている。陽泰院の辞世が二首残されている。

雲晴テ光サヤケキ月カケノ入方ハケニモトノ大ソラ

声ヲサヘキカテ別レシ我ヨリモナキアトヲ見ン君ソカナシキ

菊姫はこの心優しい教養深い義母から多大の影響を受けたことであろう。

寛永八年には、忠直と三河国新城藩主松平忠明の娘の婚儀が行われた。松平忠明は奥平信昌と家康の長女亀姫（盛徳院）の四男で家康の外孫にあたる。松平忠明の娘は家康の外曽孫となる。

寛永九年一月、将軍秀忠が五十四歳の生涯を江戸城西の丸で終えた。九年前の元和九年（一六二三）に家光が三代将軍の座に就いていた。遺物として勝茂に銀子五十枚、菊姫に金子百枚を賜った。

寛永十二年、嫡子忠直が藩主の座に就くことなく、父に先立ち疱瘡を患い二十三歳の若さで世を去った。忠直は松平忠明の娘（家康の長女亀姫の孫）との間に長男光茂に恵まれていたが、四歳の光茂は幼く、結局、勝茂が明暦三年（一六五七）、七十八歳で世を終えるまで藩主の座にあった。在任中、勝茂は長男元茂に小城《おぎ》五万七千石（後七万三千石）を、菊姫の産んだ直澄に蓮池三万五千石（後五万二千石）、直朝に鹿島一万六千石（後二万石）を与え、支藩を立てた。

慶安四年四月、三代将軍家光が四十八歳の生涯を閉じた。この時は菊姫への遺物はなかった。

承応元年（一六五二）、光茂の室・米沢藩主上杉定勝の娘（柳線院）が綱茂を出産した。菊姫の曽孫の誕生である。

明暦三年（一六五七）一月、勝茂は隠居し、孫の二十五歳に成長した光茂が家督を継いだ。勝茂は安堵したようにその年の三月、七十八歳の生涯を終えた。菊姫は長女の長と臨終を見守り毅然とした態度で最期を看取った。父勝茂にとりついて涙を流し嘆き悲しむ長に言葉をかけた。「扨々目出度御臨終哉、弓矢ノ御働、国家ノ御固メ、御一生無越度、其上御子孫数多御持成、御家督ヲモ御譲リ、八十近ノ御長命ニテ、御成就ノ事無比類御仕舞也、此上ニハ少モ被思召残事ハ有間敷也」と勝茂の八十歳近くまで天下統一のために力の限りを尽くし、子孫も多く残し家督も譲り渡し、何も思い残すことのないこの上ない生涯の終わりを遂げた目出度い臨終であることを、菊姫は心の底から勝茂の生涯を讃えた。娘にさとしきかせると同時に、早世した子を含め十三人の子どもを生み、五十年間、藩主の妻として勝茂の為政を後ろから支えた勝茂との長い人生が輝いていることの確認であった。

勝姫はさらに続けて、「如何に女ナレトハトテ、物ノ道理ヲ分別ナク、末期ノ親ニ涙ヲ見セ申スヘキヤ」（「勝茂公譜考補」十下）と長を睨んで席を立った。葉隠の精神はまさしく菊姫の中にあった。

菊姫は勝茂の没後も二代藩主となった孫の光茂を陰から支え、勝茂に四年遅れ寛文元年（一六六一）、七十四歳の生涯を終えた。高源院乾秀正貞大姉と諡され、勝茂が若くして亡くなった嫡子忠直のために建立した江戸麻布（港区）の曹洞宗興国山賢崇寺に埋葬された。鍋島家の菩提寺曹洞宗恵日山高傳寺に伊勢菊が奉納した父勝茂と母菊姫の肖像画が伝わる。いつごろ詠まれたのかは不明であるが、菊姫の歌が一首残されている。

九月　なからへはまた此湯にもいりやせん命なりけりいつのこんけむ

言うまでもなく『古今和歌集』に収録されている西行法師の歌「年たけてまた越ゆべしと思ひきや命なりけり小夜の中山」を踏まえた歌である。老後に熱海の湯につかり伊豆山権現（伊豆山神社）に参詣したときの歌であると思われる。

鍋島家は十代名藩主直正を出し、十一代藩主直大で明治を迎えた。そして三支藩ともに幕末まで続いた。

主な参考文献

『新訂寛政重修諸家譜』第十三　高柳光寿ほか編　続群書類従完成会　一九六五

『佐賀県近世史料』第一編第二巻　佐賀県立図書館編・発行　一九九四
「鍋島家女子名一覧」（『肥前史研究』三好不二雄先生傘寿記念誌会）宮山達郎　一九八五
『三百藩藩主人名事典』四　藩主人名事典編纂委員会　新人物往来社　一九八六

㉚ 菊姫・高源院（鍋島家など）略系図

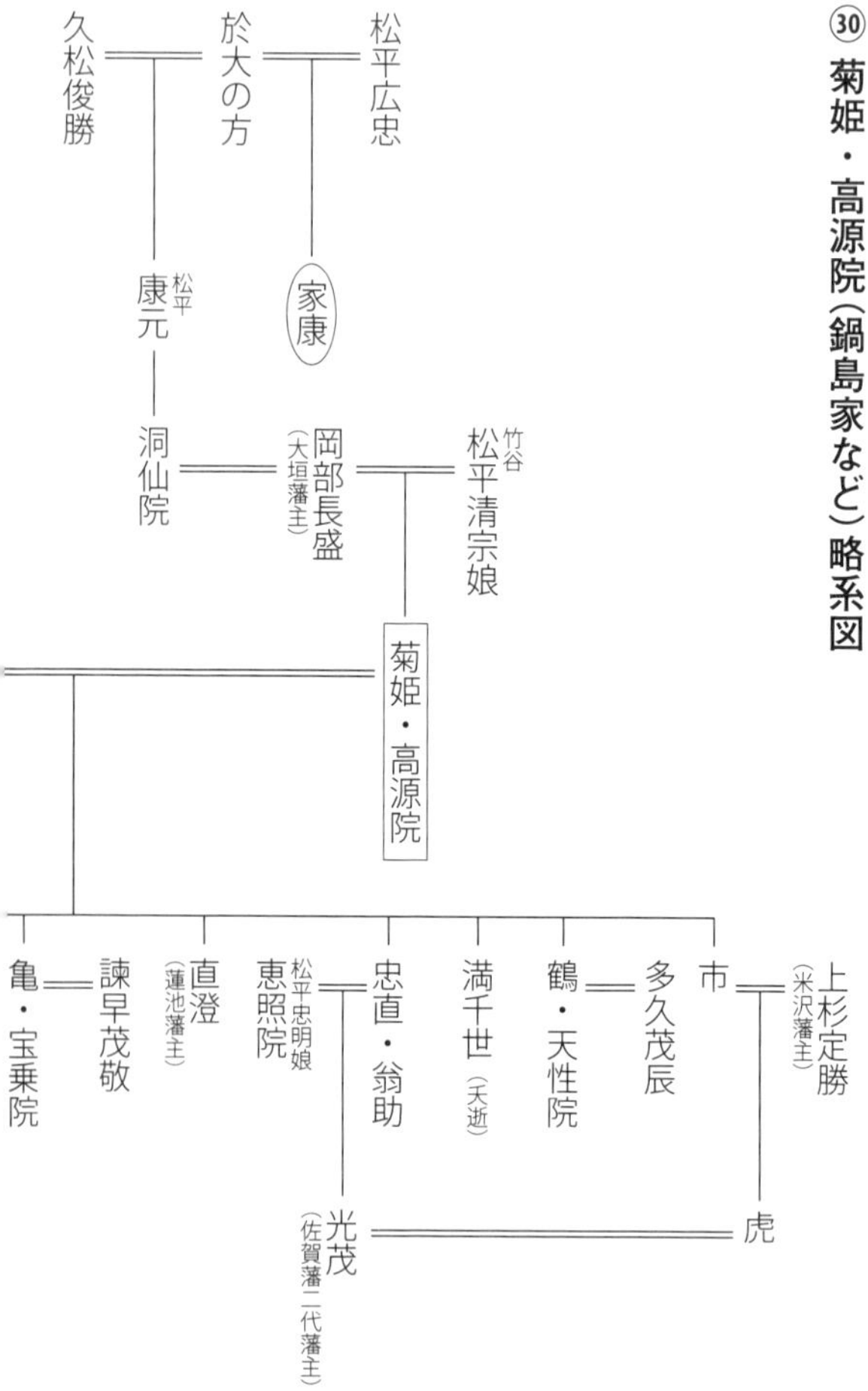

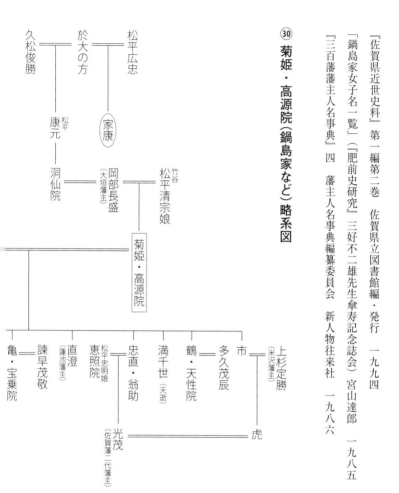

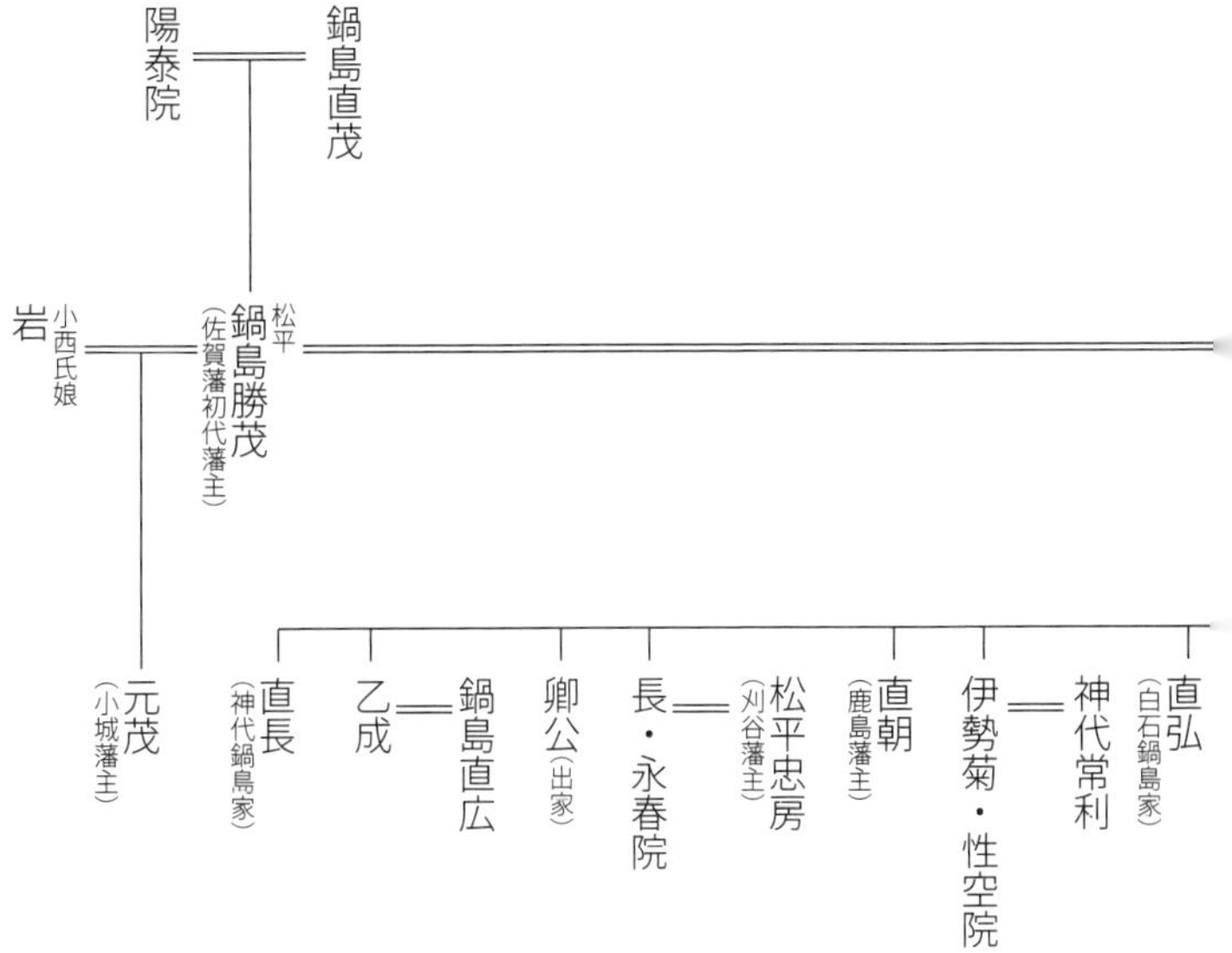
鍋島直茂
陽泰院
松平
鍋島勝茂
(佐賀藩初代藩主)
小西氏娘
岩
元茂
(小城藩主)
直弘
(白石鍋島家)
神代常利
伊勢菊・性空院
直朝
(鹿島藩主)
松平忠房
(刈谷藩主)
長・永春院
卿公(出家)
鍋島直広
乙成
直長
(神代鍋島家)

五　水野忠重の長女かな姫・清浄院：加藤清正の室

加藤清正と結婚

清浄院について「幕府祚胤伝」にはごく簡単に次のようにある。

水野和泉守忠重女、為二御養女一、加藤肥後守忠広為レ室、慶長十六年辛亥六月廿四日、死、葬二京都本国寺清浄院一

かな姫は三河国刈谷（愛知県刈谷市）城主水野忠重の長女として天正十年（一五八二）、刈谷城で産声を上げた。忠重は水野忠政の九男で、家康の母於大の方の弟で家康の叔父にあたり、したがって忠重の娘は家康の従姉妹にあたる。母は某氏とある。

かな姫が三歳のときに起こった小牧・長久手の戦の後、忠重はそれまで仕えていた徳川家康のもとを離れ、豊臣秀吉に仕えるようになった。小田原征伐の後、伊勢国神戸《かんべ》（三重県鈴鹿市）四万石を与えられて移封となったが、文禄三年（一五九四）、再び旧領刈谷に戻された。

秀吉の没後、慶長四年（一五九九）、十八歳に成長したかな姫は家康の養女として付き人丹羽伝右衛門らとともに、肥後国領主加藤清正に嫁いだ。

清正は文禄（一五九二〜）・慶長（一五九七〜）の役の朝鮮出兵で勇名を馳せた秀吉子

飼いの武将である。かな姫が清正に嫁したとき、三十八歳の清正の側には、目玉郷（熊本県阿蘇郡）の阿蘇家の家臣玉目氏の娘正応院と肥後の豪族菊池武宗の娘川尻殿（本覚院）がいた。すでにそうした女性たちから生まれた長女古屋《こや》や次男忠正もいた。朝鮮出兵ごろには秀吉に仕えた摂津三田（兵庫県三田市）城主山崎片家の娘がいたが病死した。

秀吉没後、石田三成が事を企てるにおよび忠重は家康のもとに走り、家康に「忠重急難のときにあたりてはかならず来りて守護する事神妙なり」（『新訂寛政重修諸家譜』巻六）と家康を喜ばせた。しかし、慶長五年（一六〇〇）七月、関ヶ原の戦の二か月前にして池鯉鮒《ちりゅう》（愛知県知立市）で三成派の家康の刺客加々野某（「東照宮御実紀」巻四では加賀井弥八郎とある）に刺殺された。かな姫は父を亡くした悲しみの中で加藤家の大坂屋敷で暮らしていた。秀吉は諸大名の妻を人質として大坂屋敷に住まわせる人質政策を採っていたが、秀吉没後もその政策は続いていた。三成は諸大名が家康になびくのを恐れ、大坂城本丸に大名の妻たちを移住させ堅固な番を付ける計画を企てた。これを知った細川忠興の妻ガラシャ（玉）は、関ヶ原の戦の二か月前、大坂城内へ移ることを拒み、大坂屋敷で壮絶な自害を遂げた。

清正は公儀の妻とも言うべきかな姫を大坂屋敷より脱出させるように家臣に命じた。大坂在住の家臣大木土佐と船奉行の梶原景俊は計略をめぐらし、景俊が毎日二度ほど自宅から屋敷に通う際、老人ゆえ、病人ゆえ歩行困難と言って乗り物で通う許可を各番所に届け出た。景俊は乗り物の中で大綿帽子をかぶり、大夜着《おおよぎ》を打ちかけ、乗り物の左右の戸を開いて往来した。最初のうちは番所を通るたびに乗り物の中を調べられていたが、日が経つにつれて「いつもの病人ならば苦しからず」と調べもせずに通すようになった。

二十日ばかり経ったころ、かな姫を乗り物に乗せ、後ろに押し寄せて大夜着を打ちかけ、景俊は大綿帽子をかぶり、いつものように左右の戸を広く開け、土佐を乗り物に添って歩かせた。万一、乗り物を取り調べられたときには、土佐が番兵を取り押さえている間に、景俊はかな姫を刺し殺し他人の手には渡さないとの固い決意で、静かに番所を通るといつものように各番所では難なく通過でき、無事に用意してあった船までたどり着けた。船には水を張った桶を三つ据え置き、中の一つに中底を入れ、その下にかな姫を押し込んだ。港には船番所があり、船内の取り調べがあったが、長雨で桶の中は濁り水となっていたため中底は見えず、無事九月一日、一行は隈本城に到着した。

清正が妻の大坂脱出を喜んだのは決して妻に対しての愛情からではなかった。家康に対する面目であった。清正は妻に対して常に警戒心を抱いており、奥へやって来たときには片時も刀をはなさず、膝もとに置いていた。不審に思った老女の五条があるとき「表にますます時にこそ、御腰の物も入申べけれ、奥方へ入らせ玉日ては、何の御用心もいらぬ事なるに、かく御気遣ひの御やうすは、いか成ゆへにや」とたずねたところ、清正は笑って「女の知るべき事にあらず、表にては身に替り、命にかはる家来ども多くして、昼夜の守護おこたりなく、勤番するゆへ、たとへはだかにて居たればとても、さのみ恥かく事はあらじ、奥方は、女ばかりのつどひなれば、かくこそ用心するなり」と答えたという逸話が残る。

慶長六年（一六〇一）、かな姫は一人娘となるあま（瑤林院）を出産した。あまは嫁ぐ日まで隈本城で暮らした。

関ヶ原の戦で清正は、かつての朝鮮征伐の同僚であった西軍に属した小西行長を攻めて宇土城、八代城を落とした。戦後それらを含めて加増され十九万石から五十四万石の外様大大名となった。清正は熊本城の築城に取りかかり、城は慶長十二年に完成し、それまでの隈本を熊本と改称した。

かな姫は名目上は熊本城の女あるじとなった。清正の前妻玉目氏（正応院）は嫡子忠広を、側室川尻殿（本覚院）は古屋（上野国館林藩主榊原康勝の室、後、武蔵岩槻藩主阿部正次嫡子政澄の室）と忠正を産んだ。

慶長八年（一六〇三）、清正は江戸に屋敷を与えられた。側室の子として生まれた長男忠正が人質として江戸に住んでいたが、江戸屋敷の新築が完成した慶長十二年に疱瘡を患って九歳で世を去った。慶長十四年、清浄院のただ一人の娘あまと家康の十男頼宣の婚約が調った。あまは九歳、頼宣は一歳年下の八歳であった。婚儀は十年後の元和三年（一六一七）に行われた。この時にはすでに父清正はこの世にはいなかった。

清正は江戸と熊本を往き来し、家康に従って参内したり、秀吉の室高台院を招待しての能楽などにも参列したりした。また、江戸城増築工事や名古屋城の天守閣の普請なども負担した。そうした働きばかりでなく、慶長十六年、京都の二条城で家康と豊臣秀頼との対面の際、秀頼につき従い、大役を果たした帰路の船中で発病し、帰国直後五十歳で脳溢血のため死去した。このとき、かつてかな姫を大坂から脱出に際して功のあった大木土佐が殉死した。かな姫は三十歳で未亡人となり、清浄院と称した。清正との結婚生活は十二年間に過ぎなかった。

清正没後の忠広の治政

清正の跡は十一歳の忠広が家督を相続した。幼少の藩主のため五人の家老が置かれ、幕府からも肥後監察役として伊勢国津藩主藤堂高虎が派遣された。しかし、大坂の陣のころより、重臣たちの主導権争いが生じ、馬方（加藤右馬允派）と牛方（加藤美作派）とに分かれて対決し、幕府への訴状をもとに元和四年（一六一八）、ついに将軍秀忠は忠広をはじめ関係者を江戸城に呼び出し、自ら訴えを聞いた。その結果加藤美作を越後村上に配流するなど、関係者多数を処分し、国政を加藤右馬允に執らせることを決議した。忠広に対しては、幼少であることや清浄院の立場を考慮され徳川家と姻戚関係ということで咎めはなかった。このお家騒動は「馬方牛方騒動」と呼ばれた。この騒動の後、元和八年の「加藤家御侍帳」（永青文庫蔵）に四名の女性の知行高が見える。清浄院が最も高く一万石とあり、将軍秀忠の養女として清正の跡を継いだ忠広の正室琴姫（崇法院）は三千石である。関ヶ原前夜、大坂城から清浄院を助け出した大木土佐の妻も百五十石の扶持をもらっている。清浄院のずば抜けた大名並みの高額扶持は清正亡き後の熊本藩での地位の高さと重さを表している。

その後、忠広は大坂城修築や江戸城天守閣築造に助役し、三代将軍家光のとき後水尾天皇の二条城行幸に細川忠利らと列に加わるなど、熊本藩主としての役を果たしていた。忠広の嫡男虎之助は寛永七年（一六三〇）、家光に謁見し名の一字を賜り、光正と改名した。また、秀忠は西の丸で連日茶会を催していたが、忠広も招かれるなど何の変わったこともない日を過ごしていた。

ところが、寛永九年（一六三二）一月、秀忠が五十四歳で世を去るや、加藤家に対するさまざまな嫌疑が降りかかってきた。まず、土井利勝謀反の誓詞を持ちまわる者があらわれ、このことで嫡子光正が嫌疑を受け、五月に幕府は忠広に出府を命じながらも品川まで来たところ、入府を差し止め、池上本願寺で待機させた。

加藤家の改易

月が変わるや突然領国を召し上げられ、忠広は出羽国庄内藩主酒井忠勝にお預けとなり、生母の正応院とその姪にあたる側室しげ（玉目氏）ら五十人の一行で庄内へ向かった。正室の崇法院は家康の三女振姫と蒲生秀行の娘で二代将軍秀忠の養女として加藤家に入輿していた関係で、庄内へは同行しなかった。光正は飛驒高山へ配流の命が下った。五十一歳の清浄院の驚きと悲しみは測りがたいが、清正が逝って二十年、清浄院の懐柔策としての役目は終わっていた。若い忠広の力では家臣団を掌握できないとの表向きの理由のほか、徳川幕府の基礎固めの豊臣系の大名排除の矢面にされたことも否定できない。

清浄院は熊本藩改易の後は三十三年間を過ごした熊本城を出て、兄水野勝成の領地である備後国福山（広島県福山市）へ向かった。しばらく実家水野家で暮らしていたが、後、京都へ移住した。京都では清正の眠る京都六条の日蓮宗大光山本圀寺に度々参詣し、外護を尽くした。また、総本山身延山にも長く外護し続けた。

清浄院は明暦二年（一六五六）、七十五歳の長寿を保った。清正逝って四十五年、寛永九年の加藤家改易から二十四年後であった。清浄院殿妙忠日寿大姉と諡され、本圀寺に埋葬された。本圀寺は昭和四十六年（一九七一）、京都市郊外の山科（山科区）へ移転復興し清正、清浄院、瑤林院（あま）の各廟も移築された。清浄院が清正没後の二年目の慶長十八年（一六一三）に開基した日蓮宗常妙山法宣寺（熊本市）には清浄院の供養塔が建てられ、清正と清浄院の木造が安置されている。

主な参考文献

『肥後近世史年表』生田宏編　日本談義社　一九五八
『加藤清正傳』中野嘉太郎編　清正公三百年会　一九〇九
『加藤清正』（下巻）片山丈士　河出書房新社　一九六六
『加藤清正「妻子」の研究』水野勝之・福田正秀共著　ブイツーソリューション　二〇〇七
『藩史大事典』第七巻　木村礎ほか編　雄山閣　一九八八
『家康の族葉』中村孝也　講談社　一九六五

㉛かな姫・清浄院（加藤家など）略系図

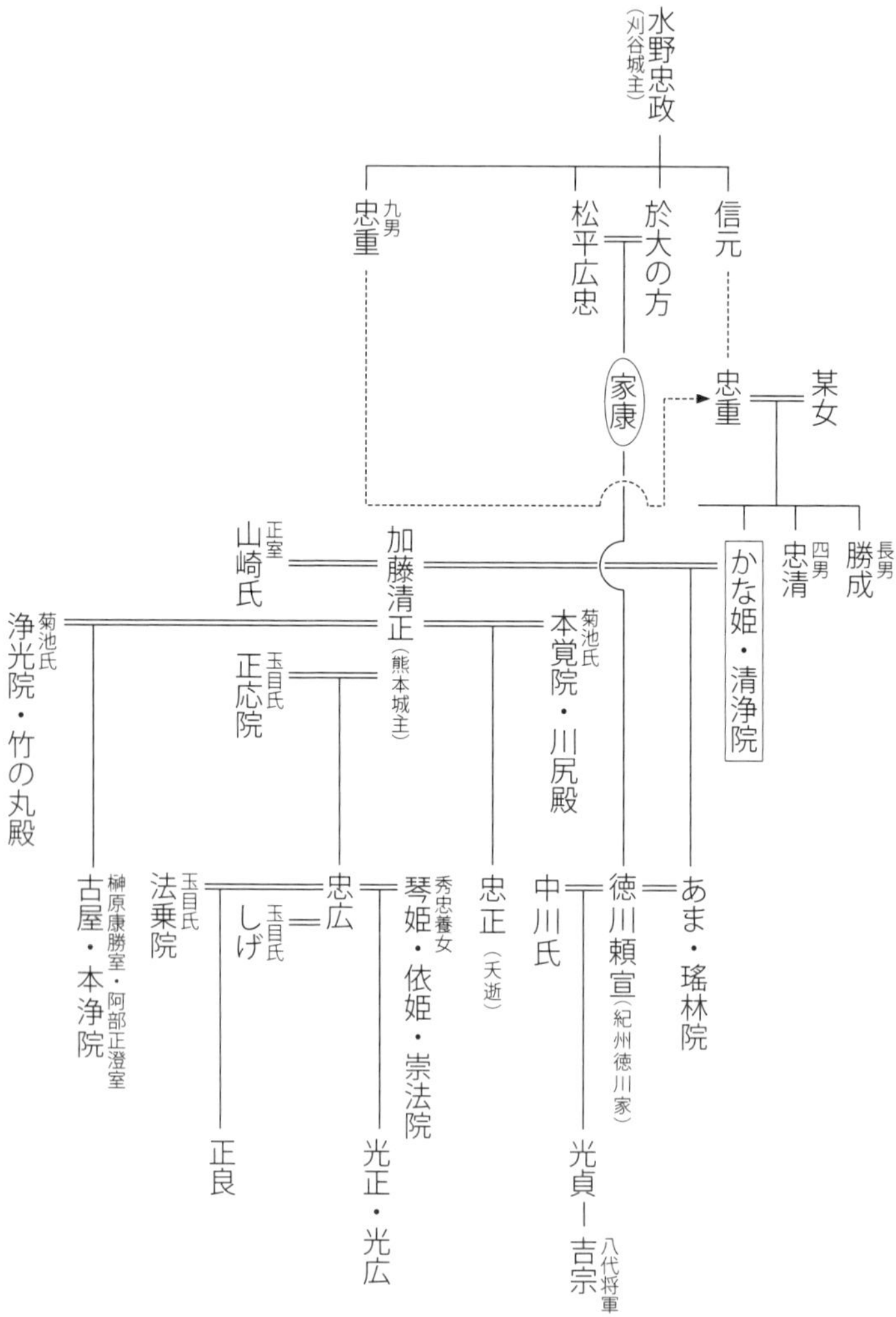

六　牧野康成の娘昌泉院：福島正則の室

福島正則の継室として

牧野康成の娘が家康の養女であったと知ったのは、長崎県平戸市の松浦《まつら》史料博物館で、平戸藩主松浦隆信夫人永昌院のことを調査しているとき「永昌院殿御傳下調」の中の牧野氏系図の記事に永昌院の姉として「福島左衛門大夫正則室　神祖御養女」の文字を見つけ、気になりながらも『新訂寛政重修諸家譜』の牧野家系図にも福島家系図にも「幕府祚胤伝」にも家康の養女という記事は見当たらなかった。養女に入れるべきか迷っていたところ、「歴史読本」の特集「諸大名夫人伝」で長岡郷土史研究家の稲川明雄氏の「長岡藩牧野家」の論考の中に、福島正則の継室昌泉院が「慶長九年（一六〇四）昌泉院は徳川家康の養女となった」という記事を見出し、松浦史料博物館で見つけた記事の確信が取れた。したがって昌泉院については、稲川氏の文章に負う所が多い。

昌泉院の本名も生年も不明である。兄忠成が天正九年（一五八一）に生まれており、忠成のすぐ下の妹であることから考え、兄の二～三年後に生まれたと推定される。父は牧野康成で祖父成定は今川氏に仕えていたが、永禄八年（一五六五）に徳川四天王の筆頭に挙げられる酒井忠次らの使いで家康の家臣となった。母は『新訂寛政重修諸家譜』では某氏とあるが、「永昌院殿御傳下調」では兄忠成と同じ「酒井忠次女」（鳳樹院）とある。忠成が牧野家の旧領地三河国牛窪（愛知県豊川市）で生まれており、康成は天正十八年（一五九〇）、家康の関東入国に際し上野国大胡《おおご》（群馬県前橋市）二万石に封ぜられているので、昌泉院も牛窪（牛久保）で生まれ大胡に移住したものと考えられる。

慶長九年（一六〇四）、二十歳前後と思われる昌泉院は家康の養女となり、安芸国広島（広島市）四十九万八千石城主福島正則の継室として嫁いだ。

正則は豊臣秀吉とは母方の従弟の関係にあることから幼少より秀吉に仕え、数々の戦いに従軍した。天正十一年（一五八三）の近江国賤ヶ岳（滋賀県長浜市）の戦では七本槍の筆頭に挙げられ勇名を馳せた。関ヶ原の戦では石田三成への攻撃を積極的に主張して東軍につき、その功により広島城主になった。

正則の正室は津田長義の娘であったが、慶長七年、長男忠勝に続き末子正利を産み難産で死亡した。照雲院（栄光院）殿賀屋妙慶大禅定尼と謚され、広島の正則の母の菩提寺である浄土宗海雲山妙慶院内に墓があるという（妙慶は母の法名）。

慶長九年、昌泉院が広島城に入ったとき、養子正之には同じく家康の養女として嫁いださほど年の違わない満天姫がいた。正則に慶長三年実子忠勝が誕生したことから正則は正之を邪魔者とするようになり、ついに慶長六年、正之の乱行を理由に幽閉し殺害した。その後、、満天姫は名目上忠勝の妻となり、慶長十二年江戸に帰り、後、正之の忘れ形見の男子をともなって陸奥国弘前（青森県弘前市）城主津軽信枚に再嫁した。

昌泉院が広島と称したことが領主年譜や福島家系図（『広島県史』）に記載されている。

昌泉院の貴重な消息（折紙）が厳島野坂文書に残されている（『広島県史』）。

大御しよさま（徳川家康）
御とし七十三
　大夫さま（福島正則）
　御とし五十四
　するかさま（牧野忠成）
　御とし三十四
　御しろさま
　御うへさま
　ひのこさま（福島忠勝）
　御とし十六
五人さまの御きねんなされ候へく候　めてたく候　不日わやかて御たいまいりをさせ
申す候へく候

ひろしま
ほん丸

まいる　ミやしまにて
たなもりさま　　　　　つほね

より

大御所家康、夫の福島正則、兄の牧野駿河守忠成、正則の嫡子忠勝の年齢から慶長十九年に広島城本丸に住む昌泉院（広島）の書簡であることが判明する。宮島厳島神社座守御房棚守左近将監宛ての近日代参を遣わし五人の祈念を頼む内容のものである。しろさま、うへさま（将軍秀忠カ）が不明であるが、昌泉院にとって大切に思う人々である。大坂の陣の戦勝祈願であろうか。

昌泉院は正則との間に二人の娘を産みながら、心を許さなかった。昌泉院は大名家の妻として男子を産むという役目より、福島家の動きを兄忠成、ひいては幕府に知らせるという大役を持って福島家に嫁いだ可能性が高い。一方正則は信頼していた忠成の妹であり、若い妻に心を許し油断していたと思われる。

福島家の改易

正則は大坂城に住む豊臣秀頼を常に気遣かっていた。浅野長政、堀尾吉晴、加藤清正、池田輝政ら、かつての豊臣方武将がつぎつぎと世を去り家康にとって正則は何かと気にかかる存在であった。

元和五年（一六一九）、洪水で破損した広島城を幕府に無届けで修復したという理由で、正則は安芸・備後両国を没収され陸奥国津軽（青森県弘前市）への転封を命ぜられた。昌泉院が広島城修復の経過を兄忠成へ報告し、昌泉院は先妻の菩提供養の墓参を理由に十五年間住んだ広島城を抜け出し、海路で牧野家江戸屋敷へ逃げ帰った。

福島家改易の広島城への使者は妻昌泉院の兄の忠成であった。福島家と牧野家は芝愛宕下の江戸屋敷が隣り合わせであったので、正則は忠成を信頼しきっていたため、改易の正使が忠成であったことに驚きも一入であったに違いない。『新編　藩翰譜』によれば、そのころ正則は江戸屋敷に住んでいた。使者の鳥居忠政が到着した時、正則は長袴着に刀を身に着けず二人の幼い娘たちの手を携えて出て来て「よきに頼み参らす」と沈着に改易を受け止めたという。鳥居忠政は大坂の陣の折、正則が江戸にとどめ置かれた時の奥平忠昌らとともに江戸城の留守役を務め、万一正則が謀反を起こした時には討ち取るべしとの内意を受けていた（『新訂寛政重修諸家譜』第九）。正則は以後江戸屋敷に住んでいたのだろうか。その間の監視役を忠政らが務めていたのだろう。福島家改易は三年前に死去した家康の遺命であったという。家康は「正則がややもすれば党を結び、盟を司つて、東西の御中を隔て天下を乱さんとす」（『新編　藩翰譜』第五巻）と正則の挙動を恐れていたというが、正則は関ヶ原の戦以後家康に忠を尽くしたとはいえ、故秀吉を慕い秀頼を大切に思っていたことには間違いない。福島家改易は、家康の宿願でもあったであろう。その大きな役目を果たした昌泉院を牧野家では長い間にわたり長岡藩の最大の功労者とたたえたというが、当然の事であろう。

福島家改易の翌年、牧野家は一万石の加増を賜り、七万四千石の大名となった。「去年福島方へ御使被使遣候処、御使之様子首尾好仕候に付、加禄を賜ふ」（『恩栄録』）――この一万石の加増は昌泉院の功績によるものであることには間違いなく、昌泉院の扶持であり、二人の女子の養育料とも推測できる。

正則ははじめ津軽へ転封ということであったが、正則が殺害した養子正之の妻であった満天姫が時の城主津軽信枚の正室の座にあり、前夫（正之）の仇ともいえる舅一族を受け入れるはずもなかった。満天姫は信枚の師であり家康の信任も厚かった天海とはかり幕閣に働きかけ中止させた。

一方福島家としても、安芸国からあまりに遠い津軽は避けたいということであった。

その結果、正則の嫡子忠勝が越後国魚沼郡二万五千石と信濃国川中島二万石、合わせて四万五千石を与えられ改易となった。ところが、翌元和六年、忠勝は名目上の満天姫以外正妻を持つことなく世を去り、越後の二万五千石は返上した。正則は信濃国高井郡高井野村に蟄居し五年後の寛永元年（一六二四）、六十四歳で波乱に満ちた生涯を終えた。

昌泉院がその後、どのような生涯を過ごしたかはわからないが、一説に尼となって松泉院と称し、江戸増上寺の山内に松泉院という一宇の堂を建てて住んだという（「越後志料温故之栞」十二篇）。やっと自分らしい生き方を見出し、正則の菩提を弔いながらの静かな余生であったと願いたい。昌泉院という法号はそのときの一字の名からとられたことは疑いない。

昌泉院は寛永十八年（一六四一）、江戸で生涯を終えた。法号、昌泉院殿華景栄春大禅定尼。江戸芝（港区）の浄土宗大本山増上寺塔頭花岳院内に宝篋印塔が建てられた。

牧野家では昌泉院を最大の功績者として二百年以上にわたって崇敬し、牧野家の鑑としてきたという。

主な参考文献

『新訂寛政重修諸家譜』第六　高柳光寿ほか編　続群書類従完成会　一九六五
『福島正則』福尾猛市郎・藤本篤　中公新書　一九九九
『長岡藩史話　牧野家家史』蒲原拓三・坂本辰之助共著　歴史図書社　一九八〇
『シリーズ藩物語　長岡藩』稲川明雄　現代書館　二〇〇四
『新編　藩翰譜』第五巻　新井白石　新人物往来社　一九七七
『家康の族葉』中村孝也　講談社　一九六五
『新潟県史』通史編三　近世一　新潟県編集・発行　一九八七
『恩栄録・廃絶録』小田彰信 編　藤野保校訂　近藤出版社　一九七〇

『広島県史』近世史料編二　広島県編・発行　一九七六
「諸大名夫人伝　長岡藩　牧野家」稲川明雄（「歴史読本」特集「江戸三〇〇藩大名家の夫人たち」二〇〇三年七月号）新人物往来社
「福島正則改易事件における長岡藩主牧野駿河守忠成の地位」稲川明雄（「長岡郷土史」第二十二号）長岡郷土史研究会編集委員会　長岡郷土史研究会　一九八四

㉜昌泉院（牧野家・福島家など）略系図

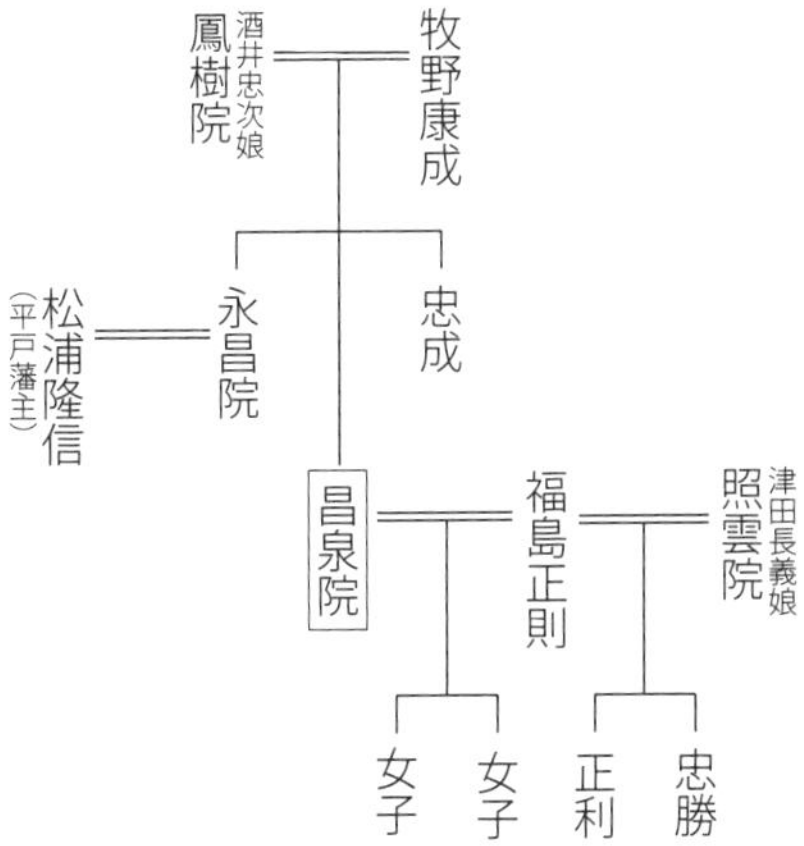

締め括り

家康の三十二人の姫君の婚家

家康の実娘三人を含め三人の養妹、二十六人の養女たちについて、その役目と結婚後の人生を追ってみた。時代により、調査の方法により、一人一人の記述にムラが出てしまった。特に徳川政権以前の資料は軍記物にほぼ頼るしかなく、したがって女性たちの行動を見出すのは困難であった。

徳川政権下になっても初期のころは各大名家の始祖から歴代の続柄・経歴・事績などを記した家の記録である家譜や系図も完全には整っていない家もあり、さらに家譜や系図は家長や嫡子中心の記録で、女性は女で終わり実名はほんのわずかしか見出せない。たまに長い記録を見つけても俗説や創作的な記事が多く、ましてや女性自身の書き残した自伝や手記など見出すことはできない。

何とか拾い集めた記録や後世の人々が書いたわずかな記録をもとに、家康の実娘と養妹、養女たちの人生たどってみた。

取り上げたのは、母親がそれぞれ異なる家康の三人の実の娘亀姫・督姫・振姫と異父妹の多劫姫・松姫・天桂院の三人の養妹と二十六人の養女たち合わせて三十二人の姫たちである。二十六人の養女たちを家康からの関係で見てみると、異父弟の松平康元の娘六人、同じく松平定勝の娘二人、保科正直と結婚した異父妹の多劫姫の娘四人、戸田（松平）康長と結婚した異父妹松姫の娘一人、松平（竹谷）家清と結婚した異父妹天桂院の娘一人のいわゆる家康の十四人の姪たちと、長男信康の娘二人と奥平信昌と結婚した家康の長女亀姫の娘の合わせて孫三人、信康の娘たちが産んだ曽孫三人に、叔父水野忠重の娘の従妹一人、松平支族の娘三人、家臣の娘二人である。

養女のうち最も多いのが、姪たちである。家康の生母伝通院於大の方が尾張国岡崎城主松平広忠に嫁ぎ家康を産んだのちに、於大の方の父水野忠政の没後、刈谷城を継いだ兄信元が織田方についたため、今川氏の保護下にあった広忠は於大の方を離縁して刈谷城へ帰し、間もなく於大の方は尾張国阿久比城主久松俊勝と再婚して康元、多劫姫、定勝、松姫、天桂院らを産んだがその異母弟、異母妹の娘たちはほとんどが、家康の養女として各大名家へ嫁がされている。

亀姫の娘は家康の重臣相模国小田原家へ、家康の正室築山殿を母とする嫡男の岡崎城主松平信康（岡崎三郎）の遺児となった二人の孫娘と二人が産んだそれぞれ二人ずつの曽孫のうち三人は家康の、一人は秀忠の養女として各大名家に嫁がされた。

家康の叔父の娘の従妹も養女として西国の大大名加藤家へ送り込まれた。松平支族の二人のうち松平（竹谷）清宗の孫娘を西国の大藩鍋島家に、松平（長沢）康直の娘を同じく有馬家に、松平（松井）康親の娘は重臣井伊家へ嫁がせている。

家臣の娘としては、徳川三傑の一人本多忠勝の娘を信濃国沼田の真田家へ、家康の幼少のころから仕えた家臣牧野康成の娘を重要な役目を持たせて秀吉子飼いの七将の一人に数えられる安芸国広島の福島正則に嫁がせた。

譜代大名家・外様大名家の婚姻

姫たちの実家と嫁ぎ先を見てみよう。養妹と養女二十九人中、家康の嫡子松平信康の二人の娘を除いてはすべて実家は譜代大名である。

嫁ぎ先は、再婚、再再婚もあるので、大名あるいはその嫡子へ嫁いだ姫たちは三十二人とは限らず、数が増える。姫たちのうち再婚者は八人、再再婚者は一人である。譜代大名家へ嫁いだ人数は十九人、外様大名家へ嫁いだ人数は二十三人である。合わせて家康の姫たち（実娘、養妹、養女）の嫁ぎ先の家数は四十、婚姻者は四十二人（兄弟に嫁いだのは二例）となる。

外様大名家は、和議の条件であったり、改易を目的とするものが多かった。三河松平一族や譜代大名家への婚姻は徳川家との結びつきを強固にするために行われた。

外様大名家への松平称号

外様大名家への婚姻は二十三例である。家康の姫たちの婚姻により松平姓を与えられたのは堀家、蒲生家、中村家、山内家、池田家、黒田家、蜂須賀家、浅野家、鍋島家である。なお秀忠の娘や養女の婚姻による松平姓の下賜は、前田家と毛利家がある。

越後国福島二代藩主堀忠俊は慶長十一年（一六〇六）、父の死去により遺領を継ぎ松平の姓を授かった。正室が家康の養女（本多忠政の娘）栄寿院である。

蒲生家は慶長十二年（一六〇七）、陸奥国会津初代藩主秀行の時に松平姓を賜った。秀行の正室が家康の三女の振姫である。

伯耆国米子藩主中村忠一が松平姓を与えられたのは慶長十三年（一六〇八）であるが、その翌年に二十歳で急死し嗣子がなく所領没収となった。忠一の正室は家康の養女（松平康元の娘）浄明院である。

山内家では慶長十五年（一六一〇）、土佐藩二代藩主忠義に松平の称号を与えられた。忠義の室が家康の養女（松平定勝の娘）光照院である。

池田家は慶長十七年（一六一二）、家康の次女督姫の夫であった播磨国姫路藩主池田輝政に松平姓が与えられた。

黒田家は慶長十八年（一六一三）、後に筑前国福岡藩二代藩主となる忠之に松平姓を賜った。忠之の生母が家康の養女（保科正直の娘）大凉院である。

蜂須賀家は阿波国徳島初代藩主至鎮が元和元年（一六一五）、大坂冬の陣の抜群の戦功により松平姓を下賜された。至鎮の室が家康の養女（小笠原秀政の娘）敬台院である。

浅野家は寛永四年（一六二七）、安芸国広島二代藩主光晟が元服の際に松平姓を与えられた。光晟の生母は家康の三女振姫で光晟は家康の外孫である。

鍋島家は慶安元年（一六四八）、後に肥前国佐賀藩二代藩主となる光茂の元服の時に松平姓を賜った。父勝茂の継室が家康の養女（岡部長盛の娘）高源院である。

外様大名家で松平の称号を与えられたほとんどが、家康の娘や養女との婚姻が関係している。

右に取り上げた九家の外様大名のうち、中村家・堀家・蒲生家の三家が改易となった。三家に嫁いだ三人の姫たちは、ともに改易後、他の大名家へ再嫁している。他の松平の姓を賜った六家はすべて大大名家として幕末まで続いた。

外様大名の改易

外様大名家へ松平の称号を与える一方で、改易させられた外様大名家も少なくはない。

家康の次女督姫の嫁いだ北条氏直は天正十八年（一五九〇）、秀吉の小田原征討により降伏し、高野山に蟄居したのち翌年赦免されたが間もなく死去した。

越後国福島藩初代藩主堀秀治は織豊取り立て大名であったが、秀吉没後は家康に接近し、人質を江戸へ送った。関ヶ原の戦直前に起きた旧領主上杉家の土民を中心として起きた「越後一揆」を平定した功により領地を安堵された。慶長十一年（一六〇六）、三十一歳の若さで死去した秀治の跡を継いだ忠俊のもとに家康の外曽孫国姫（本多忠政の娘）が家康の養女として入輿した。十一歳の少年藩主のもとで重臣たちの実権争いが起き、将軍秀忠の前で論争することになった。慶長十五年、「大国を封ずる器にあらず」との家康の裁断により改易となり、磐城国平藩鳥居家に預けられた。

筑前国柳川藩田中家に家康の姪久松院（松平康元の六女）が家康の養女として柳川藩二代藩主忠政に嫁いだ。忠政の父吉政は豊臣秀次、秀吉に仕え秀吉の没後、家康に接近して関ヶ原の戦では東軍に属し、伊吹山中に逃亡中の石田三成を捕縛した勲功で柳川三十二万石を与えられた。忠政は大坂夏の陣で遅参したため七年間の江戸滞留を命じられ、その江戸滞留中の元和六年、三十六歳で死去した。嗣子がなく柳川藩田中家は断絶し改易された。忠政は父吉政と同様に、キリスト教を保護し、そのことが幕府の不信を買ったことが改易の一因ともいわれる。

安芸国広島藩福島家との婚姻は二代にわたり、家康の養女二人によって行われた。家康の姪満天姫（松平康元の娘）は秀吉子飼いの七将の筆頭に挙げられる福島正則の養子正之との婚姻のため広島城に入輿したが、正則に実子が生まれたことで正之が幽閉されたのちに獄死したため、実家へ帰った。福島家の監視的役割で家康の養女昌泉院（牧野康成の娘）が正則の継室となって広島城に入った。元和五年（一六一九）、広島城の石垣などを幕府に無届けで修築したことが武家諸法度に違反した罪で、正則は十分の一の減封で信濃国高井郡に蟄居させられた。五年後、正則はその地で死去し、領地は没収された。福島家の改易は外様大名最大の改易といえよう。

肥後国熊本藩加藤家は、初代藩主清正は秀吉子飼いの武将であったが、秀吉没後は家康の家臣となった。家康は従妹清浄院（水野忠重の娘）を養女として清正に嫁がせた。清正は関ヶ原の戦での軍功により領地肥後国を安堵された。慶長十六年（一六一一）、京都二条城での家康と豊臣秀頼との会見の斡旋役を務めた帰路の船中で死去した。清正の遺領を継いだ側室の子忠広は将軍秀忠の養女崇法院（家康の孫、蒲生秀行の娘）を迎えたが側室も何人かおり、その争いや重臣間の争いもあり、「近年行跡宜しからず、剰《あまつさえ》江戸にて生る丶子母ともに、御代替の比《ころ》御断をも申さず国許に遣はし、公を軽しめし条曲事」（「廃絶録」）により、寛永九年（一六三二）、改易となり出羽庄内藩へお預けとなった。

秀吉子飼いの七将の筆頭である福島正則、そして豊臣恩顧の加藤清正と忠広は二代にわたり、それぞれ将軍家から二人の養女たちを送り込むことによって改易を達成している。

家康の三女振姫の婚家蒲生家は文禄四年（一五九五）、陸奥国会津藩主氏郷が急死したのち、五分の一に減封されて国替えとなり振姫の夫となった秀行が継ぎ、後に関ヶ原の戦の軍功により会津へ復帰したが、会津地震や家中騒動の心労のため三十歳で死去した。嫡子忠郷が蒲生家を相続したが、忠郷も二十六歳で世を去り、嗣子がなく、蒲生家は弟の忠知が半分以下の減封で伊予国松山へ移封となり家名を継いだ。しかし、寛永十一年（一六三四）、忠知も三十一歳で急死し、嗣子がなく蒲生家は断絶した。

二代将軍秀忠の実娘、養女たちの結婚

慶長八年（一六〇三）、関ヶ原の戦いの三年後、家康は征夷大将軍に任命された。しかし、二年後の六十四歳の時、将軍職を秀忠に譲り大御所として儀礼的なことは秀忠に譲りながら、実権は家康が持ち続けた。したがって名目上は時の将軍秀忠の養女とはいえ、実際は家康の意志で将軍家の養女となって各大名家へ嫁がされた。

秀忠には五人の実の娘がおり、長女千姫（天樹院）は豊臣秀頼のもとに輿入れし、秀頼自害の後に譜代大名播磨国本多家に、次女珠姫（天徳院）は外様大名加賀国前田家へ、三女勝姫（天崇院）は親藩の越前国松平家に、四女初姫（興安院）は譜代大名若狭国京極家へ嫁いだ。五女和子（東福門院）は家康の生前の希望で入内し、後水尾天皇の中宮（皇后）となった。

秀忠の養女は十三人を見出せる。実家は親藩二人、譜代大名五人、外様大名六人である。家康の養女たちの実家がすべて譜代大名であったのと比較して、親藩や外様大名が加わっている。嫁ぎ先は秀忠の娘たちを加え、千姫の再婚を入れて十九家のうち天皇家へ一人、公家へ二人、豊臣家へ一人、親藩へ一人、譜代大名家へ二人、外様大名家へ十二人と依然として外様大名家への婚姻が多い。

三代将軍以後の実娘、養女たちの結婚

三代将軍家光は、実の娘千代姫（霊仙院）の一人で、養女は四人いる。嫁ぎ先も御三家一人、公家二人、外様大名二人と養女の数も外様大名家への婚姻も、前将軍二人に比べぐんと減少する。

四代将軍家綱は実娘、養女ともになく嫡子にも恵まれず、実弟の綱吉が五代将軍職を継いだ。綱吉には実娘は鶴姫（明信院）一人、養女は二人で嫁ぎ先は御三家二人、外様大名家一人である。

六代将軍家宣には実娘、養女と各一人ずついたが、二人とも夭折した。

七代将軍家継は四歳で将軍職を継いだが、生来病弱で八歳で逝去した。

紀州家から迎えた八代将軍吉宗には実娘一人がいたが、生後二か月で夭折し、紀州家から養女を迎え外様大名陸奥国仙台藩伊達家へ嫁がせた。また綱吉の養女であった竹姫を養女として外様大名島津家へ嫁がせた。

九代将軍家重は女子に恵まれず養女もいない。

十代家治は一人の女子に恵まれ、親藩尾張国徳川家と婚を結んだが、娘は嫁ぐ前に死去した。嫡子家基の正室に迎えるためと考えられる御三卿田安家から養女を迎えたが家基が十八歳で死去したため、御三家紀伊国徳川家へ輿入れさせた。

一橋家より迎えられた十一代将軍家斉は多くの側室を持ち子どもも大勢いたが（十六妻

妾、五十三人の子ども、女子二十七人といわれる）、成長して嫁いだ女子は十二人である。御三家・御三卿三人、親藩三人、譜代大名家一人、外様大名家五人である。

十二代将軍家慶もまた側室を多く持ち、子どもも十四男十三女に恵まれたというが、家定一人のほかはすべて成人前に早世した。有栖川家から迎えた養女二人は、御三家と外様大名家に嫁いでいる。

十三代将軍家定は幼少のころから病弱で、天璋院（島津家の娘、近衛家の養女）ら三人の室を持ったが子に恵まれなかった。紀伊国和歌山藩から迎えた十四代将軍家茂は孝明天皇の妹静寛院宮（和宮親子《かずのみやちかこ》内親王）を迎えたが、第二次長州征伐の途上、家茂は大坂城内で二十一歳で病死したため、実子はいなかった。

一橋家より迎えた十五代将軍慶喜（水戸藩主斉昭の七男）には成人して他家へ嫁いだ女子が八人いるが、すべて将軍退位後に生まれており、結婚の時期も明治期になってからであるためこの稿からは外しておく。

徳川十五代将軍まで（実際は十四代まで）の結婚した姫は合わせて七十五人である。

七十五人の姫たちのうち家康の姫たちが三十二人で四十三パーセントを占め、二代将軍秀忠の姫たちを加えると五十人で六十七パーセントを占める。三代将軍家光から十四代将軍家茂までは特殊な十一代将軍家斉の娘たち十二人を除けば、実娘は二人だけであり、養女も十一人にすぎない。これは何を意味するのか考えてみたい。

変化は婚家先にも表れる。婚家を見てみると、家康、秀忠時代を合わせて外様大名三十五家、譜代大名十九家である。特に家康の姫たちの婚家はすべて外様大名家と譜代大名家である。秀忠時代からは天皇家は例外としても親藩や公家が婚家とされるようになる。

三代将軍家光の時代になると、婚家は御三家が加わり、以後もこの傾向が続く。武家諸法度の改正も行われ、大名の参勤交代制度や大名の妻子を江戸に住まわせる人質制度も制定され、譜代大名を中心とした職制も整えられ、幕府機構も確立した。家光以後の姫たちの結婚は将軍家の威光を表すものへと変化し、姫たちの婚姻は幕府の政治的行事として、花嫁行列も盛大なものとなった。婚礼に際して、各大名家に資装として婚礼祝い品を献上させた。例えば将軍綱吉の養女松姫（尾張藩三代藩主徳川綱誠の娘）が宝永五年（一七〇八）、加賀五代藩主前田吉徳に嫁ぐに際して大名家から羽二重、緞子、縮緬などの反物をはじめ、奉書、美濃紙、杉原紙などの和紙、糸、蠟燭、短冊、色紙、屏風、火鉢、布団、文箱、呉服箱、書棚などの日用道具に加え、伊勢物語、古今和歌集、百人一首、狭衣物語、徒然草などの古典などが連日届けられた（『徳川実紀』第六篇）。これらの資装献上品がすべて婚家へ持ち込まれるかどうかは不明だが、資装品が姫たちの婚礼持参金の一部となり、婚家を潤したと考えられる。婚家へ同行する御輿渡役は時の老中秋元喬知《たかとも》であり、貝桶渡は若年寄の加藤明英が受け持つ役目を負って花嫁に供奉した。婚家に花嫁行列を送り届けるのは幕府の重臣であった。

婚家側も御朱門（朱塗りの門）や御殿の新増築などに費用がかさみ、将軍家との婚姻を断る大名家も出て来て、次第に敬遠されるようになった。

家康、秀忠の姫たちの結婚の目的

こうしてみると、家康、秀忠の姫たちの結婚は特殊な事情の下に行われたことがはっきりしてくる。そこには家康の入念な大名統制が窺われる。

一般的に関ヶ原の戦以前からの松平家・徳川家の家臣が取り立てられた大名を譜代大名、関ヶ原の戦前後に徳川家の支配下になった大名を外様大名と区分し、それぞれの役割も異なる。譜代大名にはさらなる結束を固くするために将軍家の姫たちとの婚姻関係が結ばれた。家康は豊臣政権下では毛利輝元や上杉景勝らと五大老の一員として一大名であった。関ヶ原の戦いで西軍として戦った外様大名もおり、東軍として戦ったとはいえ、秀吉没後に徳川家へ接近した外様大名も多い。西軍として関ヶ原の戦いに臨み、戦後領土を安堵されたり減封されたりしながらも外様大名として徳川幕藩体制に取り込まれた大名も多く、家康、秀忠のころの徳川幕府体制は不安定な時期であった。そのためにとられた政策が外様大名の江戸から離れた遠隔領地の配置、幕府の要職就任の排除、そして婚姻政策などである。

家康や秀忠の姫たちの外様大名家への婚姻は外様大名統制の大きな政治政策であった。大名懐柔政策という生易しいものではなく、姫たちに幕府や実家から同行する付き人たちは、幕府の監視役を務め、彼らの幕府への報告は、事あらば外様大名家を改易する材料となった。特に秀吉恩顧の外様大名家は改易の標的にされた。その代表的なのが安芸国の福島家や肥前国の加藤家である。

そうした重い役目を負った姫たちの結婚後の人生はどのようなものであったのか。

姫たちの結婚後の人生

家康の姫たちの結婚、再婚はほとんどが自分の意志でなく家康の意のままといってよい。勿論当時の大名家の結婚は女性だけでなく、男性も自分の意志で決めることはまれであった。姫たちの最初の結婚は、大部分が幼児期や少女期に決められ、生母から切り離され乳母や付人を頼りに心細い見も知らぬ遠い所へ嫁がされることが多かった。いくつもの事例で見てきたように、徳川幕府確立期前後の世情不安定な時期で、戦乱中の場合もあって、後に見られるような豪華な花嫁行列ではなかった。街道も整備されてなく、海路も安全な船の旅ではなかった。城も城下町も十分には整備されていないところも多く、また加増などもあり国替えも頻繁に行われたところもあり、こうしたことは大名家の家族にとっては決して喜ばしいものではなかった。

少女期の婚家での生活は、ほとんど何もわからず、戦乱に明け暮れする夫となる人と一緒に生活することはまれであった。義母や義祖母によって婚家のしきたりを学び、人形のように従順に日を過ごしたのであろう。それでも成長するにつれ、たまに会える夫となる人への思慕は募り、母親になると一人の人間としても成長し、もはや人形ではいられなくなって行く。

実家も養家である幕府ももはや身内ではなくなり、婚家を安定させ幕府から婚家を守り、子や孫たちの安定した将来のために積極的に動き始める。将軍家の姫であるという立場を利用して、比較的出入りのたやすい駿府の家康のもとに出入りして家康に何かと願い事をする。城下に両親や戦場で亡くなった人の供養のための数々の神社を建立する資金の調達も願い出たと思われる。姫たちが開基や中興開基し、また寺領や山林を寄贈した寺院は各地に多く残っている。さらに寺院に多くの堂宇や仏像などを寄進した遺物も各地に残り、地域文化を豊かにすることに寄与した。

改易された外様大名家が思ったほどに多くないのは、外様大名家の監視役で嫁がされた姫たちが、嫡子を儲けたり子に恵まれなかったとしても、側室の子の養母、嫡母として夫亡きあと将軍家を背景に権限を持ち藩の内政にかかわることもあり、藩の基礎作りに大いにかかわり、お家騒動の解決に努め改易を免れた例はいくつもある。嫡子たちの婚姻には大いに力を注ぎ大きな権限を持ち、自分の身内から次期正室を迎えることが多い。

姫たちの晩年は人質とはいえ江戸住まいとなり、江戸の町内での身内との交流も自由で、寺社詣でや湯治に出かけるなど、比較的穏やかな晩年を過ごしている。

政略結婚であることには変わりがないが政略結婚に埋もれてしまうことなく、少女期は別として成人した姫たちの人生は、城下町の寺社建立や復興に力を尽くし、藩の内政にもかかわり参勤交代で留守をする藩主に代わり江戸屋敷を守り、将軍家をはじめ親族のほか各大名家や菩提寺はじめ寺院などとの交流に努めている。また儒者や僧侶、文人らに接し江戸文化を享受し、自らも文化を創造する人生を送った。また、養家・婚家より受け継いだ重要な文化財の継承者としての大きな役目も果たした。

幕末まで続いた家康の姫たちが嫁いだ大名家の数は意外に多い。幕府が目を光らせる一方、姫たちの婚家ということで寛大な処置をした面もあり、女性たちの力も組み込んでの幕藩体制確立であった。

徳川家康の実娘・養妹・養女と歴代将軍の実娘・養女の婚家等 一覧表

初代将軍徳川家康

○印＝松平姓　(譜)＝譜代　(親)＝親藩　(外)＝外様　享年＝数え年

	名前	院号	生年	実父	実母	嫁ぎ先	領地	没年	享年	家康との続柄
①	亀姫	盛徳院	永禄3年(1560)	徳川家康	築山殿	○奥平信昌(譜)	三河・新城→加納・美濃	寛永2年(1625)	66	実娘
②	督姫	良正院	永禄8年(1565)	徳川家康	西郡局	北条氏直(外) ○池田輝政(外)	相模・小田原 三河・吉田→播磨・姫路	元和元年(1615)	51	実娘
③	振姫	正清院	天正8年(1580)	徳川家康	お竹の方 良雲院	○蒲生秀行(外) 浅野長晟(外)	陸奥・会津 紀伊・和歌山	元和3年(1617)	38	実娘
④	多劫姫	長元院	天文22年(1553)	○久松俊勝(譜)	於大の方	松平忠正(譜) 松平忠吉(譜) 保科正直(譜)	三河・桜井 信濃・高遠	元和4年(1618)	66	異父妹
⑤	松姫	智勝院	永禄8年(1565)	○久松俊勝(譜)	於大の方	○戸田康長(譜)	三河・二連木	天正16年(1588)	24	異父妹
⑥	於きんの方	天桂院	永禄12年(1569)	○久松俊勝(譜)	於大の方	松平家清(譜)	三河・竹谷	天正18年(1590)	22	異父妹
⑦		洞仙院	天正6年(1578)カ	松平康元(譜)		岡部長盛(譜)	下総・山崎→丹波・亀山→丹波・福知山→美濃・大垣	寛永6年(1629)	52カ	姪、養妹とも

	名前	院号	生年	実父	実母	嫁ぎ先	領地	没年	享年	家康との続柄
⑧		流光院	天正8年(1580)	松平康元(譜)		菅沼定仍(譜)	伊勢・長島	慶長9年(1604)	25	姪
⑨		祥室院	天正10年(1582)カ	松平康元(譜)		大須賀忠政(譜) 菅沼定芳(譜)	遠江・横須賀 伊勢・長島→近江・膳所	元和9年(1623)	39カ	姪
⑩	満天姫	葉縦院	天正17年(1589)	松平康元(譜)		福島正之(外) 津軽信枚(外)	安芸・広島 陸奥・弘前	寛永15年(1638)	50	姪
⑪	房姫	浄明院	文禄2年(1593)	松平康元(譜)		○中村忠一(外) 毛利秀元(外)	伯耆・米子 長門・長府	承応2年(1653)	61	姪
⑫	椿姫	久松院	慶長6年(1601)カ	松平康元(譜)		田中忠政(外) 松平成重(譜)	筑後・柳川 丹波・亀山	寛永6年(1629)	29カ	姪
⑬	栄姫	大涼院	天正13年(1585)	○保科正直(譜)	④多劫姫	黒田長政(外)	筑前・福岡	寛永12年(1635)	51	姪
⑭	多湖(胡)姫	清元院	天正14年(1586)	○保科正直(譜)	④多劫姫	安部信盛(譜)	武蔵・岡部	寛永元年(1624)	39	姪
⑮	ヨウ姫	貞松院	天正18年(1590)	○保科正直(譜)	④多劫姫	小出吉英(外)	但馬・出石→和泉・岸和田	寛文4年(1664)	75	姪
⑯		高運院	文禄2年(1593)カ	○保科正直(譜)	④多劫姫	加藤明成(外)	伊予・松山→陸奥・会津	寛永12年(1635)	43カ	姪

⑰	阿姫	光照院	文禄4年 (1595)	松平定勝(譜)	奥平貞友娘 たつ	○山内忠義(外)	土佐・高知	寛永9年 (1632)	38	姪
⑱	万姫	光顕院	慶長7年 (1602)	松平定勝(譜)	奥平貞友娘 たつ	中川久盛(外)	豊後・竹田	元禄2年 (1689)	88	姪
⑲		台雲院	天正18年 (1590)	松平家清(譜)	⑥天桂院	浅野長重(外)	下野・真岡→ 常陸・真壁→ 常陸・笠間	寛永4年 (1627)	38	姪
⑳	諷姫		天正11年 (1583)	○戸田康長 (譜)	⑤松姫	戸田氏鉄(譜)	近江・膳所→ 摂津・尼崎			姪
㉑	登久姫	峯高院	天正4年 (1576)	松平信康 (岡崎三郎)	徳子	小笠原秀政(譜)	下総・古河→ 信濃・飯田	慶長12年 (1607)	32	孫
㉒	熊姫	妙光院	天正5年 (1577)	松平信康 (岡崎三郎)	徳子	本多忠政(譜)	上総・大多喜→ 伊勢・桑名→ 播磨・姫路	寛永3年 (1626)	50	孫
㉓	千代姫 千姫	永久院	天正10年 (1582)	○奥平信昌 (譜)	①亀姫	大久保忠常(譜)	武蔵・騎西→ 美濃・加納→ 播磨・明石	寛永20年 (1643)	62	外孫
㉔	万姫 氏姫	敬台院	文禄元年 (1592)	小笠原秀政 (譜)	㉑登久姫	○蜂須賀至鎮 (外)	阿波・徳島	寛文6年 (1666)	75	外曽孫
㉕	国姫	栄寿院	文禄4年 (1595)	本多忠政(譜)	㉒熊姫	○堀忠俊(外) 有馬直純(外)	越後・福島 肥前・日之江→ 日向・延岡	慶安2年 (1649)	55	外曽孫
㉖	亀姫	円照院	慶長2年 (1597)	本多忠政(譜)	㉒熊姫	小笠原忠脩(譜) 小笠原忠真(譜)	信濃・松本→ 播磨・明石→ 豊前・小倉	寛永20年 (1643)	47	外曽孫

	名前	院号	生年	実父	実母	嫁ぎ先	領地	没年	享年	家康との続柄
㉗	小松姫	大蓮院	天正元年(1573)	本多忠勝(譜)	阿知和(能見松平)玄鉄娘	真田信之(外)	信濃・沼田→信濃・上田	元和6年(1620)	48	家臣の娘
㉘	連(蓮)姫	長寿院	天正12年(1584)	松平康直(譜)	本多広孝娘	有馬豊氏(外)	遠江・横須賀→丹波・福知山→筑後・久留米	承応元年(1652)	69	松平支族の娘
㉙	花姫	唐梅院	永禄10年(1567)カ	松平康親(譜)	江原政秀娘	井伊直政(譜)	遠江・井伊谷→上野・箕輪→上野・高崎→近江・彦根→上野・安中	寛永16年(1639)	73カ	松平支族の娘
㉚	菊姫	高源院	天正16年(1588)	岡部長盛(譜)	松平(竹谷)清宗娘	鍋島勝茂(外)	肥前・佐賀	寛文元年(1661)	74	松平支族の娘
㉛	かな姫	清浄院	天正10年(1582)	水野忠重(譜)		加藤清正(外)	肥後・熊本	明暦2年(1656)	75	従妹
㉜		昌泉院		牧野康成(譜)		福島正則(外)	安芸・広島	寛永18年(1641)		家臣の娘

〈参考〉2代将軍徳川秀忠

	名前	院号	生年	実父	実母	嫁ぎ先	領地	没年	享年	秀忠との続柄
1	千姫	天樹院	慶長2年 (1597)	徳川秀忠	浅井長政娘 江(督) 崇源院	豊臣秀頼 本多忠刻(譜)	摂津・大坂 播磨・姫路	寛文6年 (1666)	70	実娘
2	子々姫 珠姫	天徳院	慶長4年 (1599)	徳川秀忠	浅井長政娘 江(督) 崇源院	○前田利常(外)	加賀・金沢	元和8年 (1622)	24	実娘
3	勝姫 高田殿	天崇院	慶長6年 (1601)	徳川秀忠	浅井長政娘 江(督) 崇源院	松平忠直(親)	越前・福井	寛文12年 (1672)	72	実娘
4	初姫	興安院	慶長7年 (1602)	徳川秀忠	浅井長政娘 江(督) 崇源院	京極忠高(譜)	若狭・小浜	寛永7年 (1630)	29	実娘
5	和子姫	東福門院	慶長12年 (1607)	徳川秀忠	浅井長政娘 江(督) 崇源院	後水尾天皇	京都	延宝6年 (1678)	72	実娘
6	土佐姫 喜佐姫	龍昌院	慶長2年 (1597)	結城秀康(親)	側室三谷氏	○毛利秀就(外)	長門・萩	明暦元年 (1655)	59	姪
7	千代姫	保寿院	慶長2年 (1597)	小笠原秀政 (譜)	信康娘 ㉑登久姫 峯高院	細川忠利(外)	豊前・中津	慶安2年 (1649)	53	家康の曽孫
8	ビン姫	雲松院	慶長12年 (1607)	奥平家昌(譜)	本多忠勝娘 法明院	堀尾忠晴(外)	出雲・松江	慶安5年 (1652)	44	家康の曽孫

	名前	院号	生年	実父	実母	嫁ぎ先	領地	没年	享年	家康との続柄
9	振姫 利久姫	光勝院	慶長12年(1607)	○池田輝政(外)	②督姫	○伊達忠宗(外)	陸奥・仙台	万治2年(1659)	53	姪
10	琴姫 依姫	崇法院	慶長7年(1602)	○蒲生秀行(外)	③振姫	加藤忠広(外)	肥後・熊本	明暦2年(1656)	55	姪
11	鶴姫	福照院	文禄3年(1594)	榊原康政(譜)	大須賀康高娘	○池田利隆(外)	播磨・姫路	寛文12年(1672)	79	家臣の娘
12	久姫	梅渓院	慶長11年(1606)	○久松忠良(譜)	酒井家次娘	○黒田忠之(外)	筑前・福岡	寛永5年(1628)	23	従弟の娘
13	勝姫	円盛院	元和4年(1618)	本多忠刻(譜)	秀忠娘 千姫 天樹院	○池田光政(外)	因幡・鳥取→ 備前・岡山	延宝6年(1678)	61	孫
14	亀姫	宝珠院	元和3年(1617)	松平忠直(親)	秀忠娘 勝姫 天崇院	高松宮好仁親王(公家)	京都	天和元年(1681)	65	孫
15	完子	天真院	文禄元年(1592)	羽柴秀勝(外)	浅井長政娘 江(督) 崇源院	九条幸家(公家)	京都	万治元年(1658)	67	継子
16	亀鶴姫 子々姫	浩妙院	慶長18年(1613)	前田利常(外)	秀忠娘 天徳院	森忠弘(外)	美作・津山	寛永7年(1630)	18	孫
17	茶々姫	寿光院	慶長元年(1596)	池田輝政(外)	②督姫	京極高広(外)	丹後・宮津	万治2年(1659)	64	姪
18	鍋姫	法雲院	元和9年(1623)	伊達忠宗(外)	振姫 光勝院	立花忠茂(外)	筑後・柳川	延宝8年(1680)	57	義姪

3代将軍徳川家光

	名前	院号	生年	実父	実母	嫁ぎ先	領地	没年	享年	家光との続柄
1	千代姫	霊仙院	寛永14年(1637)	徳川家光	お振の方 自証院	徳川光友(御三家)	尾張・名古屋	元禄11年(1698)	62	実娘
2	大姫君 糸姫	清泰院	寛永4年(1627)	徳川頼房(御三家)	藤原氏	○前田光高(外)	加賀・金沢	明暦2年(1656)	30	従妹
3	満姫	自昌院	元和5年(1619)	○前田利常(外)	秀忠次女 天徳院	○浅野光晟(外)	安芸・広島	元禄13年(1700)	82	従妹
4	通姫 輝子	靖厳院	寛永13年(1636)	○池田光政(外)	秀忠孫 円盛院	一条教輔(公家)	京都	享保2年(1717)	82	又姪
5	鶴姫	廉貞院	元和4年(1618)	松平忠直(親)	秀忠三女 天崇院	九条道房(公家)	京都	寛文11年(1671)	54	従妹

4代将軍徳川家綱 なし

5代将軍徳川綱吉

	名前	院号	生年	実父	実母	嫁ぎ先	領地	没年	享年	綱吉との続柄
1	鶴姫	明信院	延宝5年(1677)	徳川綱吉	お伝の方	徳川綱教(御三家)	紀伊・和歌山	宝永元年(1704)	28	実娘
2	松姫 磯姫	光現院	元禄12年(1699)	徳川綱誠(御三家)	倉橋氏	○前田吉徳(外)	加賀・金沢	享保5年(1720)	22	又姪
3	八重姫	養仙院	元禄2年(1689)	鷹司輔信(公家)		徳川吉孚(御三家)	常陸・水戸	延享3年(1746)	58	義姪

6代将軍徳川家宣

なし

7代将軍徳川家継

なし

8代将軍徳川吉宗

	名前	院号	生年	実父	実母	嫁ぎ先	領地	没年	享年	吉宗との続柄
1	利根姫	雲松院	享保2年(1717)	徳川宗直(御三家)		○伊達宗村(外)	陸奥・仙台	延享2年(1745)	29	義理の孫
2	竹姫	浄岸院		清閑寺大納言熙定(公家)		島津継豊(外)	薩摩・鹿児島	安永元年(1772)		綱吉の義姪

9代将軍徳川家重

なし

10代将軍徳川家治

	名前	院号	生年	実父	実母	嫁ぎ先	領地	没年	享年	家治との続柄
1	種姫 聡子	貞恭院	明和2年(1765)	田安宗武(御三卿)	近衛家久娘通子	徳川治宝(御三家)	紀伊・和歌山	寛政6年(1794)	30	姪

11代将軍徳川家斉

	名前	院号	生年	実父	実母	嫁ぎ先	領地	没年	享年	家斉との続柄
1	淑姫 鎮子	清湛院	寛政元年(1789)	徳川家斉	お満武	徳川斉朝(御三家)	尾張・名古屋	文化14年(1817)	29	実娘

2	峯姫 美子	峯寿院	寛政12年 (1800)	徳川家斉	お登勢	徳川斉脩 (御三家)	常陸・水戸	嘉永6年 (1853)	54	実娘
3	浅姫 達子	松栄院	享和3年 (1803)	徳川家斉	お美尾	松平斉承(親)	越前・福井	安政4年 (1857)	55	実娘
4	元姫 幸子	貞鑑院	文化5年 (1808)	徳川家斉	お屋知	松平容衆(親)	陸奥・会津	文政4年 (1821)	14	実娘
5	文姫 結子	霊鏡院	文化6年 (1809)	徳川家斉	お袖	松平頼胤(親)	讃岐・高松	天保8年 (1837)	29	実娘
6	盛姫 国子	孝盛院	文化8年 (1811)	徳川家斉	お八重	○鍋島直正 (外)	肥前・佐賀	弘化4年 (1847)	37	実娘
7	和姫 操子	貞惇院	文化10年 (1813)	徳川家斉	お蝶	○毛利斉広 (外)	長門・萩	文政13年 (1830)	18	実娘
8	溶姫 偕子	景徳院	文化10年 (1813)	徳川家斉	お美代	○前田斉泰 (外)	加賀・金沢	明治元年 (1868)	56	実娘
9	末姫 貴子	泰栄院	文化14年 (1817)	徳川家斉	お美代	○浅野斉粛 (外)	安芸・広島	明治5年 (1872)	56	実娘
10	喜代姫 都子	謙光院	文政元年 (1818)	徳川家斉	お八重	酒井忠学(譜)	播磨・姫路	明治元年 (1868)	51	実娘
11	永姫 覧子	誠順院	文政2年 (1819)	徳川家斉	お以登	徳川斉位 (御三卿)	一橋	明治8年 (1875)	49	実娘
12	泰姫 益子	泰明院	文政10年 (1827)	徳川家斉	お瑠璃	○池田斉訓 (外)	因幡・鳥取	天保14年 (1843)	17	実娘

12代将軍徳川家慶

	名前	院号	生年	実父	実母	嫁ぎ先	領地	没年	享年	家慶との続柄
1	精姫 韶子	精霊院	文政8年 (1825)	有栖川宮韶仁 親王(皇族)	閑院宮美仁 親王娘宣子	有馬頼咸(外)	筑後・久留米	大正2年 (1913)	89	養女
2	線姫 幟子	線教院	天保6年 (1835)	有栖川宮幟仁 親王(皇族)	定林院 山西千勢	徳川慶篤 (御三家)	常陸・水戸	安政3年 (1856)	22	養女

13代将軍徳川家定

なし

14代将軍徳川家茂

なし

15代将軍徳川慶喜

明治以降に実娘8人が結婚

表組:QuomodoDESIGN

あとがき

徳川家康の養女の多さに気づき、これは何だろうと疑問に思ったのは、一九九八年ごろである。丁度そのころ新人物往来社の「歴史読本」で「徳川15代　将軍家の夫人たち」を企画され、どうしたわけか私のところに何か書いてほしいと依頼が来た。私はこの機会に胸に抱えていた家康の姫たちの結婚について調べてみようと引き受けた。ところが短期間での調査は厳しかった。家康の時代の女性の資料は乏しく、何を手掛かりに調査したらよいのかもわからず、わずかに見出した資料も不確かなものであった。『徳川実紀』や『新訂寛政重修諸家譜』や各種の人名事典や軍記物を手掛かりに「幕府祚胤伝」に記載された家康の実娘や養女たちに続いて二代将軍から十五代将軍の姫たちについても調べ一覧表にしてみた。

そこから見えてきたものは、十一代将軍家斉の姫たちを別として、家康と二代将軍秀忠の時代に結婚した姫たちの数が群を抜いて多いことであった。婚家などを調べているうちにこれが徳川中央政権の基礎を固める大名政策の一つであることに気づいた。

しかし、雑誌という日数の制限から詳しくは調査できず大まかにまとめたものが、いくつかの表や系図とともに一九九八年六月号に二十四ページの特別企画として先の雑誌に掲載された。その後、もっと調査を続けたいと思い、姫たちの婚家先の領地へ足を運び、図書館や博物館、関連寺院などを訪ねたが、実娘以外数人を除いては領地での姫たちの動向はつかめなかった。そのころはパソコンも使用しておらず、地名や墓所を探すだけでも苦労した。

気にかかりながらも、他の仕事や家庭の事情で調査は進まず、二十五年の月日が過ぎてしまった。しかし、政略結婚という形で大名家へ嫁がされた姫たちの存在と姫たちがその境遇をどのように受け止め、どういう人生を送ったのか気になり、いつか一冊の本にまとめておきたいと考え続けていた。令和五年の大河ドラマが「家康」を取り上げると知ったとき、十五代将軍の姫たち全部でなく家康の姫たちの事だけでもまとめておきたいと考えていた折、『江戸期おんな表現者事典』の出版の際にお世話になった編集者の二又和仁氏から久しぶりのお電話をいただき、急に一冊の本にまとめることになった。時宜にかなったときにまとめなければまたいつになるかわからず調査不充分のまま、とりあえず姫たちの存在とその結婚生活をまとめてみた。

戦国時代に疎いというより興味のない、むしろなぜ戦争をし人を殺し合うのか疑問を持つ時代や人々に近づきたくない私には苦痛の仕事であった。何度読んでも戦乱の時期や状況や人物が頭に入らず、その都度資料を読み返さなければならず時間ばかり取られ、姫たちに近づけなかった。

姫たちに近づけない理由はほかにもあった。私のこれまでのやってきたことは、江戸期の女性たち自身が書き残したものを中心に女性たちに近づき、その生き方や苦しみ、悲しみ、喜び、望みを知って共感し、時代を超えた女友だちになることであった。「江戸の女友だち」は、私にとって大きな宝であり、財産である。私は江戸の女友だちからたくさんの事を学び、私の生きる指針ともなっている。

ところが、家康の姫たちはほとんど何も書き残していない。その生きた足取りは他者によって書かれた姿であり、他者によって描かれた理想像であり、他者の都合により作り出され、時には物語的に描かれた虚像であった。それはあたかも私が少女期に姉妹たちと紙で作った顔のない着せ替え人形に等しかった。到底姫たちの心の中は見えず、私は姫たちに近づけず、姫たちも私に近寄ってくれず、霧の中に黒髪を垂らして向こうむきにたたずみ口を利かない姫たちの姿であった。姫たちは到底私の江戸の女友だちにはなれなかった。

唯一、万姫（光顕院）が三十九歳のとき、伊香保温泉へ出かけた折の紀行文「伊香保記」を残している。道中の宿で聞くヒグラシや蝉の声に耳を傾け、道中の神社では建物や仏像に心を込めて参拝し縁起・因縁を書き留め、また庶民の生活に目をとめ、宿の娘を膝に抱え、山の端近い月を愛でて伴の者たちと歌を詠みかわす。あらゆるものに心を寄せ、宿の主に「源氏物語」を請うほどの素養の高さも見える。光顕院万姫の自然を観察しこよなく愛でる気持ちや庶民の生活に向ける温かい目まなざしは共感を呼ぶ。

わずかに残る大倫院小松姫の消息や昌泉院の願書からも心優しい人柄をうかがうことができた。

自身の書いたものを残していなくとも、敬台院万姫や菓縦院満天姫や栄寿院国姫らはその人生から人となりを感じさせられた。

三十二人の姫たち全員は、私の江戸の女友だちにはなれなかったが、何人かは私の力強い生涯の女友だちとなった。

全員が江戸の女友だちになれなかったのは、何よりも私の調査不足、力不足であることは明白である。コロナ禍の中で地方への調査に出かけられなくなったことは残念である。今後機会を見つけ再調査に出かけたいと思っている。

調査不足はぜひ郷土研究家の方々のご教示をお願いしたい。特に家康の養女となってそれぞれの大名家へ嫁いだ姫は三十二人以外にもいたであろうことは推測できる。それについてもご教示いただきたい。


本書は研究書でも小説でもない。しいていうならばノンフィクションの類であろうか。私のこれまでやってきた事と同様に江戸期の埋もれた女たちのわずかな掘り起こしにすぎない。ただ本書は家康の姫たちの結婚という一つのテーマにしぼり、その意味するものについて少々考察してみた。これまで家康の側室たちについては繰り返し書かれてきた。しかし、姫たちについてはあまり関心を持たれなかった。側室たち以上に姫たちは幕藩体制の礎に貢献してきたと考えられる。そのことを世に問うてみたく、本書を出版することにした。

本書の出版をお引き受けくださったみらいま株式会社の増田圭一郎氏に心からお礼を申し上げます。また、出版にあたり編集校正で同社編集長の二又和仁氏に多くのお力添えをいただき感謝申し上げます。

調査や問い合わせにあたり、関係各所の皆様方にお世話になりました。厚くお礼を申し上げます。

令和五年初冬

柴　桂子

柴 桂子（しば・けいこ）

昭和12年、福岡県生まれ。歴史研究者。女たちの古文書を読み解き、それらを出版する「桂文庫」主宰。

高校卒業後、大手鉄鋼会社に就職するも学問への情熱が捨てられず、9年間のブランクを経て27歳で早稲田大学に入学。在学中に結婚。卒業論文『江戸時代の女たち――封建社会に生きた女性の精神生活』（評論新社）が単行本となる。80歳で長年生活した東京を離れ、静岡県掛川市で農業と環境問題に取り組む。

主な著書に『近世おんな旅日記』（吉川弘文館）、『会津藩の女たち』（恒文社）、『近世の女旅日記事典』（東京堂出版）、『江戸時代の女たち　その生と愛――師弟愛・母の愛・夫婦愛・兄妹愛・秘めた愛』『江戸期の女たちが見た東海道』（桂文庫）、『江戸期に生きた女表現者たち』（NHKカルチャーラジオ）。

監修に『江戸期おんな表現者事典（現代書館）、『石原記・言の葉草――大名夫人の日記』（桂文庫）ほか。

徳川家康三十二人の姫君の結婚
もう一つの大名統制

2023年12月12日　初版発行

著　者　　　柴　桂子

発行所　　　みらいま株式会社
東京都江東区亀戸3－19－6－202（〒136-0071）
info@miraima.co.jp

発行人　　　増田圭一郎

編集人　　　二又和仁

印刷所　　　日本ハイコム株式会社

©2023,Keiko SHIBA　Miraima Co. Ltd.,Printed In Japan
ISBN978-4-911222-01-0
ホームページ　https://miraima.co.jp/

定価はカバーに表示してあります。

本書の一部あるいは全部を無断で利用（複写・複製等）することは、著作権法上の例外を除き禁じられています。